D1868266

Klaus W. Tofahrn

Chronologie des Dritten Reiches

Klaus W. Tofahrn

Chronologie des Dritten Reiches

Ereignisse · Personen · Begriffe

2. Auflage

Die Deutsche Nationalbibliothek verzeichnet diese Publikation
in der Deutschen Nationalbibliografie;
detaillierte bibliografische Daten sind im Internet über
http://dnb.d-nb.de abrufbar.

Das Werk ist in allen seinen Teilen urheberrechtlich geschützt.
Jede Verwertung ist ohne Zustimmung des Verlages unzulässig.
Das gilt insbesondere für Vervielfältigungen,
Übersetzungen, Mikroverfilmungen und die Einspeicherung in
und Verarbeitung durch elektronische Systeme.

Sonderausgabe 2012 (2. unveränderte Auflage)
(1. Auflage 2003)
© 2012 by WBG (Wissenschaftliche Buchgesellschaft), Darmstadt
Covergestaltung: Neil McBeath, Stuttgart
Coverbild: Ankunft Hitlers in Berlin am 1. Oktober 1938
nach Abschluss des Münchner Abkommens und Beginn des Einmarsches
deutscher Truppen in das Sudetengebiet. Foto: akg-images
Die Herausgabe des Werkes wurde durch die Vereinsmitglieder
der WBG ermöglicht.
Gedruckt auf säurefreiem und alterungsbeständigem Papier
Printed in Germany

Besuchen Sie uns im Internet: www.wbg-wissenverbindet.de

ISBN 978-3-534-24881-0

Die Buchhandelsausgabe erscheint beim Primus Verlag
Umschlaggestaltung: Christian Hahn, Frankfurt a. M.
Umschlagabbildung: Verleihung von Fahnen und Standarten an Truppenteile
des III. Armeekorps in Berlin anlässlich des Geburtstages
von Adolf Hitler am 20. April 1937; © akg-images

ISBN 978-3-86312-313-0

www.primusverlag.de

Elektronisch sind folgende Ausgaben erhältlich:
eBook (PDF): 978-3-534-72622-6 (für Mitglieder der WBG)
eBook (epub): 978-3-534-72623-3 (für Mitglieder der WBG)
eBook (PDF): 978-3-86312-814-2 (Buchhandel)
eBook (epub): 978-3-86312-815-9 (Buchhandel)

Inhalt

Zur Auseinandersetzung mit dem Dritten Reich in Deutschland nach 1945 in Kultur und Wissenschaft

Peter Steinbach

Die Konfrontation mit der Geschichte des Nationalsozialismus begleitet die Deutschen durch die ganze Nachkriegszeit. Die Auseinandersetzungen werden zunächst natürlich geprägt von den sehr unterschiedlichen, geradezu gegensätzlichen Geschichtsbildern der beiden deutschen Staaten, die sich beide auf ihre Weise als post-nationalsozialistisch verstanden. Allerdings rückte und rückt man im Westen die DDR in eine totalitäre Kontinuität, während die SED-Führung die Bundesrepublik als einen weiterhin kapitalistischen und deshalb auch potenziell faschistischen Staat apostrophierte. Öffentliche Auseinandersetzungen um die Deutung der NS-Zeit fanden vor allem in der westdeutschen Teilgesellschaft statt und überlagerten sich früh mit Versuchen eines angemessenen historischen Gedenkens.

Bereits zu Beginn der Fünfzigerjahre wurde in Bergen-Belsen ein Denkmal eingeweiht, dem Bundespräsident Theodor Heuss die Funktion zuschrieb, als „Stachel im Fleisch" der deutschen Gesellschaft zu wirken. Wer „Nie wieder!" fordert oder verspricht, muss wissen, worauf er sich bezieht. Deshalb finden zeithistorische Filme, Untersuchungen und Kontroversen immer großes Interesse. Eine der ersten Debatten berührte den Widerstand gegen Hitler. Auch hier sprach Heuss bereits 1954 ein klärendes Wort, das verstanden wurde auch vor dem Hintergrund der Erschütterung, die Inge Scholls Darstellung der „Weißen Rose" und das „Tagebuch der Anne Frank" verursachen konnten.

Ende der Fünfzigerjahre nahm die Intensität einer unmittelbaren und erstmals alle Medien berührenden Auseinandersetzung der Deutschen mit den nationalsozialistischen Gewaltverbrechen zu und beeinflusste immer entschiedener die Formen des Gedenkens, das – in den Worten von Theodor Heuss – stets die Möglichkeit bieten sollte, sich im grundsätzlichen Nachdenken über die Vergangenheit auf die Grundlagen eines stets gefährdeten politischen Zusammenlebens zu besinnen.

Der Preis dieser Überlagerung von Erinnerung und Gedenken mit der zeitgeschichtlichen Forschung ist allerdings hoch, denn zunehmend wird seit den Fünfzigerjahren über die jüngste Vergangenheit der Deutschen in der Form eines öffentlichen Meinungskampfes gestritten. Gesinnung scheint nicht selten wichtiger als Kenntnisse zu sein. Und eigentlich verstärkt sich dieser Trend im

Zeitalter der Medien mit ihren Talkshows, die dem Trend, die Wirklichkeit in Meinung aufzulösen, endgültig zum völligen Durchbruch verhelfen. Wie oft aber streitet man über Ereignisse und Fakten, ohne sie genau zu kennen, weil man zuvörderst Positionen ergreifen will, die auch geschichtspolitisch identifizierbar sein sollen. Das ist bis in die jüngste Zeit mit den beiden großen Walser-Debatten und dem Streit spürbar, der sich an Goldhagens Buch über die Deutschen als die „willigen Vollstrecker" des Völkermords entzündet hat.

Gerade in einer pluralistischen Gesellschaft entstehen im Nachdenken über die Zeitgeschichte immer wieder vehement ausgetragene politische Konflikte wegen kontroverser Deutungen der Vergangenheit. Exemplarisch ließe sich dies an einer Auseinandersetzung zeigen, die etwa, von Hochhuths Schauspiel „Der Stellvertreter" ausgehend, die Rolle des Papstes bei der angeblichen Behinderung des Völkermords an den Juden kritisch reflektiert. Kontroversen über die Vergangenheit sind, so zeigt sich rasch, keineswegs immer das Ergebnis umstrittener Deutungen, sondern spiegeln unvermeidlich die Vielschichtigkeit, ja Ambivalenz der Geschichte selbst.

Weil historische Entwicklungen Folgen menschlicher Entscheidungen und entsprechend offen sind, eröffnen sie eine Fülle von Alternativen, die in nachfolgenden Generationen nicht selten derart intensiv debattiert werden, als handelte es sich um gegenwärtige Optionen eigener politischer Entscheidungen. Weil schließlich viele Menschen ganz unterschiedliche Erinnerungen mit lebensgeschichtlich bedeutsamen Ereignissen und deren Folgen verbinden, kann es nur vielfältige Deutungen der Vergangenheit geben. Jede erinnerungs- und gedenkpolitische Debatte setzt zugleich aber voraus, dass die daran Beteiligten die Fakten kennen und die kontroversen Deutungen nicht für die faktische Grundlage einer Vergangenheit halten, die als Zeitgeschichte die Mentalität der Zeitgenossen prägt.

Geschichte ist unvermeidlich sehr oft ebenso umstritten wie umkämpft. Sie wird zum Politikum und dient dann weniger der Besinnung und Versöhnung als der Zuspitzung von Gegensätzen durch die Produktion von Schlagwörtern.[1] Nicht selten prägt die Umstrittenheit auch das öffentliche Gedenken selbst. Besonders deutlich wird dies am Tag der bedingungslosen Kapitulation der deutschen Wehrmacht. Können und dürfen wir von „Zusammenbruch" und „Niederlage", von der „Stunde Null" und „Neuanfang", von „Katastrophe" sprechen, oder sollten wir „Befreiung vom Nationalsozialismus" vorziehen? Diese Vielfalt von Begriffen ist nicht allein Ausdruck des semantischen Kampfes um die öffentliche Meinung, sondern Ausdruck ganz unterschiedlicher individueller Erfahrungen, die sich dennoch von der Systemgeschichte nicht trennen lassen. Ihren gemeinsamen Bezugspunkt finden Erfahrungen häufig

[1] Karl Dietrich Bracher, Schlüsselwörter in der Geschichte, Düsseldorf 1978.

im chronologisch festgemachten Ereignis. Deshalb sind chronologische Zusammenstellungen ebenso wichtig wie reizvoll, denn sie bieten unterschiedlichen Erfahrungen einen gemeinsam Bezugspunkt.

Dann ist es kein Nachteil, dass die Ambivalenz der gedeuteten Vergangenheit die Zelebrierung des Gedenkens erschwert oder dass gar die Inszenierung der Erinnerung zum problematischen und immer wieder umstrittenen Politikum gemacht wird. Erinnern wird zwar im politischen Gegeneinander zunehmend fragwürdig und ruft dann oft Widerstände hervor, wie etwa die jüngste Debatte über die Wehrmachtausstellung oder der sich bis zum vehement ausgetragenen Historikerstreit steigernde Deutungskonflikt über eine Vergangenheit, die angeblich nicht vergeht, zeigt. Diese öffentlich ausgetragenen Kontroversen zielen weniger auf die Zunft der Fachleute als auf die allgemeine Stimmungslage und bezeichnen nach abgeflachter Erregung vor allem Symptome eines problematischen Geschichtsverständnisses, welches im positiven Fall ein neues Interesse an der Vergangenheit begründen kann.

Der Streit um die Vergangenheit ist folglich nicht neu und bedarf vor allem der Kenntnis der historischen Tatsachen. Neugier und Skandalon bedingen sich. Geschichts-, gedenk- und erinnerungspolitische Auseinandersetzungen prägten die Fünfzigerjahre allerdings wesentlich weniger als die Sechziger- und Siebzigerjahre.[2] Ging es damals um die Bewertung des Verhaltens der Weimarer Parteien und ihrer Nachfolger, so standen die Sechzigerjahre ganz im Spannungsfelde generationsbedingt unterschiedlicher Deutungen der Vergangenheit. Der Eichmann-Prozess hatte die Öffentlichkeit konfrontiert mit dem bewusst geplanten Völkermord, der Auschwitz-Prozess hatte 1964 die Realität der industriemäßig betriebenen Ermordung von Menschen und Beseitigung ihrer Leichname vor das Auge der Nachlebenden gerückt.

Die Verjährungsdebatten der Jahre 1965 und 1969 hatten das Gespür dafür wachsen lassen, dass Nachlebende Verantwortung für die Auseinandersetzung mit der Geschichte tragen. In der Protestbewegung der Studenten hatte sich 1967 und 1968 die Zeitkritik mit der ebenso kritischen Auseinandersetzung verbunden, die sich in der Befragung der Deutschen nach ihrer Vergangenheit ausdrückte. In den Siebzigerjahren waren dann Dimensionen alltäglicher Geschichte in das Blickfeld gerückt. Minderheiten wie die Sinti und Roma hatten sich ihrer Geschichte besonnen und neues politisches Selbstbewusstsein aus ihrer Verfolgung im Dritten Reich gezogen. Homosexuelle verwiesen auf ihre Verfolgungsgeschichte und machten den „rosa Winkel", den homosexuelle KZ-Häftlinge zu tragen hatten, zum positiven Identifikationsobjekt. Auch die

[2] Vgl. die grundlegende Arbeit von Peter Reichel, Politik mit der Erinnerung. Gedächtnisorte im Streit um die nationalsozialistische Vergangenheit, München und Wien 1995.

Widerstandsgeschichte wurde kontrovers erörtert und mündete in das neue Konzept einer integralen Zusammenschau widerständigen Verhaltens.

In den Achtziger- und Neunzigerjahren nahmen die Auseinandersetzungen zur Vergangenheit schließlich derart zu, dass man von „Geschichtspolitik" zu sprechen begann. Zunehmend ging es um Fragen der Wiedergutmachung und Entschädigung, die Aufhebung nationalsozialistischer Unrechtsurteile, die Anerkennung von Verfolgten bis hin zur Respektierung von Deserteuren. Immer seltener war die Legitimation des Widerstands in der deutschen Öffentlichkeit bestritten worden, seitdem Strafverfahren gegen nationalsozialistische Gewalttäter den Unrechtscharakter des Regimes unübersehbar erwiesen und die in dessen Namen verübten Verbrechen zum wichtigsten Bewertungsmaßstab widerständigen Verhaltens gemacht hatten. Dennoch blieben noch für eine lange Zeit geschichtliche Kontroversen erregend und bestimmend, die vor allem Fragen der politischen Gestaltung berührten, etwa im Zusammenhang mit der befristeten und schließlich völligen Aufhebung der Verjährungsfristen von NS-Gewaltverbrechen im Jahre 1979 auch unter dem Eindruck des Holocaust-Filmes.

So schälten sich zunehmend Gemeinsamkeiten in der Bewertung heraus. Immer aber blieben zugleich auch politische Deutungskonflikte spürbar. Eine der heftig geführten Debatten berührte die Frage nach der Schuld am Untergang der Weimarer Republik. Bundestagsabgeordnete, die aus dem konservativen Lager kamen, verließen wenige Monate nach der Vereidigung der sozialliberalen Koalition den Plenarsaal des Bundestages, um dagegen zu protestieren, dass der sozialdemokratische Finanzminister Alex Möller sie als „Stahlhelmer" bezeichnet und so für das Ende der Weimarer Republik verantwortlich gemacht hatte. Wenige Jahre später erzürnte der Christdemokrat Heiner Geißler die Sozialdemokraten, weil er sie als Kollektivisten bezeichnet und mit den Kommunisten für das Ende der Weimarer Republik verantwortlich gemacht, ja mit den Nationalsozialisten in eine enge Verbindung gerückt hatte. Wenig später erregte derselbe Politiker die Grünen, weil er sie des Pazifismus beschuldigte und zumindest in geistiger Hinsicht verwandt mit jenen sah, die gegenüber Hitlers Politik eine Appeasement-Politik durchgesetzt hatten. Alle Kontroversen zeigten: Strittig waren nicht die Ereignisse, sondern deren Bewertung und tagespolitische Konsequenzen.

In den Fünfzigerjahren etwa hatte man heftig über das Ermächtigungsgesetz vom März 1933 oder das Reichskonkordat vom Sommer 1933 über die Verantwortlichkeit einzelner Politiker gestritten. In den Sechzigerjahren ging es um generationsspezifische Verantwortlichkeiten, seitdem vor allem um Interessengruppen und die politische Verantwortung von Parteien. Immer ging es dabei um Grundfragen historischer Legitimation und nachträglicher Kritik an angeblichen Fehlentscheidungen in der Endphase der Weimarer Republik, die verknüpft wurden mit der nationalsozialistischen Machtergreifung. Die Kontroversen entzündeten sich an der Frage eines ganz konkreten Fehlverhaltens: Hatte Bundespräsident Theodor Heuss nicht der Ermächtigung Hitlers mit seiner kleinen Fraktion zugestimmt? Hatte der Vatikan nicht mit dem Reichskonkordat das NS-Regime gestützt? Hatten sich Kommunisten nicht gegen die Verfassung der Republik von Weimar bekannt und mit den Nationalsozialisten sogar gemeinsame Streikaktionen getragen?

Ähnlich intensiv hatten sich die Deutschen nach 1918 über die Frage der deutschen Kriegsschuld geschichtspolitische Auseinandersetzungen geliefert, die bis weit über das Jahr 1945 nachwirkten. Mit der Ende der Fünfzigerjahre aufbrechenden erneuten Kriegsschuld-Kontroverse um die Mitverantwortung der Deutschen am Ausbruch des Ersten Weltkriegs ging es aber um mehr als um die Frage nach der Kriegsverantwortung. Nicht mehr die Schuldfrage von 1914, sondern die Vorgeschichte des NS-Staates stand vierzig Jahre später im Zuge der „Fischer-Kontroverse" zur Debatte.[3] Damit wurde erstmals seit dem Ende des 19. Jahrhunderts wieder eine relativ weit zurückliegende Epoche Gegenstand einer zugleich geschichtswissenschaftlich wie geschichtspolitischen Kontroverse über die Interpretation der Vergangenheit.

Zu einer deutlich pädagogisch orientierten Politisierung der Vergangenheit kam es in den Sechzigerjahren. Dabei reagierte die Öffentlichkeit auf sichtbar werdende Tendenzen rechtsradikaler Stimmungen, die sich im Zuge eines Konjunktureinbruchs in der Mitte der Sechzigerjahre in Stimmengewinnen der Nationaldemokraten (NPD) niederschlugen. Rechtsextremistische Deutungen der Geschichte bezogen sich auf die Relativierung der deutschen Verantwortung für den Ausbruch des Zweiten Weltkriegs und steigerten sich schließlich bis zur Leugnung von Gaskammern und zur Politik gegen einen abgeblichen „Auschwitz-Mythos". Zunehmend prägte die zeitgeschichtliche Deutungskontroverse politisch-kulturelle Divergenzen und wurde nicht zuletzt in den auslaufenden Sechzigerjahren zwischen den Generationen „der Väter und der Söhne" ausgetragen. Diese Tendenz politisierte die Vergangenheit, denn der Gegenwart wurde ein Spiegel vorgehalten, der den Ist-Zustand nicht mehr im Sinne der liberalen Geschichtsschreibung mit vergangenen Hoffnungen und Möglichkeiten verglich, sondern manche Zeiterscheinungen wurde diskreditiert, etwa, indem die jüngere Generation die Geschichte der Bundesrepublik durch Kontinuitäten von Funktionseliten belastet sah und von „Karrieren im Zwielicht" sprach, die ältere Generation sich wiederum

[3] Arnold Sywottek, Die Fischer-Kontroverse. Ein Beitrag zur Entwicklung historisch-politischen Bewußtseins in der Bundesrepublik, in: Bernd-Jürgen Wendt, (Hrsg.), Deutschland in der Weltpolitik des 19. und 20. Jahrhunderts, Düsseldorf 1973, S. 1947.

schützen wollte, indem sie die wissenschaftliche Zeitgeschichte als Ausdruck einer gelungenen politischen Umerziehung in Misskredit zu bringen suchte.

Dagegen sprachen sich linksliberale Historiker vehement aus und beschworen die historisch-politische Aufklärung. Diese Vorgehensweise zeichnete auch manche Rede des Bundespräsidenten Gustav Heinemann aus. In seine Präsidentschaft fiel eine engagiert ausgetragene Historiker-Kontroverse über den Stellenwert der deutschen Reichsgründung 1871. Drei Jahre zuvor hatten in der deutschen Öffentlichkeit heftige Debatten über die Bewertung der Revolution von 1918 stattgefunden, in der viele den Anfang für den Untergang der Weimarer Republik sehen wollten.

Auch der 40. Jahrestag der nationalsozialistischen „Machtergreifung" war umstritten, weniger angesichts der Verpflichtung, jedem Ansatz einer Wiederholung den Kampf anzusagen („Nie wieder!"), als vor allem, weil die deutschen Führungsschichten wieder einmal vehement über die Frage der politischen Verantwortung für die deutsche Katastrophe stritten. Überdies beanspruchten die beiden deutschen Staaten, jeweils ihre Lehre aus der NS-Erfahrung gezogen zu haben, verglichen sich miteinander und postulierten, den bösen Keim der Vergangenheit zumindest in ihrer Teilgesellschaft überwunden zu haben.

Diesen Anspruch auf einen politischen Neuanfang machte das eine Deutschland dem anderen zugleich vehement streitig. Der Schoß sei fruchtbar noch, tönte es aus Ostberlin nach jedem Wahlerfolg der politischen Rechten, und zurück hallte es: Die DDR sei nicht mehr als ein „rotes Preußen". Diese deutsch-deutsche Konfrontation wirkte sich auf die deutschen Geschichtsdebatten aus, weil hüben manche Zeitgenossen die Deutungen der damaligen DDR-Führung übernahmen und die Bundesrepublik in eine Kontinuität zum NS-Staat rücken wollten.

Und immer stritt man über die Vergangenheit, insbesondere dann, wenn neue geschichtspolitische Initiativen ergriffen worden waren und diskutiert wurden. Historische Deutungskonflikte machte so die Diskussion über den 18. März 1848 deutlich, den eine Bürgerinitiative vor 1989 zum nationalen Gedenktag erheben wollte,[4] ebenso wie die vierzig und auch fünfzig Jahre nach Kriegsende ausbrechende Debatte über den 8./9. Mai 1945, den inzwischen als gesetzlichen Feiertag abgeschafften 17. Juni (1953),[5] den 20. Juli

[4] Die Bedeutung des 18. März 1848 als Jahrestag wird auch daran deutlich, dass die erste demokratisch gewählte Volkskammer im Jahre 1990 an diesem Tag gewählt wurde.

[5] Vgl. Edgar Wolfrum, Geschichtspolitik und deutsche Frage: Der 17. Juni 1953 im nationalen Gedächtnis der Bundesrepublik 1953-–1989, in: Geschichte und Gesellschaft 24 (1998), S. 382–411.

1944. Lediglich der Jahrestag der Befreiung von Auschwitz, der seit drei Jahren als Tag der Erinnerung an die Opfer des Nationalsozialismus begangen wird, wurde ohne Widerspruch und Diskussion über den Sinn und die Symbolfunktion dieses Tages eingeführt.

Historiker können sich die Vergangenheit nicht zurechtschneiden, vielmehr haben sie die Aufgabe, die Vielfalt der Vergangenheit auch in ihrer Widersprüchlichkeit in das Bewusstsein ihrer Zeitgenossen zu rücken. So gesehen, bietet jeder Gedenktag eine große Chance für das „inszenierte Erinnern", das Gedenken. Gewiss ist das Datum „9. November" zunächst ein Zufall der Geschichte, dessen verschiedene Bezugspunkte (Ausrufung der Republik 1918, gescheiterter Hitler-Putsch 1923, Reichspogromnacht 1938, Öffnung der Mauer 1989) sich zu einem sinnvollen Zusammenhang nur durch Reflexion und „Konstruktion" verbinden lassen.

Wenn es aber zu den Aufgaben des Historikers gehört, ein „herkömmliches und allzu bequemes Vergangenheitsverständnis richtig zu stellen und zu problematisieren",[6] dann bietet sich gerade dieser Tag dafür an. Denn die mit ihm verknüpften Ereignisse fügen sich zu einem Spannungsbogen, in dem Chancen und Möglichkeiten deutscher Geschichte im 20. Jahrhundert ebenso sichtbar werden wie das denkbar Negative einer menschlichen Gemeinschaft. Mitmenschen wurden auf eine willkürliche Weise diffamiert und ausgegrenzt. Sie wurden verfolgt und schließlich vernichtet und dies keineswegs, weil man sie für politisch gefährliche Gegner hielt, sondern weil die Nationalsozialisten sie als Gegenmenschen bezeichneten.

Eine der wichtigsten Voraussetzungen der reflektierenden Bemühung, die man auch als aktive Erinnerung bezeichnen kann, ist die unverklärte Wahrnehmung der vergangenen Wirklichkeit. Dies schließt ein, dass sich aktiv Erinnernde die Vergangenheit nicht verklären. Denn erst wenn vergangene Tatsachen deutlich vor Augen stehen, wenn sie bewusst geworden sind, kann bei den Nachlebenden die Reflexion über die Bedeutung von Ereignissen einsetzen, die zur Vergangenheit gehören, zu einer vergangenen Zeit allerdings, die zugleich durch die Menschen, die diese Vergangenheit häufig noch miterlebt haben, auch ein Bestandteil der Gegenwart sind.

Die Rekonstruktion vergangener Tatsachen, Ereignisse und Entwicklungen ist die Aufgabe der Geschichtswissenschaft, die allerdings zugleich unter dem Eindruck von Deutungen steht, die wiederum die Reflexionen über die Vergangenheit prägen können. Aus dieser Ambivalenz des jüngst Vergangenen, historisch sowohl abgeschlossenes Ereignis als zugleich auch im Bewusstsein der Zurückblickenden gegenwärtige Geschichte zu sein, erklärt sich ohne

[6] Fritz Stern, Vier Tage im November, in: Johannes Willms (Hrsg.), Der 9. November: Fünf Essays zur deutschen Geschichte, München 1994, S. 84.

Zweifel die besondere Aktualität der Zeitgeschichte, ihre Umstrittenheit und ihre politische Bedeutung. Zeitgeschichtliche Forschung und Deutung ist so geradezu unvermeidlich ein Politikum, deshalb sind zeithistorische Kontroversen unausweichlich.

Wir haben oft den Eindruck, Zeitgeschichte sei die nicht vergehende Vergangenheit, sondern bleibe anstößig und stelle gerade jene Vergangenheit dar, die noch qualmt und brennt. Dies ist eine Konsequenz der Nähe und der unmittelbaren politischen Sprengkraft nachwirkender Ereignisse und Fakten. Zum Politikum werden sie allerdings immer erst dann, wenn es um die Erinnerung im Zusammenhang mit der Verarbeitung der Vergangenheit geht. Vielfach wird sie als „Schuldverarbeitung" interpretiert und deshalb ebenso oft angezweifelt. Häufig schreibt man der historischen Reflexion gar die Aufgabe zu, Vergangenheit bewältigen zu sollen – mit dem regelmäßig zu hörenden Einwand, Geschichte lasse sich nicht bewältigen im Sinne einer „Erledigung", sie lasse sich bestenfalls aushalten. Aber auch was man aushalten will, muss man kennen.

Deshalb ist die Verengung der Auseinandersetzung um die Zeitgeschichte auf den Schuldkomplex mehr als problematisch: Zeithistorischer Deutung kann es nicht um ein Bekenntnis zur Kollektivschuld gehen, sondern allein um die bewusste Wahrnehmung der Vergangenheit als Voraussetzung einer inneren Auseinandersetzung mit der Geschichte und insbesondere um die Reflexion der Verantwortung des Einzelnen für historische Entwicklungen und Deutungen. Zeitgeschichtliche Forschung wird so unvermeidlich in einen moralischen Zusammenhang gerückt und der Forderung ausgesetzt, einen Beitrag zur Erziehung der Menschen zu leisten.

Ausdruck dieses Bestrebens ist sowohl die Forderung des „Nie wieder" als auch die Aufforderung, „den Anfängen zu wehren", um zwei Topoi herauszugreifen, ohne Zweifel aber auch die Proklamation eines neuen Geschichtsbildes oder Geschichtsbewusstseins, das aus dem Schatten der jüngsten Vergangenheit herauszutreten helfen solle. Wir seien wieder wer, erklärten deutsche Politiker, und hätten „ein Recht, aus dem Schatten von Auschwitz zu treten". Auch diese neue Selbstbewusstsein beeinflusste das Geschichtsbild, denn es ermunterte, neben den schwarzen Strängen deutscher Geschichte auch die „weißen" zu sehen.

In der Tat gehört zur Geschichte der nationalsozialistischen Unterdrücker auch die Erinnerung an die Unterdrückten, an jene, die sich behaupteten, Verfolgten halfen, sich widersetzten. Diese Fragen wurden insbesondere unter dem Eindruck von politischen Protestbewegungen erörtert, die sich als Friedens- und Widerstandsbewegungen verstanden und für sich den Anspruch erhoben, in der Tradition einer ansonsten geehrten Widerständigkeit zu stehen. Auch bei diesen moralischen Anliegen geht es immer um die wichtigen und legitimen Fragen nach Verantwortlichkeiten des Einzelnen, von Gruppen und Schichten für die Entwicklungen, die ihre jeweils spezifischen Folgen hatten und in die Gegenwart hineinwirkten.

Zeitgeschichte könnte man verkürzt als die Vergangenheit der Zeitgenossen bezeichnen. Zeitgenossenschaft reflektiert die Vielfältigkeit der Vergangenheit auf lebensgeschichtlicher Grundlage und zugleich die Mannigfaltigkeit historischer Zugänge und Deutungen als Ausdruck einer Unüberschaubarkeit der Geschichte. Man versuche einmal, die ganze Vielfältigkeit von einzelnen Lebensgeschichten zu überschauen, also die Fülle von generationsspezifischen, von Gruppen geprägten und konfessionellen Erfahrungen, die ganze Vielzahl der Erlebnisse der Bewohner unterschiedlicher Landstriche.

Viele der gängigen und auf Gegensätzlichkeit angelegten Kategorien, die uns, wie die Unterscheidung in Täter und Opfer, aus dem politischen Disput über die Geschichte vertraut sind, brechen unter dieser Vielfalt lebensgeschichtlicher Bezüge auf. Geschichte ist so nicht nur die Gleichzeitigkeit des Ungleichzeitigen, sondern immer auch von der Ähnlichkeit des Unähnlichen und der Vergleichbarkeit des Unvergleichlichen geprägt. Auch an diesen Begriffen entzündet sich immer wieder der wissenschaftliche und zeithistorisch-politische Streit.

In zeitgeschichtlichen Kontroversen werden nicht selten Vergleiche angestellt, um Formen des Leidens oder Folgen historischer Entwicklungen und politischer Entscheidungen zu erfassen. Eine der heftigsten zeitgeschichtlichen Kontroversen, der „Historikerstreit“, konzentrierte sich scheinbar ganz auf die inhaltliche Diskussion über die Voraussetzungen einer vergleichenden Bewertung europäischer Diktaturen und ihrer Entstehung und rückte so das Spannungsverhältnis zwischen der Singularität und auch der Vergleichbarkeit nationalsozialistischer Gewaltverbrechen mit denen anderer Diktaturen des 20. Jahrhunderts in das Zentrum heftiger Diskussionen.

Manche vehemente Auseinandersetzungen über die Vergleichbarkeit der Verbrechen moderner Diktaturen hinterlassen eine Ratlosigkeit, die sich aus der Erscheinung erklärt, dass postdiktatorische Verfassungsordnungen sich insbesondere durch den Anspruch legitimieren, endgültig die Voraussetzungen für die Entstehung dieser Diktaturen überwunden zu haben. Dabei tritt häufig eine nationalstaatliche Verengung ein, die den Blick auf prinzipielle Dimensionen diktatorischer Ordnung und der durch sie verursachten Menschenrechtsverletzungen erschwert.

Man frage sich stattdessen einmal, wie sich unser Jahrhundert knapp auf den Begriff bringen lässt: Weltkriege, Revolutionen und Krisen stellen nur einen Bereich, gelungene Versuche politischer Neuorientierung und die politische Erfolgsgeschichte der Überwindung diktatorischer Systeme einen anderen dar. Geradezu unüberschaubar wird die Vergangenheit, wenn man individuelle Dimensionen einbezieht. Widersprüchlichste und verworrenste Lebensgeschichten müssen gleichzeitig betrachtet, gewürdigt, verstanden und gedeutet werden.

Man wird sich gewiss an die Entrechtung der Juden, an ihre Enteignung und Deportation und an den Völkermord an den Juden erinnern, wenn man zurückschaut; man wird sich aber auch in das Gedächtnis rufen, was daneben für die ganze Unüberschaubarkeit dieses Jahrhunderts steht: Terror und Verfolgung, daneben Flucht und Vertreibung, langjährige Kriegsgefangenschaft, Verschleppung und Benachteiligung. Und ebenso sicher wird dabei nicht allein der Blick auf die deutsche Geschichte fallen, die allerdings einen tiefen Zivilisationsbruch verkörpert, sondern es werden sich auch die Leidens- und Entrechtungsgeschichten anderer Völker und Staaten ins Bewusstsein rücken.

Historiker, die sich mit der jüngsten Vergangenheit beschäftigen, begreifen sich vielfach ebenfalls als Zeitgenossen, die in der Reflexion über vergangene Wirklichkeiten auch ihr eigenes Leben spiegeln. „Zeitgenossenschaft" begründet so oftmals „Zeitzeugenschaft", und diese wiederum steht nicht selten in einem bezeichnenden Spannungsverhältnis zur wissenschaftlich betriebenen Zeitgeschichte, die Hans Rothfels als „Geschichte der lebenden Generationen" bezeichnet hat. Ihr Kennzeichen ist die Nähe zur Gegenwart. Deshalb gilt Zeitgeschichte vielfach als „Historie, die noch qualmt".

Ihr methodisches Problem liegt nicht nur in der Nähe des Forschers zu den untersuchten Ereignissen, sondern vielmehr auch darin, dass diese zeitgeschichtlich-wissenschaftliche Forschung ihre leitenden Fragestellungen vielfach aus den Auseinandersetzungen um die jüngste Vergangenheit entwickelt – also statt der Distanz, die die analytisch interessierte Forschung stets bestimmen muss, immer auch unter den Einfluss eines Engagements geraten kann, das nichtwissenschaftlichen, etwa politisch-pädagogischen Zwecken folgt.

Engagement mündet dann oftmals in die moralisierende Geschichtsschreibung; Distanz hingegen setzt sich dem Vorwurf eines amoralischen Forschens aus. Und besonders schwierig wird es, wenn das Spannungsverhältnis zwischen Distanz und Engagement nicht produktiv verarbeitet, sondern polemisch „entladen" wird. Manche der Kontroversen, die in den vergangenen Jahren um die Bedeutung der Zeitgeschichte ausgetragen wurden, lassen sich nur aus der Vermengung von Distanz und Engagement erklären – zum Nachteil einer wissenschaftlichen Zeitgeschichte, die vielfach nicht erforschen konnte, was war, sondern nicht selten die großen publizistischen und politischen Kontroversen nachstellte, ja nachinszenierte.

Dies ist verständlich, wenn man sich deutlich macht, dass die Geschichtswissenschaft stets eine der wissenschaftlichen Disziplinen war, in denen sich am stärksten Gegenwartserfahrungen und Bedürfnisse niederschlugen. Sie deutete die Entstehung der Gegenwart und geriet dabei oft in den Sog von Zeitströmungen, politischen Auseinandersetzungen und Deutungskonflikten. Dies galt auch für die Geschichte der nationalsozialistischen Zeit, deren Erforschung durch eine kräftig geförderte, scheinbar neue historische Bindestrichdisziplin, die wissenschaftliche „Zeitgeschichte", seit den Fünfzigerjahren kräftig vorangetrieben wurde.

Zeitgeschichte – dies war bis dahin vor allem die Geschichte, die noch keine klare Kenntnis über die Folgen, den gleichsam „folgenreichen" Ausgang von Ereignissen hatte. So war Zeitgeschichte vielfach die in ihren Ergebnissen noch offene, „flüssig" Geschichte, was umso mehr spekulativen Deutungen Vorschub leistete, als die Quellengrundlage zeitgeschichtlicher Forschung meist unüberschaubar oder zufällig ist und die Historiker auf dieser unsicheren Grundlage vielfach die politischen Meinungskontroversen aufnehmen, die aus der von ihnen untersuchten Zeit stammen.

Hans-Peter Schwarz hat in einer kritischen Beleuchtung der Haltung westdeutscher Historiker zur deutschen Frage deutlich machen wollen, in welch ausgeprägter Weise die Historiker in den vergangenen Jahren in ihren Interpretationen Erwartungen und Stimmungen ihrer Zeit und ihrer Zeitgenossen reflektiert haben. Seine These lässt sich ohne Zweifel auf andere Zeiten übertragen. In dieser Grenze historischen Erkenntnisses liegt ein weiteres wichtiges Kriterium der Zeitgeschichte, die so betrachtet zu allen Zeiten, seit der großen Darstellung des Peloponnesischen Kriegs durch Thukydides, seit der Darstellung des Übergangs von der Römischen Republik zum Prinzipat durch Tacitus oder den Chroniken des Mittelalters betrieben wurde. Die Erforschung der Zeitgeschichte entsprang nach 1945 aber nicht vorrangig dem Willen der Deutschen, ihre eigene Gegenwart nach dem Untergang des NS-Staates zu verstehen, sondern verband sich mit dem Wunsch der Deutschen, die Hitler immer als „deutsches Verhängnis" empfunden hatten, die „Rechtsschänder" in eigener Verantwortung zu bestrafen, und den Interessen der Alliierten, die Auseinandersetzung mit der Zeitgeschichte in den Dienst einer neuen politischen Erziehung der Deutschen zu stellen.

Lange Zeit hat das Odium der wissenschaftlichen Zeitgeschichte, im Wesentlichen nicht mehr als ein Produkt der Reeducation-Bestrebungen der Siegermächte zu sein, die öffentliche Anerkennung der neuen geschichtswissenschaftlichen Disziplin „Zeitgeschichte" belastet, und dies, obwohl sie seit Anbeginn von sehr angesehenen Historikern – unter ihnen Hans Rothfels und Theodor Eschenburg –, von Forschungseinrichtungen wie dem Münchener Institut für Zeitgeschichte und Fachorganen wie den „Vierteljahrsheften für Zeitgeschichte" geprägt wurde. Ganz unabhängig von der spezifischen Situation in Deutschland gab es in anderen Staaten bereits seit langer Zeit eine anerkannte Bemühung um die „Histoire contemporaine" und die „Contemporary

History", die Geschichte unserer Zeit, die „modern history" – wie immer man sie nannte.

Vielleicht lag es an diesen Vorbehalten, dass nur wenige Historiker sich darauf einließen, die jüngste deutsche Geschichte in übergreifenden Zusammenhängen zu deuten. Viele Deutsche hatten 1945 durchaus das Bedürfnis, über die Voraussetzungen und die Folgen der NS-Zeit für das eigene Selbstverständnis und die politische Grundorientierung nachzudenken. Programmatische Titel von Zeitschriften, die vielfach die Verbindung zu Zeitschriften des Exils – „Die Sammlung" – oder der Kriegsgefangenen – „Der Ruf" – herstellten, künden davon ebenso wie zeitdiagnostische Versuche, die von Philosophen und Soziologen, von Theologen und – wenngleich in deutlich geringerer Zahl – von Historikern niedergeschrieben worden waren. Vorherrschend war dabei zunächst der Versuch, im Nachdenken über die Entwicklungen deutscher Geschichte eine Verortung der Gegenwart zu erleichtern.

Dies kam auch den Bemühungen um eine neue Grundlegung politischer Erziehung zugute. In dieser Absicht schien sich keineswegs allein der Anspruch der Siegermächte zu manifestieren, den Deutschen ein neues Geschichtsbild anzupassen, sondern es sollte auf der Grundlage eines eher pragmatischen Geschichtsverständnisses aus der Auseinandersetzung mit der deutschen Zeitgeschichte ein neues politisches Bewusstsein erwachsen. Dennoch hat sich bis heute die Vorstellung gehalten, die Deutschen seien nach 1945 gleichsam „am Nasenring" (Armin Mohler) zu ihrer vielfach quälenden Auseinandersetzung mit der eigenen Geschichte veranlasst worden.

Die Tendenzen zur Konfrontation mit der eigenen Geschichte standen im Schatten der Auseinandersetzungen in der Weimarer Republik. Dabei ging es immer um die Frage, wie stark die gesamte Entwicklung der Republik durch verfehlte Weichenstellungen beeinflusst worden war, ob gleichsam das Ende bereits am Anfang vorgezeichnet wurde. Über diese Fragen hat man in den auslaufenden Sechzigerjahren gestritten.

Die sich daran anschließende Frage nach den Voraussetzungen der NS-Diktatur ließ sich mit der Suche nach den Gründen für das Scheitern der Weimarer Republik verbinden und war deshalb vor allem politisch, weniger jedoch lebensgeschichtlich brisant. Von ganz anderer Art waren Fragen, die sich auf eine sozialgeschichtliche oder auch mentalitätshistorische Erklärung der Unterstützung richteten, die die Nationalsozialisten im Zuge einer Konsolidierung ihrer Diktatur gefunden hatten. Nun war eine selbstkritische Ausweitung der Diskussionen nicht mehr zu vermeiden.

Als eine der best erforschten Epochen der deutschen Geschichte hat man wiederholt die Zeit nationalsozialistischer Herrschaft bezeichnet. Angesichts der unüberschaubaren Zahl von Darstellungen und Einzelstudien ist es erstaunlich, dass viele dieser Untersuchungen einer bewussten und mitunter schwierigen Auseinandersetzung um die Vergangenheit entstammen, die Ausdruck vielfältiger Bemühungen waren und politische Bildung, Dichtung und Theater, Film und Wissenschaft miteinander verbanden. Daneben war es immer die Bemühung um sachliche und chronologische Klarheit, die antreiben konnte. Sie zeichnet das hier vorgelegte Buch aus, ohne dass die Geschichte des Dritten Reiches von ihren Voraussetzungen und Folgen abgekoppelt wird.

Am Anfang aller Bemühungen stand ohne Zweifel der Schrecken angesichts einer Wirklichkeit, die wenige ganz deutlich gesehen, andere geahnt, viele aber nicht wahrgenommen hatten: Seit dem Beginn des Jahres 1945 erreichten alliierte Truppen immer wieder Konzentrations- und Vernichtungslager. Den Truppen, die Gefangene befreiten, bot sich ein Bild des Grauens. Vor allem als man zu den Lagern auf dem Reichsgebiet gelangte, war die Wirklichkeit der nationalsozialistischen Gewaltverbrechen nicht mehr zu leugnen. Bergen-Belsen, Neuengamme, Buchenwald und schließlich Dachau und Mauthausen – die Namen dieser Lager wurden in Zusammenhang mit einem Unterdrückungssystem gebracht, das man einem bekannten amerikanischen Aufklärungs- und Propagandafilm zufolge als „Todesmühlen“ bezeichnete. Auch Auschwitz war als Vernichtungslager bekannt, dennoch wurde das ganze Ausmaß dieses in die Komplexe Stamm-, Arbeits- und Vernichtungslager gegliederten Systems fabrikmäßig betriebener Ermordung erst allmählich durchschaut.

Im Rückblick überlagert die Konfrontation mit dem Schrecklichen alles andere. Dies ist verständlich und dennoch problematisch, denn das Gespür für die Annäherung an die Vergangenheit in ihrer ganzen Unübersichtlichkeit wird so verstellt. Das Konzept der Vergangenheitsbewältigung, an dessen Beschreibung und Erforschung man sich immer wieder gewagt hat, ohne ganz zufrieden stellende Ergebnisse vorweisen zu können, zielt nicht allein auf die Unterstellung, mit diesem Vorgang werde angestrebt, die Geschichte endgültig – im Sinne von Erledigung oder Abhakung – bewältigen zu können, sondern dieser Begriff beschreibt einen Prozess, der über einen längeren Zeitraum hinweg stattfindet und viel eher die Bemühung um die Reflexion der Vergangenheit im Bewusstsein von Menschen andeuten soll, die sich nicht vorstellen können, dass sich politisches Bewusstsein ohne zeitgeschichtliche Erfahrung und damit auch Kenntnis begründen lässt.

Dies schrieb der Geschichtswissenschaft eine außerordentliche Aufgabe zu, denn ihre Vertreter hatten ein Bild der Vergangenheit zu zeichnen. Damit taten sie sich zuerst noch schwer, vor allem, weil die Konfrontation mit der deutschen Geschichte zunächst primär vor den Tribunalen der Gerichte, in der Auseinandersetzung mit den Fragebögen der Alliierten und in Verfahren vor Spruchkammern stattfand, die die Aufgabe hatten, im Zuge einer angestrebten Entnazifizierung der deutschen Gesellschaft die Verstrickung des einzelnen

Zeitgenossen in die nationalsozialistische Politik zu differenzieren und Sanktionen zu verhängen.

Dies führte vor allem im Bildungs- und Kulturbereich zu zahlreichen Entlassungen. Befragungen des Einzelnen führen deshalb in der Regel nicht zu einer selbstkritischen Reflexion, sondern verstärken den Willen, das eigene Verhalten zu erklären, Motivationen anzuführen, um Verständnis für Fehlverhalten zu werben und auf diese Weise eher entlastende Interpretationen eines in der Regel nicht bestrittenen politischen Irrtums vorzutragen als die Voraussetzungen für Folgebereitschaft und Mitläufertum zu reflektieren.

Hinzu kam die Notwendigkeit, nicht nur die Vergangenheit theoretisch, sondern vor allem die Gegenwart praktisch zu bewältigen. Die Folgen des Kriegs waren überall zu spüren: Bombenschäden, Versorgungsschwierigkeiten, die zerstörte Infrastruktur auf der einen, zu versorgende Zwangsarbeiter, *Displaced Persons*, heimkehrende Soldaten, Kriegsgefangenschaft, Flucht und Vertreibung auf der anderen Seite. Überall hatte der Einzelne sich den Folgen von NS-Herrschaft, Krieg und Niederlage zu stellen.

Die Auseinandersetzung mit der Vergangenheit wurde deshalb vielfach von außen angestoßen, von den Alliierten, Emigranten sowie von der Öffentlichkeit in den Siegerstaaten. Dennoch gab es Ansätze einer eigenständigen Bemühung um den „Irrweg der deutschen Nation" (Abusch), ihren Abstieg „in das Reich der niederen Dämonen" (Niekisch) oder in die „deutsche Katastrophe" (Meinecke) – in der Regel allerdings als Bemühung um eine Interpretation der deutschen Geschichte, die auf die Errichtung der nationalsozialistischen Herrschaft zulief und die „deutsche Verirrung" als Ausdruck einer Krise der Zwischenkriegszeit und des bürgerlichen Zeitalters deutete.

Die nationalsozialistische Herrschaft stellte die Schuldfrage an den einzelnen Zeitgenossen in einer Radikalität, der man nicht selten ausweichen wollte, weil Schuld niemals abstrakt zu bestimmen war, sondern ganz konkret definiert werden musste. Die entscheidenden Impulse einer Auseinandersetzung mit der Vergangenheit gingen deshalb nicht von den Vertretern der Geschichtswissenschaft aus, die in der Regel das Anliegen teilten, durch ihre Erklärungen den Gang der deutschen Geschichte verständlich zu machen und die verbreitete Deutung abzuwehren, seit mehreren Jahrhunderten sei die deutsche Geschichte – von Luther über Friedrich II. von Preußen („den Großen"), Wagner, Nietzsche und Bismarck – auf Hitler zugelaufen. Stattdessen wurden andere Traditionen bemüht, vor allem die deutsche Klassik.

Diese Deutung konkurrierte mit zwei gegensätzlichen Interpretation: Während auf der einen Seite immer wieder bezweifelt wurde, dass die Deutschen von sich aus befähigt seien, eine stabile Demokratie zu entwickeln, weil ihnen die Werte des freiheitlichen Verfassungsstaates fremd geblieben und sie sich in der Ideologie des deutschen Sonderwegs verfangen hätten, betonten die anderen die Auswirkungen sozioökonomischer Fehlentwicklungen. Die Bemühungen liefen so einerseits auf die Vorbereitung einer neuen demokratischen politischen Kultur durch Erziehung (Reeducation), Kunst und Wissenschaft hinaus, während andererseits auf Veränderungen der Sozialstrukturen und des Wirtschaftssystems gesetzt wurde. Legitimiert wurden diese Ziele durch die vier „großen D" des Potsdamer Abkommens und die Absicht der Siegermächte, endgültig zu verhindern, dass Deutschland jemals wieder die Chance erhielte, das Machtgefüge Europas zu bedrohen.

Hinter diesen Veränderungsvorstellungen bleiben so unterschiedliche Erklärungen des Nationalsozialismus und der europäischen Faschismen spürbar. Während durch Enteignungen der Großgrundbesitzer, Großindustrie und Banken angeblich die soziale Basis des Nationalsozialismus zerstört werden sollte, sollte auf der anderen Seite langfristig der Charakter der Deutschen durch Erziehung im weitesten Sinne verändert werden.

Verformungen des „Nationalcharakters" sah man tief in der deutschen Vergangenheit angelegt. So war es verständlich, dass manche Deutungen der deutschen Geschichte, deren Verbreitung die Alliierten unterstützten, den Widerspruch der Historiker hervorriefen, die hervorhoben, dass sich in der Vergangenheit immer unterschiedliche Traditionen und „Stränge" finden ließen. Dieses Bild übt bis heute Faszination aus, wenn betont wird, neben den schwarzen gäbe es auch weiße Linien der Vergangenheit.

Unverkennbar war jedoch, dass die deutsche Nachkriegszeit ganz im Schatten der ersten deutschen Demokratie, der Weimarer Republik, stand – dies in dreifacher Hinsicht: Zum einen kamen vielfach Künstler, vor allem Schriftsteller, nach Deutschland zurück, die als Repräsentanten der deutschen Kultur in der Zwischenkriegszeit galten. Sie stellten Fragen an diejenigen, die in Deutschland geblieben waren. Zum anderen richteten sich viele Fragen auf die Umstände, die zum Scheitern der Weimarer Republik geführt hatten.

Das Ende dieser Republik war unausweichlich mit dem Beginn der nationalsozialistischen Herrschaft verknüpft. Die Deutung möglicher Voraussetzungen nationalsozialistischer Herrschaft blieb so nicht mehr allein den Vertretern einer wie auch immer differenzierten Faschismustheorie überlassen, sondern lenkte den Blick auf die institutionellen Strukturen dieser ersten Republik, deren Verfassungsentwicklung bereits 1946 durch W. Apelt geschildert wurde. Die Frage nach den Entstehungsumständen der Weimarer Republik beschäftigte hingegen vor allem Publizisten, die in der angeblich halbherzigen Novemberrevolution den Keim für das Scheitern der ersten deutschen Demokratie angelegt fanden.

Der Schatten der Weimarer Republik überlagerte so viele Versuche historischer Erklärung, umso mehr, als rasch deutlich wurde, dass die neuen Verfassungen, die in den Ländern entstanden, aber auch eine neue gesamtdeutsche

Verfassung vorbereiten sollten, „Lehren aus der Vergangenheit" zu ziehen hatten.

Bis heute erscheint deshalb die Weimarer Verfassung als ein nicht ganz geglückter Schritt auf eine freiheitliche Verfassungsordnung hin, die dann im Grundgesetz verwirklicht worden sei – mit ihrer ganz bezeichnenden Erschwerung von Plebisziten, mit konstruktivem Misstrauensvotum und der Wahl des Bundespräsidenten durch die Bundesversammlung, mit Fünfprozentklausel und dem Konzept der streitbaren Demokratie.

Durch die Auseinandersetzung mit den institutionellen Voraussetzungen des Scheiterns der Weimarer Republik wurde der Blick der Öffentlichkeit vor allem auf Verfassungsstrukturen gelenkt, zugleich aber die eher selbstkritische Frage nach den Voraussetzungen eines politisch-mitmenschlichen Umgangs zurückgestellt. Stattdessen erregte lange Zeit die Frage die Gemüter, ob die Attraktivität der nationalsozialistischen Ideologie sich aus der Anlage des politischen Charakters der Deutschen erklären lasse.

Diese Fragen sind wichtig für jede aktive Auseinandersetzung mit der Vergangenheit. Ebenso wichtig ist freilich ihre Kenntnis. Dem dient das hier vorgelegte Buch. Es verzeichnet Ereignisse, die wir als Umbrüche wahrnehmen, und macht zugleich deutlich, in welchem Maße das Scheitern der ersten deutschen Demokratie und die Konsolidierung der nationalsozialistischen Diktatur zusammenhängen.

Die Daten bilden einen Kontext, machen aber das Ungleichzeitige und Gegensätzliche im Gleichzeitigen und Gleichgerichteten sichtbar. Sie stellen die Voraussetzung für eine Perzeption der Geschichte der nationalsozialistischen Zeit dar und fundieren vielleicht einen öffentlichen Diskurs, der sich nicht im moralischen Räsonnement erschöpft, sondern aus der Kenntnis der historischen Entwicklungen erfolgt, die in die deutsche Doppelkatastrophe der nationalsozialistischen Machtergreifung 1933 und der Zerstörung des Reiches 1945 mündeten.

Der Verfasser der hier publizierten Chronik hat mehr zusammengetragen als die Daten wichtiger Ereignisse. Klaus W. Tofahrn ist von Haus aus Soziologe und hat sich in den vergangenen Jahren aus sozialwissenschaftlicher Perspektive mit aktuellen und zeitgeschichtlichen Problemen, aber auch der jüngsten deutschen Vergangenheit befasst. Das bedeutete unausweichlich, sich auch mit der Erinnerungsarbeit auseinanderzusetzen. „Vergessen kann man es nie", so heißt einer seiner wichtigen Beiträge zur Geschichte der Erinnerung. Tofahrn geht es niemals um Erinnern und Gedenken an sich, sondern stets auch um eine Auseinandersetzung mit der deutschen Vergangenheit unter Beachtung einer politischen Zielrichtung. Er will einen Beitrag zur Überwindung rechtsextremistischen Denkens leisten, und dies nicht durch die Betonung von Gesinnung, sondern durch die Konfrontation mit den Fakten. In „seinem"

Projekt „Vergessen kann man es nie“ wurden Lebens- und Denkwege erschlossen. In der nun vorgelegten Veröffentlichung geht es nicht nur um Fakten, sondern auch die Folgen von Ereignissen. Zeitgeschichte hat man als Vergangenheit beschreiben, die „noch qualmt und brennt“. Gegenwart ließe sich als geronnene Vergangenheit bezeichnen. Gegenwärtiges Handeln ist beeinflusst von Erfahrungen und Erlebnissen, von Stimmungen und Ahnungen. So existiert das Vergangene häufig im Gegenwärtigen. Chronologien vergegenwärtigen den Wandel und rücken die Vergangenheit vor das Auge des Zeitgenossen. Dabei wird deutlich, in welchem Maße zurückliegende Ereignisse den Wurzelgrund vieler verhängnisvoller Entwicklungen darstellen, die wiederum Geschichtsdeutungen beeinflussen.

Insofern ist es konsequent, dass Klaus W. Tofahrn eine Ausstellung konzipierte, die programmatisch die Herausforderung jeder Auseinandersetzung mit der Geschichte bezeichnen kann: „Erinnern, verstehen, die Zukunft gestalten“. So wünsche ich dem Leser, dass er in der Zusammenstellung und den Quellentexten mehr erkennt als eine Anhäufung von Daten. Es geht um „Verstehen“. Niemand anders als der große französische Historiker Marc Bloch hat dies betont, als er die letzte Aufgabe des Historikers im „Verständnis“ des Vergangenen und des Geschehenden erblickte. Daten sind mithin niemals Schall und Rauch, sondern aus ihnen entwickelt sich der Zusammenhang, um den es jedem geht, der sich der Geschichte zuwendet.

Abkürzungsverzeichnis

ADGB	Allgemeiner Deutscher Gewerkschaftsbund
AdR	Akten der Reichskanzlei
BDM	Bund Deutscher Mädel
BVP	Bayerische Volkspartei
CDU	Christlich-Demokratische Union
CSU	Christlich-Soziale Union
ČSR	Tschechoslowakische Republik
DAF	Deutsche Arbeitsfront
DDP	Deutsche Demokratische Partei
DDR	Deutsche Demokratische Republik
DFG	Deutsche Forschungsgemeinschaft
DJ	Deutsches Jungvolk
DM	Deutsche Mark
DNB	Deutsches Nachrichtenbüro
DNVP	Deutschnationale Volkspartei
DVP	Deutsche Volkspartei
EAC	European Advisory Commission (Europäische Beratende Kommission)
EAM	Nationale Befreiungsfront (Griechenland)
EDES	Nationaldemokratische Griechische Liga
Gestapo	Geheime Staatspolizei
HJ	Hitlerjugend
IMT	Internationales Militärtribunal
ISK	Internationaler Sozialistischer Kampfbund
IWF	Internationaler Währungsfond
JM	Jungmädel
KdF	Kraft durch Freude (Kultur- und Freizeitwerk der NSDAP)
KPD	Kommunistische Partei Deutschlands
KZ	Konzentrationslager
MdR	Mitglied des Reichstags
NL	Niederlande
NSBO	Nationalsozialistische Betriebszellenorganisation
NSDAP	Nationalsozialistische Deutsche Arbeiterpartei
NSDStB	Nationalsozialistischer Deutscher Studentenbund
NSF	Nationalsozialistische Frauenschaft
NSKR	Nationalsozialistisches Reiterkorps

OKW	Oberkommando der Wehrmacht
ONL	Oder-Neiße-Linie
RDI	Reichsverband der Deutschen Industrie
RM	Reichsmark
RSHA	Reichssicherheitshauptamt der SS
SA	Sturmabteilung
SAP	Sozialistische Arbeiterpartei
SBZ	Sowjetische Besatzungszone
SD	Sicherheitsdienst
SdP	Sudetendeutsche Partei
SED	Sozialistische Einheitspartei
SPD	Sozialdemokratische Partei Deutschlands
SPÖ	Sozialdemokratische Partei Österreichs
SiPo	Sicherheitspolizei
Sopade	Sozialdemokratische Partei Deutschlands (Exil-SPD-Vorstand in Prag)
SS	Schutzstaffel
UdSSR	Union der Sozialistischen Sowjetrepubliken
USA	United States of America (Vereinigte Staaten von Amerika)
USPD	Unabhängige Sozialdemokratische Partei Deutschlands
WVHA	Wirtschafts- und Verwaltungshauptamt der SS
ZKK	Zentrale Kontrollkommission
ŻOB	Żydowska Organizacja Bojowa

1. Das Scheitern der Weimarer Republik und Aufstieg der NSDAP: Der Weg zur „Machtergreifung“

Das Jahr 1930

01.01. Bereits im September 1929 wurde der Beitrag für die Arbeitslosenversicherung wegen der steigenden Zahl der Arbeitslosen um 0,5 Prozentpunkte auf 3,5 Prozent erhöht. Im Januar 1930 sind mehr als 3 Millionen Menschen arbeitslos.

03.01. In Anwesenheit von Vertretern des Deutschen Reiches beginnt im holländischen Den Haag der zweite „Haager Konferenz“, die das Problem der deutschen Reparationszahlungen lösen soll. Neben Deutschland nehmen die Siegermächte (Frankreich und Großbritannien) des Ersten Weltkrieges sowie Belgien, Griechenland, Italien, Japan, Jugoslawien, Polen, Portugal, Rumänien und die Tschechoslowakei teil.

16.01. Der sozialdemokratische preußische Innenminister Albert Grzesinski verhängt für ganz Preußen ein Demonstrations- und Versammlungsverbot unter freien Himmel. Absicht der Regierung ist es, die gewalttätigen Auseinandersetzungen zwischen den linken und rechten Gruppierungen einzudämmen.

20.01. In Den Haag geht die zweite Konferenz (Haager Schlussakte) zu Ende. Das Deutsche Reich und die Vertreter der Siegermächte des Ersten Weltkrieges einigen sich auf Basis des Youngplans über die Höhe der Reparationsleistungen. Festgelegt wird eine Summe von 34,5 Milliarden RM, die Deutschland in unterschiedlich bemessenen jährlichen Raten an die Siegermächte zu zahlen hat.

22.01. Das Reichskabinett billigt die Verhandlungsergebnisse der deutschen Delegation auf der zweiten Haager Konferenz.

Das Reichswehrministerium verbietet per Erlass Sympathiebekundungen für die NSDAP[1] und die KPD in der Reichswehr: Die politische Zielsetzung beider Parteien sei „die gewaltsame Zerschlagung des heutigen Staates“ und die Errichtung einer Diktatur.

23.01. Wilhelm Frick (NSDAP) wird Minister für Inneres und Volksbildung in Thüringen. Damit bekleidet die NSDAP erstmals ein Ministeramt.

05.02. Der Reichsrat, die Vertretung der deutschen Länder, billigt die Ergebnisse der Haager Schlussakte.

08.02. Erich Maria Remarques Roman über den Ersten Weltkrieg, „Im Westen nichts Neues“, darf auf Anordnung des nationalsozialistischen thüringischen Volksbildungsministers Wilhelm Frick an den Schulen des Landes nicht mehr gelesen werden.

10.02. Die Organe der Kölner Universität (Rektor und Senat) verbieten (vorläufig) die Aktivitäten der nationalsozialistischen Studentengruppe (NSDStB).

13.02. In Berlin konstituiert sich der „Reichsverband der Landwirtschaftlichen Genossenschaften – Raiffeisen e.V.“ zur Unterstützung der Not leidenden Landwirtschaft.

23.02. Der Nationalsozialist und SA-Führer Horst Wessel[2] stirbt in Berlin an den Folgen eines auf ihn verübten Attentats. Die NSDAP stilisiert ihn daraufhin zum Märtyrer. Das von ihm verfasste Marschlied „Die Fahnen hoch“ (1927, Horst-Wessel-Lied) erhebt die nationalsozialistische Reichsregierung zur „zweiten Nationalhymne“.

07.03. Aufgrund unüberbrückbarer Differenzen in der Frage der deutschen Reparationszahlungen tritt Reichsbankpräsident Hjalmar Schacht zurück. Vor dem Hintergrund der Weltwirtschaftskrise will Schacht jegliche Erhöhung der deutschen Auslandsverschuldung vermeiden. Sein Nachfolger wird der ehemalige Reichskanzler (1925/26) Hans Luther, der 1927 der DVP beigetreten ist. Er tritt am 3. April sein Amt an.

12.03. Mit 270 zu 192 Stimmen votieren die Reichstagsabgeordneten für die Annahme des Youngplans, den tags darauf auch Reichspräsident Paul von Hindenburg billigt.

16.03. Insbesondere rechtsgerichtete Jugendliche und Studenten demonstrieren in der Reichshauptstadt gegen die Annahme des Youngplans.

27.03. Die Reichsregierung unter dem sozialdemokratischen Reichskanzler Hermann Müller tritt zurück. Der letzten parlamentarisch gestützten Koalitionsregierung der Weimarer Republik, die sich aus Sozialdemokraten (SPD), dem Zentrum, der Deutschen Volkspartei (DVP), der Deutschen Demokratischen Partei (DDP) und der Bayerischen Volkspartei (BVP) zusammensetzte, gelang es nicht, einen Konsens über eine gemeinsame Haushalts- und Finanzpolitik zu erzielen. Sie scheiterte u. a. an der Frage der Beitragserhöhung (+ 0,25 Prozent) für die Arbeitslosenversicherung. Der Zentrumspolitiker Heinrich Brüning wird vom Reichspräsidenten mit der Bildung eines neuen Kabinetts beauftragt.

30.03. Unter Ausschaltung der Sozialdemokraten bildet der Zentrumspolitiker Heinrich Brüning ein Minderheitskabinett (**Präsidialkabinett**), dem im Wesentlichen Parteien der bürgerlichen Mitte und bürgerlichen Rechten angehören (BVP, DDP, DVP, DNVP, Zentrum). Gestützt auf Notverordnungen will Brüning durchgreifende finanz- und wirtschaftspolitische Akzente setzen.

Präsidialkabinett
Artikel 48 der Weimarer Verfassung sah vor, dass der Reichspräsident Notverordnungen erlassen konnte, „wenn im Deutschen Reich die öffentliche Sicherheit oder Ordnung erheblich gestört oder gefährdet“ war. Danach konnten Grundrechte ganz oder teilweise außer Kraft gesetzt werden. Die Notverordnungen mussten dem Reichstag zur Kenntnis gebracht und auf sein Verlangen hin außer Kraft gesetzt werden. Das ebenfalls in Artikel 48 der Weimarer Verfassung verankerte Recht des Reichspräsidenten, den Reichstag aufzulösen, bot diesem jedoch eine Handhabe gegen das Parlament, sofern dieses sich gegen die Notverordnungen wandte.
Notverordnungsrecht und das Recht zur Reichstagsauflösung bildeten die Grundlage für die so genannten Präsidialkabinette ab März 1930. Sie waren vom Reichspräsidenten abhängig und setzten ihre politischen Programme ohne Rücksicht auf die parlamentarischen Mehrheitsverhältnisse durch.

15.04. Die Reichsanstalt für Arbeitslosenversicherung meldet rd. 2,9 Mio. Personen, die ohne feste Arbeit sind.

17.05. Der Youngplan, der gemäß der „Haager Schlussakte“ die von Deutschland zu leistenden Reparationszahlungen regelt, tritt in Kraft.

22.06. Bei den Landtagswahlen in Sachsen erringt die NSDAP 14 Mandate und wird hinter der SPD (33 Sitze) zur zweitstärksten politischen Kraft.

30.06. Die französische Armee zieht sich aus dem Rheinland zurück.
Hitler beauftragt Goebbels, die Mitglieder um den sozialrevolutionären Parteiflügel der Brüder Otto und Gregor Strasser auszuschließen.

03.07. Der im innerparteilichen Machtkampf unterlegene Publizist Otto Strasser verlässt die NSDAP und gründet in Berlin die „Kampfgemeinschaft revolutionärer Nationalsozialisten“. Gregor Strasser ordnet sich zunächst Hitler unter.

05.07. Mit Spenden von Großindustriellen wie Fritz Thyssen erwirbt die NSDAP in München das ehemalige Barlow-Palais, das zum Sitz der Reichsparteileitung (sog. Braunes Haus) umgebaut wird.

16.07. Der Reichspräsident erlässt die Notverordnung „Sicherung von Wirtschaft und Finanzen", nachdem die von der Regierung eingebrachte Vorlage zur Deckung des Haushaltsdefizits mit den Stimmen von KPD, SPD, DNVP und NSDAP abgelehnt wurde.

18.07. Paul von Hindenburg löst das Parlament auf, nachdem die Mehrheit der Abgeordneten einem Antrag der SPD, die Notverordnung aufzuheben, zugestimmt hat.

30.07. Die Universität Frankfurt am Main beruft den Philosophen und Soziologen Max Horkheimer[3] zum ordentlichen Professor für Sozialphilosophie. Zugleich wird Horkheimer Direktor des 1924 eröffneten Instituts für Sozialforschung.

06.08. Die Stadt Frankfurt am Main zeichnet Sigmund Freud für die Entwicklung der Psychoanalyse mit dem Goethe-Preis, der mit 10 000 RM dotiert ist, aus. Antisemiten und Rechtsradikale protestieren gegen die Preisverleihung.

24.08. Die Kommunistische Partei Deutschlands gibt zur Eröffnung der „heißen" Phase des Reichstagswahlkampfes ihre „Programmerklärung zur nationalen und sozialen Befreiung des deutschen Volkes" heraus.

14.09. Bei den Reichstagswahlen kann die NSDAP einen sensationellen Erfolg für sich verbuchen. Während die DNVP und die bürgerlichen Parteien (DDP, DVP) größere Verluste hinnehmen müssen, erhält die NSDAP 18,3% der gültigen Stimmen (6,4 Mio. Wähler), womit sich die Zahl ihrer Mandate verneunfacht: von 12 auf 107. Sie wird nach der SPD, die 24,5% der abgegebenen Stimmen auf sich vereinigt, zur zweitstärksten Partei im Deutschen Reichstag.

05.10. Der amtierende Reichskanzler Heinrich Brüning trifft sich erstmalig mit Hitler. Anwesend bei diesem Gespräch sind ferner die Nationalsozialisten Wilhelm Frick und Hermann Göring. Brüning will die Führung der NSDAP zur Teilnahme an der Reichsregierung bewegen.

06.10. Bedingt durch das hohe Defizit bei der Arbeitslosenversicherung beschließt die Reichsregierung eine drastische Erhöhung (von 4,5 auf 6,5 Prozent) der Arbeitslosenbeiträge.

13.10. Der neu gewählte Reichstag tritt in Berlin zusammen. Bei dieser konstituierenden Sitzung zieht die Fraktion der NSDAP, angeführt von dem Fraktionsvorsitzenden Wilhelm Frick, uniformiert in den Plenarsaal ein.

15.10. Der Sozialdemokrat Paul Löbe wird von der Mehrheit der Abgeordneten des Deutschen Reichstages (269 zu 209 Stimmen) zu dessen Präsidenten gewählt. Löbe ist seit 1895 Mitglied der SPD und bekleidet mit dieser Wahl zum vierten Mal das Amt des Reichstagspräsidenten.

17.10. In seiner von rechtsextremen Demonstranten gestörten Rede „Appell an die Vernunft“ in Berlin wendet sich Thomas Mann vehement gegen einen politischen Extremismus und gegen die politischen Ideen (Ideologie) der Nationalsozialisten.

18.10. Der gemeinsam von den Deutschnationalen, Kommunisten und Nationalsozialisten eingebrachte Misstrauensantrag gegen das Kabinett Brüning scheitert.

30.11. Mit 32 Mandaten wird die NSDAP bei den Wahlen zur Bremer Bürgerschaft nach der SPD zur zweitstärksten politischen Kraft.

01.12. Um eine parlamentarische Beratung seiner Sanierungspläne zu vermeiden, erlässt Brüning die Notverordnung zur „Sicherung der Wirtschafts- und Finanzlage“. Damit will die Reichsregierung einen ausgeglichenen Haushalt für das Jahr 1931 sicherstellen.

06.12. Der Reichstag lehnt mit den Stimmen der SPD einen Antrag der KPD, diese Notverordnung aufzuheben, ab (293 zu 253 Stimmen). Die SPD befürchtet, die radikalen Parteien könnten im Falle einer abermaligen Reichstagsauflösung und Neuwahl wiederholt einen Stimmenzuwachs verzeichnen.

10.12. Der Deutsche Hans Fischer erhält in Stockholm den Nobelpreis für Chemie.

Das Jahr 1931

01.01. Die Nationalsozialisten beziehen in München ihr neues Hauptquartier, das „Braune Haus“.

05.01. Adolf Hitler ernennt in seiner Funktion als NSDAP-Führer Ernst Röhm zum Chef der SA.

09.01. Mit einer Notverordnung, nach der von der Regierung eingesetzte Schlichtungskommissionen auch gegen den Widerspruch der Tarifparteien einen Schiedsspruch fällen können, wird die Tarifautonomie beseitigt. Diese Notverordnung ist bis zum 31. Juli befristet.

11.01. Vertreter von 134 Schachtanlagen gründen in Duisburg den

„Kommunistischen Einheitsverband der Bergarbeiter Deutschlands“. Auf der konstituierenden Sitzung wird Albert Funk zum 1. Vorsitzenden gewählt.

16.01. Die Bremer Bürgerschaftsversammlung wählt den Nationalsozialisten Otto Heinrich Bernhard mit 59 gegen 47 Stimmen zum Präsidenten.

18.01. In Berlin findet ein Gespräch zwischen Adolf Hitler und dem Chef der Heeresleitung, Kurt Freiherr von Hammerstein-Equort, statt. Hitler geht anschließend davon aus, dass es zu einer „vertrauensvollen Zusammenarbeit“ mit der Reichswehr kommen wird.

22.01. Das „Haus des Rundfunks“ wird in Berlin in der Masurenallee eröffnet.

02.02. Der Antrag der NSDAP-Fraktion, der einen Austritt Deutschlands aus dem Völkerbund fordert, wird von der Mehrheit der Abgeordneten des Deutschen Reichstages abgelehnt.

07.02. Der Reichstag lehnt die Misstrauensanträge von NSDAP und KPD gegen das Kabinett Brüning ab.

09.02. Die „nationale Opposition“ verlässt den Reichstag. Sie protestiert damit gegen eine Änderung der Geschäftsordnung, die das wiederholte Einbringen von Misstrauensanträgen erschwert. Nach Auszug der „Rechtsparteien“ (NSDAP, DNVP u. a.) billigt der Reichstag die Änderung der Geschäftsordnung.

20.02. Röhm gibt eine Neugliederung der SA bekannt. Dabei orientiert er sich an der Truppeneinteilung des Militärs, mit einer aufsteigenden Linie von Schar, Trupp, Sturm, Sturmbann, Standarte, Untergruppe und Gruppe.

21.02. Um die steigende Arbeitslosigkeit einzudämmen, verlangt der Reichsverband der Deutschen Industrie eine Senkung der Lohnstückkosten; die von vielen Politikern geforderte Verkürzung der Arbeitszeit lehnen die Verbandsvertreter ab.

25.02. Die KPD veranstaltet in vielen deutschen Großstädten „Hungermärsche“. Im Zuge dieser Demonstrationen kommt es zu blutigen Auseinandersetzungen mit den Ordnungskräften.

10.03. Der Vorstand des Allgemeinen Deutschen Gewerkschaftsbundes (ADGB) fordert – auch als Mittel gegen die hohe Arbeitslosigkeit gedacht – die Einführung der 40-Stunden-Woche.

13.03. Die DVP kündigt ihre Zusammenarbeit mit der NSDAP im thüringischen Landtag auf.

28.03. Der Reichspräsident schränkt per Notverordnung das Versammlungsrecht und die Pressefreiheit ein.

01.04. Nach einem erfolgreichen Misstrauensantrag der SPD gegen Innenminister Frick im thüringischen Landtag tritt dieser zurück.

22.04. In Thüringen konstituiert sich eine neue Landesregierung ohne Beteiligung der NSDAP.

17.05. Aus den in Oldenburg stattfindenden Landtagswahlen geht die NSDAP mit 37,2% vor der SPD, die 20,9% erhält, als stärkste Partei hervor.

13.06. Die Deutsche Reichsbank erhöht die Leitzinsen, der Diskontsatz steigt nunmehr auf 7 Prozent.

20.06. US-Präsident Herbert C. Hoover schlägt, angesichts der Wirtschaftskrise in Deutschland, ein einjähriges Moratorium für alle Reparationszahlungen und Kriegsschulden vor.

09.07. Der Unterrichtsausschuss des Preußischen Landtags verfügt, Remarques Antikriegsroman „Im Westen nichts Neues“ sei aus allen Schulbibliotheken zu entfernen.

13.07. Der Zusammenbruch der österreichischen Credit-Anstalt infolge der Weltwirtschaftskrise bleibt nicht ohne Auswirkungen auf die „Darmstädter und Nationalbank“. Das drittgrößte deutsche Kreditinstitut schließt seine Schalter; es kommt im weiteren Verlauf zu Auszahlungssperren, zur Schließung von Banken, Sparkassen und den Börsen. Der 14. und 15. Juli werden zu „Bankfeiertagen“ erklärt.

16.07. Die Deutsche Reichsbank erhöht den Diskontsatz um weitere 3 Prozent auf 10 Prozent. Darüber hinaus tritt eine Verordnung in Kraft, nach der der Ankauf und Verkauf ausländischer Zahlungsmittel nur über die Reichsbank erfolgen kann.

18.07. Heinrich Brüning trifft in Paris ein. Damit besucht erstmals seit der Reichsgründung im Jahre 1871 ein deutscher Reichskanzler die französische Hauptstadt. Anlass der Gespräche ist die deutsche Finanzkrise.

Eine Notverordnung gegen Kapital- und Steuerflucht wird erlassen.

01.08. Die Deutsche Reichsbank erhöht den Diskontsatz auf 15 Prozent.

09.08. In einem vom **Stahlhelm** beantragten Volksentscheid votieren nur rd. 37 Prozent der Bevölkerung für die vorzeitige Auflösung des Preußischen Landtags.

11.08. Das Hoover-Moratorium (s. Stichtag 20. Juni 1931) wird unterzeichnet. Deutschland wird mithin für ein Jahr von seinen Reparationszahlungen befreit.

Stahlhelm
Im Dezember 1918 gründete der Chemiefabrikant und Reserveoffizier Franz Seldte in Magdeburg den paramilitärisch organisierten „Stahlhelm, Bund der Frontsoldaten". Der stärkste Wehrverband des Deutschen Reiches (1930: rd. 500 000 Mitglieder) pflegte die Legende des „unbesiegten deutschen Heeres" und den Mythos der Frontgemeinschaft. Er stand in entschiedener Gegnerschaft zur Republik. 1929 gehörte er neben DNVP, NSDAP und Alldeutschem Verband zu den Initiatoren des Volksentscheids gegen den Youngplan, im Oktober 1931 zu den Gründungsorganisationen der „Harzburger Front". 1934 wurde der Stahlhelm als „NS-Frontkämpferbund" organisatorisch der SA eingegliedert, 1935 ganz aufgelöst. Seinen Mitgliedern wurde trotz bestehender Aufnahmesperre ermöglicht, der NSDAP beizutreten.

27.08. Reichskanzler Brüning und der Vorsitzende der DNVP, Alfred Hugenberg, treffen sich zu einem Krisengespräch. Dabei konferieren sie über die angespannte Situation bei den öffentlichen Finanzen.

09.09. Die Juristin Marianne Weber fordert auf dem 36. Juristentag in Lübeck die Gleichberechtigung der Frau und somit eine Nivellierung des geltenden Familienrechts.

11.09. Gegenüber Industriellen erläutert Adolf Hitler im Berliner Hotel „Kaiserhof" seine wirtschafts- und finanzpolitischen Vorstellungen im Falle der Regierungsübernahme durch die Nationalsozialisten.

12.09. An Rosh Hashanah, dem jüdischen Neujahrstag, demoliert die SA in Berlin zahlreiche jüdische Geschäfte.

20.09. Auf dem 10. Parteitag der DNVP in Stettin fordert Alfred Hugenberg u. a. die Ausweitung des deutschen Lebensraums und die Rückgabe der deutschen Kolonien.

25.09. Der Industrielle Gustav Krupp von Bohlen und Halbach wird vom Präsidium des Reichsverbandes der Deutschen Industrie als Nachfolger von Carl Duisberg zum Präsidenten der Vereinigung gewählt.

27.09. Bei den Bürgerschaftswahlen in der Hansestadt Hamburg muss die SPD erhebliche Stimmenverluste hinnehmen und kann ihre Spitzenposition mit einem Stimmenanteil von rd. 27,8% nur knapp verteidigen. Die Nationalsozialisten erzielen 43 Mandate und erhalten damit nur 3 Sitze weniger als die SPD.

03.10. Reichsaußenminister Julius Curtius (DVP) tritt von seinem

Amt zurück, u.a. weil die von ihm geplante deutsch-österreichische Zollunion aufgrund der Entscheidung des Internationalen Gerichtshofs in Den Haag vom 5. September nicht zustande kommt. Nach Auffassung des Internationalen Gerichtshofes widerspricht die Zollunion den Bestimmungen des Friedensvertrages von St-Germain.

04.10. In Berlin gründet sich, als Linksabspaltung von der SPD, die Sozialistische Arbeiterpartei (SAP).

07.10. Die Demission von Reichsaußenminister Curtius führt zum Rücktritt der Reichsregierung unter Brüning. Reichspräsident Hindenburg beauftragt Brüning erneut mit der Regierungsbildung. Zwei Tage später stellt dieser sein zweites Kabinett vor.

10.10. Adolf Hitler wird erstmalig vom Reichspräsidenten zu einem Gespräch empfangen, der von ihm die Tolerierung des umgebildeten Kabinetts Brüning erhofft.

11.10. Die so genannte nationale Opposition (Nationalsozialisten, Deutschnationale, Stahlhelm) formiert sich in Bad Harzburg zur „Harzburger Front“. Ihr Ziel ist der Sturz der Regierung Brüning.

16.10. Alle von der Rechtsopposition eingebrachten Misstrauensanträge gegen das Kabinett Brüning scheitern im Deutschen Reichstag. Die Abgeordneten der „Rechtsparteien“ verlassen daraufhin das Parlament.

30.10. Adolf Hitler ernennt Baldur Benedikt von Schirach zum Reichsjugendführer der NSDAP.

23.11. Weges des „Verrats militärischer Geheimnisse“ verurteilt ein Leipziger Gericht den Herausgeber der Zeitschrift „Die Weltbühne“, Carl von Ossietzky, zu 18 Monaten Haft. Die Zeitschrift hatte über den illegalen Bau von Militärflugzeugen berichtet.

10.12. Carl Goerdeler, Oberbürgermeister der Stadt Leipzig, übernimmt das Amt des „Reichskommissars für die Preisüberwachung“. Die Reichsregierung erhofft sich davon eine Preisdämpfung („Regulierung“) für lebenswichtige Güter und Dienstleistungen.

10.12. Carl Bosch und Friedrich Bergius erhalten den Nobelpreis für Chemie, Otto Warburg erhält den Nobelpreis für Physiologie oder Medizin.

16.12. Als politisches „Gegengewicht“ zur „Harzburger Front“ gründen SPD, Gewerkschaften, Arbeitersportverbände und der „Reichsbanner Schwarz-Rot-Gold“ die „Eiserne Front“.

Das Jahr 1932

06.01. Gegenüber den Regierungen von Frankreich und Großbritannien erklärt der deutsche Reichskanzler Heinrich Brüning, dass Deutschland außerstande sei, weitere Reparationen an die Siegermächte des Ersten Weltkrieges zu leisten.

15.01. Die deutsche Reichsregierung veröffentlicht die Arbeitslosenzahl: Fast 6 Millionen Menschen sind ohne Arbeit.

19.01. Die Berliner Friedrich-Wilhelms-Universität wird nach gewalttätigen Angriffen von nationalsozialistischen Studenten auf jüdische Kommilitonen für zwei Tage geschlossen.

26.01. Im Düsseldorfer Industrieclub erläutert Hitler rd. 650 geladenen Großindustriellen (anwesend sind u.a. Karl Haniel und Fritz Thyssen) seine politischen Vorstellungen und Zielsetzungen: Er bekennt sich u.a. zum Privateigentum und dem „Führerprinzip in der Wirtschaft".

29.01. Auf dem Verordnungswege ermöglicht Reichswehrminister Wilhelm Groener (parteilos) Nationalsozialisten den Eintritt in die Reichswehr, Kommunisten bleibt der Eintritt in die Reichswehr vorenthalten.

06.02. Per Verordnung untersagt die Reichsregierung die Durchführung von Betriebsratswahlen. Sie will damit die politische Radikalisierung eindämmen.

09.02. In seiner Rede auf der Internationalen Abrüstungskonferenz des Völkerbundes in Genf fordert Reichskanzler Brüning von den Siegermächten des Ersten Weltkrieges (hier Großbritannien und Frankreich) entschiedene Schritte zur militärischen Abrüstung.

11.02. Aufgrund der hohen Arbeitslosigkeit in Deutschland verabschiedet der Reichsrat ein Gesetz, das eine Anstellung ausländischer Landarbeiter verbietet.

15.02. Das Reichsarbeitsministerium veröffentlicht Zahlen zur Arbeitslosigkeit in Deutschland. Demnach überschreitet die Arbeitslosenzahl die 6-Millionen-Grenze. Mit 6,127 Mio. Arbeitslosen, das sind rd. 18 Prozent der erwerbstätigen Bevölkerung, und mehr als 3 Mio. Kurzarbeitern befindet sich das Deutsche Reich in einer ernsten wirtschaftspolitischen Lage.

22.02. Joseph Goebbels, NSDAP-Gauleiter von Berlin-Brandenburg, gibt im Berliner Sportpalast die Kandidatur Hitlers für das Amt des Reichspräsidenten bekannt.

25.02. Durch seine Ernennung zum Regierungsrat[4] bei der Braunschweigischen Gesandtschaft in Berlin erhält Hitler die deutsche Staatsbürgerschaft. Somit kann er für das Amt des Reichspräsidenten kandidieren.

26.02. Ein von DVP, DNVP und NSDAP eingebrachtes Misstrauensvotum gegen Brünings Wirtschaftspolitik scheitert im Deutschen Reichstag.

27.02. In einem Wahlaufruf zur Reichspräsidentenwahl fordert die SPD ihre Mitglieder und Anhänger auf, den konservativen Amtsinhaber Paul von Hindenburg zu unterstützen. Hindenburg gilt auch bei den Linken als Garant für eine verfassungstreue Regierung.

13.03. Der erste Wahlgang zur Wahl des Reichspräsidenten bringt für keinen der Kandidaten die notwendige absolute Mehrheit. Der amtierende Reichspräsident Hindenburg kann rd. 18,7 Millionen Stimmen, das sind 49,6%, auf sich vereinigen.

31.03. Die Filmbildstelle in Berlin verbietet den tags zuvor uraufgeführten Film „Kuhle Wampe“ von Slatan Dudow und Bertold Brecht wegen kommunistischer Agitation; zwei Monate später (30. Mai) wird der Film nach der Entfernung einiger regierungskritischer Szenen freigegeben.

10.04. Paul von Hindenburg (unterstützt von Zentrum, SPD, DVP, DDP, BVP, DNVP) wird im zweiten Wahlgang mit einer absoluten Mehrheit von 53% (19,4 Mio. Stimmen) als deutscher Reichspräsident wiedergewählt. Adolf Hitler (NSDAP) kommt auf 36,8% und Ernst Thälmann (KPD) auf 10,2%.

13.04. Die paramilitärischen nationalsozialistischen Wehrorganisationen SA und SS werden auf der Basis der Notverordnung „zur Sicherung der Staatsautorität“ verboten.

24.04. Bei den Landtagswahlen in Anhalt, Bayern, Preußen und Württemberg und bei den Hamburger Bürgerschaftswahlen kann die NSDAP starke Stimmenzuwächse für sich verbuchen. Im Preußischen Landtag halten NSDAP und die Kommunisten die absolute Mehrheit der Mandate.

01.05. Im Zuge der Maifeiern kommt es in einigen deutschen Großstädten (u.a. München und Stuttgart) zu gewalttätigen Zusammenstößen zwischen Nationalsozialisten und Kommunisten.

10.05. Reichswehrminister Groener rechtfertigt das Verbot von SA und SS; Generalmajor Kurt von Schleicher, Chef des Ministeramtes der Reichswehr, erklärt, Groener sei für die Führung der Reichswehr untragbar. Zwei Tage später tritt Groener von seinem Amt zurück.

21.05. Der Nationalsozialist Alfred Freyberg wird zum Ministerpräsidenten des Landtages von Anhalt gewählt.

25.05. Hanns Kerrl (NSDAP) wird zum preußischen Landtagspräsidenten gewählt. Nach Beendigung des Wahlvorganges kommt es zwischen den Abgeordneten der NSDAP und der KPD zu handgreiflichen Auseinandersetzungen.[5]

30.05. Das Minderheitskabinett Brüning[6] tritt zurück. Hindenburg hat Brüning tags zuvor das Vertrauen entzogen: Unmittelbar hat er sich damit gegen den Plan der Regierung Brüning gewandt, die Eigentümer nicht entschuldungsfähiger ostelbischer Güter zum Verkauf zu zwingen und auf diesem Land Arbeitslose, Landarbeiter und Kleinbauern anzusiedeln.

01.06. Auf Betreiben Kurt von Schleichers ernennt Hindenburg Franz von Papen (der noch bis zum 3. Juni dem Zentrum angehört) zum Reichskanzler. In dem von ihm gebildeten Präsidialkabinett („Kabinett der Barone“) haben deutschnationale Adelige 7 der 11 Ressorts inne, Schleicher wird Reichswehrminister.

04.06. Hindenburg löst auf Antrag von Papens den Reichstag, in dem dieser bisher nur von der DNVP unterstützt wird, auf und schreibt Reichstagswahlen für den 31. Juli aus.

05.06. Die Landtagswahlen in Mecklenburg-Schwerin gewinnt eindeutig die NSDAP; sie erringt die Hälfte der Mandate.

14.06. Das am 13. April ausgesprochene Verbot für die NSDAP-Organisationen SA und SS wird aufgehoben. Als Gegenleistung tolerieren die Nationalsozialisten die Regierung von Papen.

28.06. Alfred Hugenberg erläutert in Berlin seine politischen Zielsetzungen. Zusammen mit der NSDAP will die DNVP das Kabinett von Papen stürzen und die Regierungsverantwortung übernehmen.

10.07. Bei Wahlkundgebungen zur bevorstehenden Reichstagswahl kommt es zu blutigen Zusammenstößen zwischen Anhängern der NSDAP und linker Parteigruppierungen. Insgesamt sind 14 Todesopfer zu beklagen.

17.07. Bei dem „Einmarsch“ der nationalsozialistischen Anhänger, vor allem der SA-Abteilungen, in den Hamburger Stadtteil Altona, eine KPD-Hochburg, kommt es zu schweren – fast bürgerkriegsähnlichen – Auseinandersetzungen. Neben einer Vielzahl von Schwerverletzten kommen 18 Demonstranten zu Tode.

20.07. Der „Preußenschlag“: Hindenburg ernennt mithilfe einer Notverordnung Franz von Papen zum Reichskommissar von Preußen. Die Regierung unter dem sozialdemokratischen Ministerpräsidenten Otto Braun wird abgesetzt, der sozialdemokratische Einfluss damit ausgeschaltet. Innenminister wird der parteilose Essener Oberbürgermeister Franz Bracht, der stellvertretend für von Papen die Regierungsgeschäfte führt.

31.07. Bei den Reichstagswahlen erringt die NSDAP 230 Mandate (37,4%) und wird zur stärksten Fraktion; auf die SPD entfallen 133 Mandate (21,6%).

01.08. Zwischen nationalsozialistischen und kommunistischen Anhängern und Sympathisanten kommt es in einigen deutschen Großstädten wieder zu blutigen Auseinandersetzungen. Dabei sterben 20 Menschen.

06.08. Die erste Autobahnstrecke wird für den Verkehr freigegeben. Sie verbindet die rheinischen Städte Bonn und Köln (Länge rd. 25 km).

13.08. Der Reichspräsident empfängt Reichskanzler Franz von Papen und Adolf Hitler zu einem Gespräch über die anstehende Regierungsbildung. Dabei kommt es zu keiner Verständigung. Hitler fordert das Amt des Reichskanzlers und lehnt das ihm angebotene Amt des Vizekanzlers kategorisch ab.

26.08. In Thüringen wird der Nationalsozialist Fritz Sauckel von der Mehrheit der Abgeordneten zum Ministerpräsidenten des Landes gewählt.

28.08. Von Papen legt einen wirtschaftspolitischen Zwölfmonatsplan vor, der Lohnkürzungen und einen Ausbau des „freiwilligen Arbeitsdienstes" vorsieht.

30.08. Mit den Stimmen der BVP, DVP, DNVP, NSDAP und des Zentrums wird der Nationalsozialist Hermann Göring zum Reichstagspräsidenten gewählt.

15.09. Die Arbeitslosenzahl in Deutschland ist auf rd. 5,2 Mio. Menschen gesunken.

01.10. Zu dem von den Nationalsozialisten in Potsdam veranstalteten ersten Reichsjugendtag kommen mehr als 100000 Teilnehmer.

25.10. Das Staatsgericht in Leipzig erklärt die Einsetzung von Papens zum Reichskommissar des Landes Preußen für rechtmäßig (s. Stichtag 20. Juli 1932).

06.11. Die zweiten Reichstagswahlen im Jahr 1932: Der vorherige Reichstag hat die von der Regierung von Papen eingebrachte Notverordnung „zur Ankurbelung der Wirtschaft" am 12. September mit überwältigender Mehrheit (512 Abgeordnete stimmten dagegen, 42 dafür) abgelehnt, woraufhin erneut der Reichstag aufgelöst wird und Neuwahlen ausgeschrieben werden. Bei diesen Wahlen muss die NSDAP erhebliche Mandatsverluste hinnehmen (Rückgang um 34 Sitze auf 196); mit 33,1% bleibt sie jedoch mit großem Abstand vor der SPD (20,4%) die stärkste Fraktion im neu gewählten Reichstag.

08.11. Hindenburg erlässt eine weitere Notverordnung. Diese verbietet, befristet bis zum 19. November, sämtliche politischen Kundgebungen und Versammlungen.

10.11. Prälat Ludwig Kaas, Vorsitzender des Zentrums, fordert den Rücktritt der Reichsregierung. Er argumentiert mit dem Ergebnis der Reichstagswahlen vom 6. November, das er „als vernichtende Absage" der Wähler an die Regierung von Papen interpretiert.

11.11. Die Internationale Regierungskommission für das Saargebiet verbietet die nationalsozialistischen Kampf- und Kaderorganisationen SA und SS.

15.11. Die Führung der Sozialdemokraten lehnt eine Einladung des Reichskanzlers an den Fraktionsvorstand der SPD im Deutschen Reichstag zu politischen Gesprächen ab. Die SPD hält diese Gespräche aufgrund der von der Regierung verfügten Lohnkürzungen für politisch nicht effizient.

17.11. Das Kabinett von Papen tritt zurück, nachdem mit Ausnahme der DNVP alle im Reichstag vertreten Parteien der Regierung das Misstrauen ausgesprochen haben.

18.11. Hindenburg nimmt mit den Parteivorsitzenden Ludwig Kaas (Zentrum), Alfred Hugenberg (DNVP) und Adolf Hitler (NSDAP) Gespräche über die Regierungsbildung (Koalitionsregierung) auf. Da Hitler das Amt des Reichskanzlers fordert, kommt es zu keiner Einigung.

19.11. Der vom Reichspräsidenten per Notverordnung verfügte politische „Burgfrieden" (s. Stichtag 8. November 1932) wird bis zum 2. Januar 1933 verlängert.

23.11. Hitler lehnt den Vorschlag zur Bildung einer Allparteienkoalition brüsk ab; er fordert im Gegenzug die Übergabe der Regierungsgewalt an die NSDAP.

24.11. Der Reichspräsident lehnt Hitlers Forderung, als Reichskanzler die Leitung eines Präsidialkabinetts zu übernehmen, strikt ab.

01.12. Franz von Papen und Kurt von Schleicher beraten mit dem Reichspräsidenten über die Möglichkeiten zur Bildung einer Reichsregierung. Von Papens Bemühungen, politisches Vertrauen für sein „altes" Kabinett zu erhalten, scheitern kläglich.

02.12. Der Reichspräsident beauftragt Kurt von Schleicher mit der Regierungsbildung.

03.12. Kurt von Schleicher wird für 55 Tage der letzte Reichskanzler der Weimarer Republik: In Doppelfunktion übernimmt von Schleicher das Amt des Reichskommissars für Preußen. Am 28. Januar 1933 tritt er vom Amt des Reichskanzlers zurück.

06.12. Auf der konstituierenden Sitzung des Reichstages wird Göring als Reichstagspräsident wieder gewählt.

07.12. Im Reichstagsgebäude kommt es zu handgreiflichen Auseinandersetzungen zwischen den Abgeordneten von KPD, SPD und NSDAP.

08.12. Aufgrund einer heftigen Auseinandersetzung mit Hitler legt der Reichsorganisationsleiter der NSDAP, Gregor Strasser,[7] seine Parteiämter nieder. Zwei Tage später übernimmt Hitler zusätzlich die Aufgaben der Reichsorganisationsleitung.

09.12. Das Reichswirtschaftsministerium veröffentlicht die Arbeitslosenstatistik. Demnach sind rd. 5,4 Millionen ohne Beschäftigung.

10.12. Die Fünfmächtekonferenz in Genf anerkennt das Deutsche Reich als gleichberechtigten Staat.

12.12. Der Reichspräsident lehnt die von der NSDAP geforderte Ernennung Hermann Görings zum preußischen Ministerpräsidenten ab.

17.12. Carl Friedrich Goerdeler tritt von seinem Amt als „Reichskommissar für die Preisüberwachung“ (s. Stichtag 10. Dezember 1931) aufgrund von Differenzen mit der Reichsregierung zurück.

20.12. Nach dem vom Deutschen Reichstag beschlossenen Amnestiegesetz sollen noch vor dem Weihnachtsfest rd. 15 000 politische Häftlinge aus den Haftanstalten entlassen werden.

21.12. Die Reichsregierung beschließt das „Winterhilfsprogramm“. Danach werden Brennstoffe und Lebensmittel an Bedürftige (z. B. Arbeitslose, Sozialhilfeempfänger etc.) ausgegeben. Die Zuständigkeit der Verteilung liegt bei der Reichswehr und den jeweiligen Wohlfahrtsverbänden.

31.12. In der letzten Nacht des Jahres kommt es erneut in mehreren deutschen Städten zu schweren handgreiflichen Ausschreitungen zwischen Nationalsozialisten und Anhängern der Linksparteien. Drei Menschen werden dabei getötet.

Das Jahr 1933

04.01. Das Ende des Kabinetts Schleicher zeichnet sich ab. Anlässlich eines Treffens im Hause des Bankiers Kurt von Schröder beraten von Papen und Hitler über eine mögliche gemeinsame Regierungsbildung. Am selben Tag billigt Hindenburg den Vorschlag von Schleichers, Gregor Strasser (s. Stichtag 8. Dezember 1932) zum Vizekanzler und Reichsarbeitsminister zu ernennen.

06.01. Der abgesetzte sozialdemokratische Ministerpräsident von Preußen Otto Braun (s. Stichtag 20. Juli 1932) fordert vom Reichskanzler seine Wiedereinsetzung. Er bietet an, zunächst ohne Parlament auf dem Verordnungswege zu regieren.

09.01. Die zwischen der NSDAP und dem früheren Reichskanzler von Papen begonnenen Gespräche mit dem Ziel, eine Regierung zu bilden, werden fortgesetzt.

15.01. Die Landtagswahlen im ostwestfälischen Lippe gewinnt die NSDAP. Sie erhält 39,6% der Stimmen und stellt mit 9 Mandaten vor der SPD (7 Sitze) die stärkste Fraktion.

16.01. Ein Treffen zwischen von Schleicher und Prälat Ludwig Kaas endet ohne Erfolg. Kaas lehnt eine Regierungsbeteiligung ab.

20.01. Die Eröffnungssitzung des Parlaments – vorgesehen für den 24. Januar – wird auf Beschluss des Ältestenrats auf den 31. Januar verlegt. Die so „gewonnene" Zeit soll von den Spitzenpolitikern zu weiteren Absprachen hinsichtlich der Regierungsbildung genutzt werden.

21.01. Die DNVP entzieht dem Reichskanzler das Vertrauen.

22.01. Hitler und von Papen beraten in Berlin in Anwesenheit von Oskar von Hindenburg, dem Sohn des Reichspräsidenten, über die Möglichkeiten einer politischen Zusammenarbeit (Regierungsbildung).

23.01. Der Reichspräsident lehnt die von Kurt von Schleicher geforderte Auflösung des Reichstages und die Ausrufung eines Staatsnotstandes ab.

25.01. Bei einer Demonstration des kommunistischen Kampfbundes gegen den Faschismus kommt es in Dresden zu schweren gewalttätigen Auseinandersetzungen. Sieben Menschen verlieren dabei ihr Leben; eine Vielzahl von Schwerverletzten ist zu beklagen.

27.01. In einem offenen Brief warnt Otto Braun von Schleicher vor dem Versuch, die Ausschaltung des Deutschen Reichstages als

Legislativ- und Überwachungsorgan auf dem Verordnungswege herbeizuführen.

28.01. Nachdem der Reichspräsident die vom Reichskanzler wiederholt geforderten diktatorischen Vollmachten[8] sowie die Auflösung des Reichstages ablehnt, tritt von Schleicher mit seinem Kabinett zurück.

29.01. In einer Unterredung mit hohen Militärs verwirft von Schleicher den Plan zur Durchführung eines Militärputsches.

2. Von der „Machtergreifung" bis zum Kriegsbeginn: Machtkonsolidierung und Kriegsvorbereitung

Das Jahr 1933

30.01. *Der Beginn der nationalsozialistischen Herrschaft, die so genannte Machtergreifung*[9]: Reichspräsident von Hindenburg beruft den Obergefreiten Adolf Hitler zum Reichskanzler. Franz von Papen wird Vizekanzler und Reichskommissar von Preußen (s. **Hitlers erstes Kabinett**).

Hitlers erstes Kabinett
Vizekanzler: Franz von Papen (parteilos, 30. Januar 1933 bis 7. August 1934, von Papen wurde zusätzlich zum Reichskommissar für Preußen bestellt, allerdings nur bis zum 10. April 1933); Außenministerium: Konstantin Freiherr von Neurath (parteilos, 30. Januar 1933 bis 4. Februar 1938); Innenministerium: Wilhelm Frick (NSDAP, 30. Januar 1933 bis 24. August 1943); Arbeitsministerium: Franz Seldte (Stahlhelm/NSDAP, 3. Februar 1933 bis 30. April 1945); Wehr-/Kriegsministerium: Werner von Blomberg (parteilos, 30. Januar 1933 bis 4. Februar 1938); zunächst als Minister „ohne Geschäftsbereich" (Reichskommissar für Luftfahrt bis 28. April 1933) und als preußischer Innenminister: Hermann Göring (NSDAP); Finanzministerium: Johann Ludwig Graf Schwerin von Krosigk (parteilos, 30. Januar 1933 bis 29. Juni 1933); Ministerium für Wirtschaft, Ernährung und Landwirtschaft: Alfred Hugenberg (DNVP, 30. Januar 1933 bis 29. Juni 1933); Justizministerium: Franz Gürtner (DNVP, 1. Februar 1933 bis 29. Januar 1941); Post- und Verkehrsministerium: Paul Freiherr Eltz von Rübenach (parteilos, 30. Januar 1933 bis 2. Februar 1937); Ministerium für Propaganda und Volksaufklärung: Joseph Goebbels (NSDAP, 13. März 1933 bis 30. April 1945).

01.02. Per Verordnung löst Hindenburg den Reichstag auf und setzt Neuwahlen für den 5. März an.

04.02. Die vom Reichspräsidenten erlassene Verordnung „Zum Schutz des deutschen Volkes" schränkt die Presse- und Versammlungsfreiheit ein und bildet eine erste gesetzliche Grundlage zur Verfolgung politischer Gegner.

06.02. Hindenburg erteilt von Papen die Vollmacht, den preußischen Landtag aufzulösen (Neuwahlen am 5. März).

15.02. Auf Druck der Nationalsozialisten verlassen Heinrich Mann und Käthe Kollwitz die Preußische Akademie der Künste.

21.02. Göring ersucht die preußischen Regierungspräsidenten, die Beamten der Polizeiverwaltung, die SPD-Mitglied sind, durch „national“ eingestellte Beamte zu ersetzen.

22.02. In Preußen wird eine Hilfspolizei aus SA, SS und Stahlhelm (etwa 50000 Mann) aufgestellt.

27.02. ***Der Reichstagsbrand:*** Die NSDAP-Führung nutzt den Brand des Reichstagsgebäudes sogleich politisch und propagandistisch: Sie bezeichnet ihn als „Fanal“ eines kommunistischen Aufstandsversuchs. In Preußen werden sofort alle kommunistischen Abgeordneten und wichtigen Funktionäre verhaftet, die Büros der KPD geschlossen und ihre Presse verboten; tags darauf wird die SPD-Presse zunächst mit einem 14-tägigen Verbot belegt.
Noch am selben Abend verhaftet die Polizei den Niederländer Marinus van der Lubbe als vermeintlichen Täter. Am 21. September beginnt vor dem IV. Strafsenat des Reichsgerichtes in Leipzig der Prozess gegen ihn und andere Angeklagte: Die Anklage lautet auf schwere Brandstiftung in Verbindung mit den Kommunisten. Van der Lubbe wird am 23. Dezember zum Tote verurteilt und am 10. Januar 1934 hingerichtet; alle anderen Angeklagten freigesprochen.

28.02. Die vom Reichspräsidenten am 4. Februar 1933 erlassene „Notverordnung zum Schutz von Volk und Staat“ (RGBl. I, Nr. 17) wird verkündet. Mit dieser Verordnung werden wichtige Grundrechte der Weimarer Verfassung (z. B. Freiheit der Person, Meinungs- und Pressefreiheit, Versammlungsfreiheit, Unverletzlichkeit von Wohnung und Eigentum etc.) außer Kraft gesetzt und damit faktisch ein fortwährender Ausnahmezustand erklärt. Die KPD wird verboten. Es folgen Massenverhaftungen von Kommunisten, Sozialdemokraten, Reichsbanner-Funktionären und exponierten NS-Gegnern anderer Parteien. Bis zum 15. März werden bereits mehr als 7700 Personen in die so genannte Schutzhaft genommen, erste Konzentrationslager entstehen (s. **Die Errichtung erster Konzentrationslager**).
Der § 2 dieser „Reichtagsbrandverordnung“ ermächtigt darüber hinaus den Reichsinnenminister zum Eingriff in die Souveränität der Länder. Damit verfügen die Nationalsozialisten über einen legalen, aber undemokratischen juristischen Hebel, mit dem sie die auf ihre Machtinteressen ausgerichtete „Gleichschaltung“ der deutschen Länder umsetzen können.

Der Reichstagsbrand[10]

Kontroverse um den oder die Täter
Die Frage, ob van der Lubbe tatsächlich den Reichstagsbrand – alleine oder mit Helfern – gelegt hat, lässt sich wohl nicht mehr eindeutig klären. Indizien sprechen auch dafür, dass die Nationalsozialisten (der Berliner SA-Führer Karl Ernst mit seiner Truppe) den Brand selbst legten bzw. van der Lubbe als „Werkzeug" benutzten, diese These ist aber ebenfalls nicht zu beweisen.[11]

Hitler und Göring zum Reichstagsbrand
Hitler: *Es gibt kein Erbarmen, wer sich uns in den Weg stellt, wird niedergemacht. Das deutsche Volk wird für Milde kein Verständnis haben. Jeder kommunistische Funktionär wird erschossen, wo er angetroffen wird. Die kommunistischen Abgeordneten müssen noch in dieser Nacht aufgehängt werden. Alles ist festzusetzen, was mit den Kommunisten im Bunde steht. Auch gegen Sozialdemokraten und Reichsbanner gibt es jetzt keine Schonung mehr.*[12]
Göring vor dem brennenden Reichstag zu dem Gestapo-Chef Rudolf Diels: *Das ist der Beginn des kommunistischen Aufstandes. […] Es darf keine Minute versäumt werden! […] Es gibt keine Erbarmen […] Jeder kommunistische Funktionär wird erschossen, wo er aufgegriffen wird. Die kommunistischen Abgeordneten müssen noch in dieser Nacht aufgehängt werden.*[13]

Bundesrepublikanisches Nachspiel
Formaljuristisch hob das Westberliner Landgericht am 15. Dezember 1980 den vom Reichsgericht verhängten Schuldspruch – das Todesurteil – gegen Marinus van der Lubbe auf mit der Begründung einer von den Nationalsozialisten „politisch geforderten und durchgesetzten Rechtsbeugung". Diesem „Freispruch" folgte die Berufungsinstanz (Kammergericht) allerdings nicht. Es hob das erstinstanzliche Urteil wieder auf und lehnte darüber hinaus einen Wiederaufnahmeantrag ab.

03.03. Der Vorsitzende der Kommunistischen Partei Deutschlands, Ernst Thälmann,[17] wird in Berlin von den Nationalsozialisten verhaftet und länger als 11 Jahre gefangen gehalten. Der gegen ihn eröffnete Prozess wird auf Weisung Hitlers mehrfach ausgesetzt.[18] Am 28. August 1944 wird er in Buchenwald ermordet.

04.03. Der ehemalige preußische Ministerpräsident Otto Braun (s. Stichtag 29. Juli 1932) verlässt Deutschland und emigriert in die Schweiz.

05.03. In den Wahlen zum 8. Deutschen Reichstag, der letzten demokratischen Wahl in der NS-Zeit, verfehlt die NSDAP trotz

Die Errichtung erster Konzentrationslager[14]
Während der gesamten nationalsozialistischen Herrschaft bildeten die Konzentrationslager (neben Arbeits-, Durchgangs-, Kriegsgefangenen- und Vernichtungslagern) einen zentralen Bestandteil des Unterdrückungssystems. In ihnen wurden politische Gegner sowie aus sozialen oder rassistischen Gründen Verfolgte inhaftiert, während des Krieges auch Mitglieder von Widerstandsbewegungen. Konstitutiv für den Haftvollzug wurde die Zwangsarbeit. Einige Lager wie Auschwitz, Majdanek, Sobibór und Treblinka waren Zentren der systematischen Ermordung der europäischen Juden.
Erste Konzentrationslager wurden bereits im März 1933 von der SA und SS errichtet, u.a. in Dachau, Oranienburg und Esterwegen. Schon am 20. März 1933 werden hunderte kommunistische und sozialdemokratische Funktionäre in das Konzentrationslager Heuberg in Württemberg interniert. In der ersten Phase von 1933 bis 1936 dienten die Lager vorderhand dazu, die innenpolitischen Gegner, vor allem Mitglieder der verbotenen Organisationen der Arbeiterbewegung, planmäßig auszuschalten. Ihre Inhaftierung wurde euphemistisch als „Schutzhaft" deklariert.
Wenngleich jüdische Häftlinge unter den Gefangenen *in dieser ersten Phase* eine vergleichsweise kleine Gruppe bildeten, standen sie in der Hierarchie der Gefangenen von Anfang an auf der untersten Stufe und waren stärker von Misshandlungen betroffen als andere Häftlingskategorien.[15]
Bereits zum 31. Juli 1933 befanden sich mehr als 27000 Personen in so genannter – oft zeitlich unbegrenzter – Schutzhaft. Viele der Häftlinge mussten schwere und schwerste körperliche Misshandlungen über sich ergehen lassen, die in einer Vielzahl zum Tode führten.[16]

massiven Terrors die für sicher gehaltene absolute Mehrheit: Sie erreicht einen Stimmenanteil von 43,9%. Von 674 Sitzen im Deutschen Reichstag entfallen somit 288 auf die NSDAP (s. ***Reichstagswahl vom 5. März 1933***).

Reichstagswahl vom 5. März 1933 (Quelle: StJBDR, 1933, S. 539)

Partei	Anzahl Stimmen	Anteil %	Mandate
NSDAP	17277180	43,9	288
DNVP	3136760	8,0	52
Zentrum/BVP	5500000	13,9	92
SPD	7181620	18,3	120
KPD	4848050	12,3	81
Sonstige		3,6	14

21.03. Der „Tag von Potsdam“[19]:
Paul von Hindenburg und Adolf Hitler treffen sich in der Garnisonskirche[20] zur Feier eines Festgottesdienstes anlässlich der Eröffnung des Reichstages in der Berliner Kroll-Oper. Die nationalsozialistische Propaganda wertet dieses Zusammentreffen als Versöhnungsakt des „alten“ mit dem „neuen“ (jungen, nationalsozialistisch orientierten) Deutschland.

22.03. Erste Einweisungen von Gefangenen in das **KZ Dachau.**

KZ Dachau
Bereits am 21. März schreibt der „Völkische Beobachter“ zu den Einweisungen von Gefangenen in das KZ Dachau, das auf dem Gelände einer ehemaligen Pulverfabrik errichtet wurde:
Am Mittwoch wird in der Nähe von Dachau das erste Konzentrationslager mit einem Fassungsvermögen für 5000 Menschen errichtet werden. Hier werden die gesamten kommunistischen und, soweit dies notwendig ist, Reichsbanner- und sozialdemokratischen Funktionäre, die die Sicherheit des Staates gefährden, zusammengezogen, da es auf die Dauer nicht möglich ist und den Staatsapparat zu sehr belastet, diese Funktionäre in den Gerichtsgefängnissen unterzubringen. Es hat sich gezeigt, dass es nicht angängig ist, diese Leute in die Freiheit zu lassen, da sie weiter hetzen und Unruhe stiften. Im Interesse der Sicherheit des Staates müssen wir diese Maßnahmen treffen ohne Rücksicht auf kleinliche Bedenken. Polizei und Innenministerium sind überzeugt, dass sie damit zur Beruhigung der gesamten nationalen Bevölkerung und in ihrem Sinne handeln.[21]

23.03. Nach dem Ermächtigungsgesetz[22] „zur Behebung der Not von Volk und Reich“, das der Reichstag gegen die Stimmen der SPD und unter Ausschluss der Kommunisten verabschiedet (zunächst befristet auf 4 Jahre), kann die Reichsregierung hoheitsstaatliche Akte erlassen, auch wenn diese außerhalb der verfassungsrechtlichen Grundsätze liegen. Mit diesem Gesetz wird die Weimarer Verfassung[23] außer Kraft gesetzt.
Vor der Verabschiedung des Ermächtigungsgesetzes sichert Hitler den beiden Großkirchen die Unterstützung der von ihm geführten Reichsregierung zu und verspricht „gute freundschaftliche Beziehungen“. Insbesondere sollte die kirchliche Erziehungsarbeit in den Schulen keiner Einschränkung unterliegen.[24]

30.03. Die Nationalsozialisten entziehen dem weltbekannten Physiker und Nobelpreisträger **Albert Einstein** die deutsche Staatsbür-

Albert Einstein zu NS-Deutschland in einem Brief vom 5. April 1933 an die Preußische Akademie der Wissenschaften: *Ich erkläre [...] den Zustand im jetzigen Deutschland als einen Zustand psychischer Erkrankung der Massen. [...] In einem Schriftstück, das ich der Internationalen Liga zur Bekämpfung des Antisemitismus überließ, [...] forderte ich ferner alle besonnenen und den Idealen einer bedrohten Zivilisation treu gebliebenen Menschen auf, alles daran zu setzen, dass diese in Deutschland in so furchtbarer Weise sich äußernde Massenpsychose nicht weiter um sich greift.*[25]
Die ablehnende Haltung Einsteins gegenüber der NS-Politik spiegelt sich ebenfalls in seinem Austrittschreiben an die Bayerische Akademie der Wissenschaften, der er als korrespondierendes Mitglied angehörte, wider: *Akademien haben in erster Linie die Aufgabe, das wissenschaftliche Leben eines Landes zu fördern und zu schützen. Die deutschen gelehrten Gesellschaften haben aber – soviel mir bekannt ist – es schweigend hingenommen, dass ein nicht unerheblicher Teil der deutschen Gelehrten und Studenten sowie der aufgrund einer akademischen Ausbildung Berufstätigen ihrer Arbeitsmöglichkeiten und ihres Lebensunterhaltes in Deutschland beraubt wird. Einer Gesellschaft, die – wenn auch unter äußerem Druck – eine solche Haltung einnimmt, möchte ich nicht angehören.*[26]

gerschaft. Einsteins Austritt aus der Preußischen Akademie der Wissenschaften wird auf der an diesem Tage stattfindenden Plenarsitzung bekannt gegeben.

31.03. Mit dem „Ersten Gesetz zur **Gleichschaltung** der Länder mit dem Reich" wird, abgesehen vom preußischen Landtag – in Preußen wurde die Gleichschaltung bereits früher eingeleitet –, die Zusammensetzung der Landesparlamente der des Reichstages angepasst. Damit wird die föderative Struktur der Weimarer Republik zerschlagen und die administrativen Voraussetzungen für die politisch-ideologische Ausrichtung auf einen zentralistisch nach dem „Führerprinzip" ausgerichteten (totalitären) Staat werden geschaffen.

01.04. In ganz Deutschland finden von der NSDAP und dem Reichspropagandaministerium organisierte Boykottmaßnahmen gegen jüdische Geschäfte statt. Betroffen von dieser Aktion ist auch die jüdische Intelligenz (Professoren, Ärzte, Rechtsanwälte etc.). Die pogromen Agitationen führen insbesondere SA-Trupps mit Parolen wie „Deutsche kauft nicht bei Juden", „Juden sind unser Unglück", „Meidet jüdische Ärzte", „Geht nicht zu jüdischen Rechtsanwälten" an. Bereits am 29. März war

„Gleichschaltung“
In seiner Rede zum „Ermächtigungsgesetz“ am 23. März 1933 in der Berliner Kroll-Oper versicherte Hitler zwar, dass eine Absicht, die Länder aufzuheben, nicht bestünde, gleichwohl wird aus seinen Ausführungen deutlich, dass den Ländern im Vergleich zur Zentralgewalt (der Reichsregierung) eine nur untergeordnete Bedeutung zukam:
[…] Es soll damit aber nicht die Aufgabe einer überlegenen Staatsführung sein, nachträglich das organisatorisch gewachsene Gute nur wegen eines theoretischen Prinzips einer zügellosen Unitarisierung zu beseitigen. Es ist aber ihre Pflicht, die geistige und willensmäßige Führung der Nation und damit den Reichsgedanken an sich über jeden Zweifel zu erheben. […] Wohl aber wird sie [die Reichsregierung] *diejenigen Maßnahmen treffen, die von nun ab und für immer eine Gleichmäßigkeit der politischen Intentionen im Reich und in den Ländern gewährleisten.*[27]

im „Völkischen Beobachter“ der Aufruf der NSDAP-Parteileitung zum Boykott veröffentlicht: „Samstag, Schlag 10 Uhr, wird das Judentum wissen, wem es den Kampf angesagt hat.“[28]

07.04. Das „Zweite Gesetz zur Gleichschaltung der Länder mit dem Reich“ bewirkt die Einsetzung von Reichsstatthaltern in den deutschen Ländern.
Die Reichsregierung erlässt das „Gesetz zur Wiederherstellung des Berufsbeamtentums“, das die Grundlage bietet, politisch „unzuverlässige Elemente“ und, durch den „Arierparagraphen“, Juden von der Beamtenlaufbahn auszuschließen. Durchführungsverordnungen verfügen die Entlassung jüdischer Beamter (11.4.), jüdischer Angestellter und Arbeiter im öffentlichen Dienst (4.5.), jüdischer Honorarprofessoren, Privatdozenten und Notare.

11.04. Hitler ernennt Hermann Göring zum preußischen Ministerpräsidenten. Zehn Tage später ernennt Hitler die „Preußische Staatsregierung“. Neben dem Amt des Ministerpräsidenten bekleidet Göring nun auch den Posten des Justizministers. Die amtierenden Reichskommissare (Bernhard Rust, Bildung; Hanns Kerrl, Justiz; Johannes Popitz, Finanzen) werden zu Staatsministern „erhoben“.

22.04. In Deutschland werden „nichtarische“ Lehrer aus den Lehrerverbänden ausgeschlossen. Ferner dürfen „nichtarische“ Kassenärzte nicht mehr praktizieren.

25.04. Das „Gesetz gegen die Überfüllung von deutschen Schulen und Hochschulen" begrenzt den Anteil jüdischer („nichtarischer") Schüler und Studenten auf 1,5 Prozent.[29]

26.04. Auf Betreiben von Hermann Göring, Chef der preußischen Polizei, wird die Geheime Staatspolizei (Gestapo)[30] offiziell gegründet. Als eines der zentralen nationalsozialistischen Ausführungsorgane beteiligt sich die Gestapo an unzähligen Terroraktionen.

27.04. Der bisherige Bundesführer des Stahlhelms, Franz Seldte, tritt in die NSDAP ein.

30.04. In Berlin wird der NSDAP-Reichspressechef, Otto Dietrich, zum Präsidenten des Reichsverbandes der deutschen Presse gewählt. „Programmatisch" billigt der Reichsverband den Ausschluss von Juden und Kommunisten.

01.05. Der 1. Mai ist als „Tag der nationalen Arbeit" erstmals gesetzlicher Feiertag.

02.05. Zerschlagung der Gewerkschaften: Rollkommandos von NSBO und SA besetzen Büros und Betriebe der freien Gewerkschaften, wichtige Funktionäre werden inhaftiert. Ihre Mitglieder werden in die am 10. Mai gegründete Deutsche Arbeitsfront (DAF) eingegliedert, einer der NSDAP angeschlossenen Zwangsvereinigung von Arbeitern, Angestellten und Unternehmern unter Führung Robert Leys. Bereits im Jahre 1936 zählt die DAF rd. 20 Millionen Mitglieder, im Jahre 1939 sind es mehr als 30 Millionen, damit gehören der DAF mehr als 90 Prozent der arbeitenden Bevölkerung an.

03./04.05. Gründung der „Reichsstände" für Handwerk und Handel (NS-Zwangskartelle). Auf der in Berlin stattfindenden Parteiversammlung beschließt die DNVP ihre Umbennung in Nationale Front. Gegenüber der NSDAP beharrt sie auf einer vollständigen politischen Gleichberechtigung.

06.05. In Nachfolge von Prälat Ludwig Kaas wird der frühere Reichskanzler Heinrich Brüning zum Vorsitzenden der Zentrumspartei ernannt.

07.05. Die SA wird von Adolf Hitler auf einer in Kiel gehaltenen Rede als „politischer Willensträger" der Nation bezeichnet, „Waffenträger der Nation" bleibt dagegen die Reichswehr.

10.05. In Berlin werden unter Mitwirkung (Organisation) der deutschen Akademiker- und Studentenschaft mehr als 30000 Bücher[31] öffentlich verbrannt. Auf dem Index der „undeutschen Autoren" stehen u.a. Ernst Barlach, Bertolt Brecht, Elias Canetti,

Erich Kästner, Oskar Kokoschka, Thomas Mann, Joachim Ringelnatz, Nelly (Leonie) Sachs, B. Traven, Kurt Tucholsky, Carl Zuckmayer und Stefan Zweig.
Die Berliner Generalstaatsanwaltschaft verfügt die Beschlagnahme des Vermögens der SPD und des „Reichsbanners Schwarz-Rot-Gold".

22.05. Formelle Auflösung des „Reichsverbandes der Deutschen Industrie" (RDI). Zusammen mit der „Vereinigung Deutscher Arbeitgeberverbände" entsteht der nach dem „Führerprinzip" organisierte „Reichsstand der Deutschen Industrie" unter Führung von Gustav Krupp von Bohlen und Halbach.

28.05. Die Wahlen zum Danziger Parlament, dem Volkstag, gewinnt die NSDAP. Sie erreicht mit 39 von 72 Mandaten die absolute Mehrheit.

29.05. Hitler trifft mit Großindustriellen und Großbankiers zusammen. Der SA-Terror gegen so genannte korrupte Wirtschaftsführer wird auf Weisung Hitlers sofort eingestellt.

02.06. Im Reichsinnenministerium konstituiert sich der „Rat für Rassenpolitik". Mit „geeigneten" Maßnahmen will man eine Erhöhung der Geburtenzahlen erreichen sowie eine „Rassenvermischung und Entartung der deutschen Familie" verhindern.

10.06. In Berlin findet die letzte Sitzung der SPD-Reichstagsfraktion statt. Daran nehmen 73 der insgesamt 120 Mandatsträger teil.

17.06. Der NSDAP-Reichsjugendführer Baldur von Schirach wird von Hitler zum Jugendführer des Deutschen Reiches ernannt.

21.06. Der Stahlhelm wird in die NSDAP eingegliedert.

22.06. Reichsinnenminister Wilhelm Frick verbietet die SPD.[32]
Adrian von Renteln, Führer des „NS-Kampfbundes für den gewerblichen Mittelstand", wird Präsident des Deutschen Industrie- und Handelstages.

25./26.06. Eine Verhaftungswelle erfasst Abgeordnete der BVP, der DNVP, der SPD und des Zentrums. Bereits am 23. Juni wurden der frühere Reichstagspräsident Paul Löbe (SPD) und der frühere hessische Innenminister (1928–1932) Wilhelm Leuschner (SPD) festgenommen.

27.06. Selbstauflösung der DVP und der DNVP (die Abgeordneten der DNVP werden in der NSDAP-Fraktion aufgenommen).
Tags zuvor trat Alfred Hugenberg (DNVP) als Minister zurück; am 29. Juni folgt ihm Kurt Schmitt als Wirtschaftsminister und Richard Walter Darré als Landwirtschaftsminister nach.

28.06. Die Deutsche Staatspartei (früher DDP) erklärt ihre Selbstauflösung.

01.07. Der im Jahre 1929 gegründete Christlich-Soziale Volksdienst löst sich auf.

04.07. Selbstauflösung der BVP und der Deutschen Volkspartei.

05.07. Selbstauflösung des Zentrums.

Hitler ernennt Fritz Todt zum Generalinspekteur für das Straßenwesen.

14.07. Mit dem „Gesetz gegen die Neubildung von Parteien" wird der demokratische Parlamentarismus im Deutschen Reich ausgeschaltet.

Das am gleichen Tag beschlossene „Gesetz zur Verhütung erbkranken Nachwuchses"[33] schreibt die Zwangssterilisation von Personen vor, die unter „schwerem Alkoholismus, angeborenem Schwachsinn, Schizophrenie, zirkulärem Irresein oder erblichen Formen des Veitstanzes, Blindheit, Taubheit oder schwerer körperlicher Missbildung" leiden. Bis 1945 werden etwa 400 000 Personen, in der Mehrzahl Fürsorgeempfänger, Langzeitarbeitslose, „Asoziale", Hilfsschüler und Behinderte, zwangssterilisiert.[34]

Die Reichsregierung verabschiedet an diesem Tag 30 Gesetze, die allesamt eine Festigung der Nazi-Diktatur bewirken.

15.07. Auf Vorschlag Benito Mussolinis wird in Rom der „Viermächtepakt" (Deutschland, Frankreich, Großbritannien und Italien) unterschrieben. Gemäß diesem Abkommen soll zwischen den Vertragsstaaten der „Geist der friedlichen Koexistenz" herrschen. Vorgesehen sind friedenschaffende Maßnahmen sowie Abrüstungsschritte und eine Zusammenarbeit auf dem ökonomischen Sektor.

18.07. Dem Großindustriellen Fritz Thyssen obliegt die oberste staatliche Autorität für die Durchsetzung der Wirtschaftspolitik im Ruhrgebiet.[35]

20.07. Vizekanzler Franz von Papen und der Kardinalstaatssekretär Eugenio Pacelli unterzeichnen im Vatikan den Konkordatsvertrag. Deutschland sichert dem Vatikan u. a. ein Festhalten an den bestehenden Diözesengrenzen zu und garantiert Bestand, Tätigkeit und Einrichtungen der katholischen Kirche. Der Vatikan verpflichtet sich im Gegenzug, Geistlichen die Mitgliedschaft in politischen Parteien zu verbieten.

23.07. Bei den Kirchenwahlen der evangelischen Landeskirchen erringt die den Nationalsozialisten nahe stehende Glaubensgemeinschaft der **„Deutschen Christen“** einen totalen Triumph. Im Durchschnitt kann diese Gruppe dank großer Unterstützung und der parallel laufenden Einschüchterung der Oppositionellen (Evangelium und Kirche) durch die Nationalsozialisten rd. zwei Drittel aller abgegebenen Stimmen auf sich vereinigen.[36]

Die „Deutschen Christen“
Ulrich von Hehl bezeichnet die „Deutschen Christen“ als „eine innerprotestantische (nationalsozialistisch orientierte, Anm. d. Vf.) Hilfstruppe, die nach der politischen nunmehr auch die kirchliche Machtergreifung erstrebte“[37]. Der Berliner Pfarrer Joachim Hossenfelder, der ab dem 5. September 1933 auch Bischof von Brandenburg war, konnte schon bei den preußischen Kirchenwahlen 1932 für die Fraktion der „Deutschen Christen“ einen beachtlichen Erfolg (rd. ein Drittel der Sitze) verbuchen. Bereits zu diesem Zeitpunkt wurde rassenideologisches, völkisches Gedankengut in den kirchlichen Anforderungskatalog an den „Christenmenschen“ aufgenommen: Danach habe ein „Deutscher Christ“ einen „artgemäßen Christus-Glauben, wie er deutschem Luthergeist und heldischer Frömmigkeit entspricht“[38] zu leben. Nicht der Glaube an Jesus Christus, sondern die „Rassenreinheit“ wurde zum Aufnahmekriterium in eine „christliche Glaubensgemeinschaft“ erhoben.
Mit der Wahl Ludwig Müllers zum Reichsbischof der evangelischen Landeskirchen am 27. September 1933 wurde auch bei den kirchlichen Organisationen und Institutionen der Gleichschaltungsprozess forciert. Anfang Dezember schlossen sich die evangelischen Jugendverbände der nationalsozialistischen Hitlerjugend an. Zahlreiche landeskirchliche Verfassungen wurden novelliert und der „Arierparagraph“ eingeführt.[39] Der „Gauobmann der Deutschen Christen“ für den Raum Groß-Berlin forderte den Ausschluss aller „Undeutschen“ vom Gottesdienst. Ferner wollte er das „evangelische Bekenntnis vom „Alten Testament mit seiner jüdischen Lehrmoral“ und seinen „Viehhändler- und Zuhältergeschichten“ „gesäubert“ wissen.

25.07. Im gesamten Reich findet eine Großrazzia unter Beteiligung von Polizei, SA und SS statt. In Zügen und auf den Fernstraßen des Landes wird insbesondere nach kommunistischen Oppositionellen gefahndet.

27.07. Konrad Adenauer wird aus seinem Amt als Kölner Oberbürgermeister entlassen. Juristische Grundlage hierfür ist das „Gesetz über das Berufsbeamtentum“.

01.08. Die Universität Halle nimmt in ihr Lehrangebot für Medizin einen Kurs „Rassenhygiene“ auf.

02.08. Mit dem neuen Strafvollzugsgesetz der preußischen Staatsregierung tritt eine wesentliche Verschärfung der Haftbedingungen ein.

04.08. In Nürnberg wird der jüdischen Bevölkerung die Benutzung der öffentlichen Bäder verboten.

06.08. Der 16. deutsche Studententag geht in Aachen zu Ende. In einem Aufruf an die deutschen Studenten fordert der Führer der Studentenschaft, Gerhard Krüger, die „soldatische Pflicht“ auch auf das Studium anzuwenden.

08.08. Der „NS-Kampfbund für den gewerblichen Mittelstand“ wird in die „Nationalsozialistische Handwerks-, Handels- und Gewerbeorganisation“ überführt.

10.08. In München werden bei einer Großrazzia 68 Funktionäre der (illegalen) KPD verhaftet und in Konzentrationslager eingewiesen.

18.08. Um auf die „Bekämpfung“ von Giftgasbomben vorbereitet zu sein, wird im Bezirk Tempelhof in Berlin die erste Luftschutzübung durchgeführt.

19.08. In Bad Godesberg findet eine Führertagung (SA, SS, Stahlhelm) statt. Hitler bekräftigt nochmals die militärische Führungsrolle der Reichswehr. Ferner lehnt er eine „Germanisierung“ fremder Rassen ab.

22.08. Gustav Krupp von Bohlen und Halbach ordnet in seiner Funktion als Vorsitzender des Reichsstandes der Deutschen Industrie den „Deutschen Gruß“ („Heil Hitler“) als verbindlichen an.
In zahlreichen Orten Deutschlands wird ein öffentliches Badeverbot für Juden erlassen.

25.08. Nach dem „Prager Tagblatt“, das sich auf Angaben der Exil-SPD (Sopade) bezieht, sind in Deutschland rd. 45 000 Häftlinge in 65 Konzentrationslagern inhaftiert.
Im Reichs- und preußischen Staatsanzeiger erscheint die erste Ausbürgerungsliste. Bereits zwei Tage zuvor entzog das Reichsinnenministerium 33 Emigranten die deutsche Staatsbürgerschaft.

03.09. Der Parteitag der NSDAP („Parteitag des Sieges“) in Nürnberg (künftig „Stadt der Reichsparteitage“) geht zu Ende.

13.09. Mit dem Gesetz über den „Reichsnährstand“, dem alle in der Landwirtschaft, im Handel mit Agrarprodukten und in der Verarbeitung Tätigen angehören müssen, wird die Landwirtschaft staatlicher Kontrolle unterstellt.

17.09. Offizielles Gründungsdatum der „Reichsvertretung der deutschen Juden", deren Präsident Leo Baeck ist, und die, zusammen mit dem „Jüdischen Kulturbund", versucht, die als Folge der zunehmenden gesellschaftlichen Ausgrenzung und Verfolgung auftretende soziale und wirtschaftliche Not der jüdischen Bevölkerung zu lindern.

21.09. In Leipzig wird vor dem IV. Strafsenat des Reichsgerichts der „Reichstagsbrandprozess" eröffnet.
Martin Niemöller und Dietrich Bonhoeffer gründen den „Pfarrernotbund" gegen die „Gleichschaltungspolitik" der „Deutschen Christen".

22.09. Mit dem Reichskulturkammer-Gesetz werden verschiedene Einzelkammern („Schrifttum", Presse, Rundfunk, Theater, Musik, Bildende Künste) eingerichtet. Die Reichskulturkammer, deren Präsident Goebbels ist, dient der ideologischen Überwachung.

26.09. Rudolf Heß, zuvor Reichsleiter der NSDAP, SS-Obergruppenführer, ist auf Weisung Hitlers „nur noch" der „Stellvertreter des Führers", zu dem er bereits am 21. April ernannt wurde. Ab dem 2. Dezember ist er zudem Reichsminister ohne Geschäftsbereich (bis 10. Mai 1941).

27.09. Die Wittenberger Nationalsynode (auch deutsche Nationalsynode) wählt Ludwig Müller einstimmig zum Reichsbischof der evangelischen Landeskirchen.

29.09. Das Reichserbhofgesetz bestimmt, dass „Bauer [...] nur sein [kann], wer deutscher Staatsbürger, deutschen oder stammesgleichen Blutes und ehrbar ist".

01.10. Die für das Konzentrationslager Dachau festgelegte „Strafordnung" sieht vor, jeden Versuch des Aufruhrs mit dem Tode zu bestrafen.

04.10. Das „Schriftleitergesetz" führt den „Arierparagraph" für Presseberufe ein und bestimmt, dass „Schriftleiter" dem Staat verantwortlich sind.

14.10. Der 8. Deutsche Reichstag wird aufgelöst.
Deutschland tritt aus dem Völkerbund aus.

15.10. Hitler legt in München den Grundstein für den ersten Monumentalbau der Nationalsozialisten, das „Haus der Deutschen Kunst".

27.10. Walter Ulbricht (KPD) verlässt Deutschland und emigriert nach Paris.

02.11. Der Reichsausschuss der jüdischen Jugendverbände wird vom

Führer der Reichsjugend, Baldur von Schirach, als zentrale Vertretung anerkannt.

12.11. Reichstagswahl und „Volksabstimmung“: Die von der NSDAP am 26. Oktober eingereichte Wahlvorschlagsliste (sie enthält 685 Namen) wird von den Wählern mit rd. 92,2% der abgegebenen Stimmen bestätigt. Darüber hinaus stimmen rd. 95,1% der Wähler bei der Volksbefragung dem Austritt Deutschlands aus dem Völkerbund zu.

20.11. Das Vermögen Albert Einsteins wird zugunsten Preußens eingezogen.

27.11. Der Führer der DAF, Robert Ley, gibt in Berlin die Gründung des Kultur- und Freizeitwerks „Kraft durch Freude“ (KdF) bekannt.

29.11. Pflichtinnungen und das Führerprinzip im Handwerk werden gesetzlich eingeführt.

30.11. Von der Arbeitslosigkeit sind in Deutschland nunmehr rd. 3,7 Mio. Personen betroffen.

01.12. Durch das Gesetz zur „Sicherung der Einheit von Partei und Staat“ wird die NSDAP gem. § 1 „die Trägerin des deutschen Staatsgedankens und [ist] mit dem Staat unauflöslich verbunden“.

07.12. Aufgrund einer „Amnestie“ werden aus dem Konzentrationslager Dachau rd. 400 Häftlinge entlassen. Begründet wird diese Entscheidung mit dem für die Nationalsozialisten positiven Wahlausgang vom 12. November.

In Preußen werden mehr als 5000 Personen aus den Strafanstalten entlassen.

11.12. Die NSDAP-Abgeordneten des Deutschen Reichstages leisten auf Hitler einen Treueeid.

12.12. Die konstituierende Sitzung des Reichstages findet nach dem Reichstagsbrand in der Berliner Kroll-Oper statt.

20.12. Die nationalsozialistisch orientierten „Leitgedanken zur Schulordnung“ werden vom Reichsinnenminister bekannt gegeben. Primäre erziehungspolitische Aufgabe ist die „Erziehung der Jugend zum Dienst am Volkstum und Staat im nationalsozialistischen Geist“.

23.12. Der Niederländer Marinus van der Lubbe wird in Leipzig vom IV. Strafsenat des Reichsgerichts der Brandstiftung am Reichstagsgebäude für schuldig befunden und zum Tode verurteilt. Die anderen vier Angeklagten werden freigesprochen.

31.12. Zum Jahresende sind im Deutschen Reich rd. 4 Millionen Menschen arbeitslos gemeldet.[40]

Das Jahr 1934

01.01. Das am 14. Juli 1933 beschlossene „Gesetz zur Verhütung erbkranken Nachwuchses" tritt in Kraft: ein Schritt hin zur Euthanasie (s. „Das Jahr 1939", Kasten „Euthanasieprogramm").

10.01. Marinus van der Lubbe wird hingerichtet (s. Stichtag 27. Februar 1933 und Kasten „Der Reichstagsbrand").

20.01. Mit dem **„Gesetz zur Ordnung der nationalen Arbeit"** werden von der Reichsregierung die Grundlagen für das nationalsozialistische Arbeitsrecht geschaffen. Die Vorschriften dieses Gesetzes schaffen die Voraussetzung für eine parteiliche Überwachung der Unternehmen und Betriebe durch die Deutsche Arbeitsfront.

Gesetz zur Ordnung der nationalen Arbeit

§ (1) Der Führer des Betriebes entscheidet der Gefolgschaft gegenüber in allen betrieblichen Angelegenheiten, soweit sie durch das Gesetz geregelt werden.

§ (2) Er hat für das Wohl der Gefolgschaft zu sorgen. Diese hat ihm die in der Betriebsgemeinschaft begründete Treue zu halten.[41]

Dieses Gesetz installierte explizit die von den Nationalsozialisten propagierte und angestrebte „Volksgemeinschaft" auf betrieblicher Ebene als „Betriebsgemeinschaft" mit dem entsprechenden Führer-Gefolgschafts-Verhältnis. In Fragen der Betriebsordnung, der Tarifordnung und des Kündigungsschutzes waren die bereits mit Gesetz vom 19. Mai 1933 eingeführten „Treuhänder der Arbeit" dem „Betriebsführer" gegenüber weisungsbefugt. Als Disziplinarinstanzen wurden in jedem Treuhänderbezirk so genannte Ehrengerichte eingesetzt.[42]

26.01. Deutschland schließt mit Polen einen Nichtangriffspakt.

30.01. Mit dem „Gesetz über den Neuaufbau des Reiches" wird die föderative Struktur Deutschlands endgültig abgeschafft. Infolge dieses Gesetzes kommt es zur Auflösung der Volksvertretungen der Länder und des Reichsrats (14.2.); die Hoheitsrechte gehen – entgegen den Bestimmungen des „Ermächtigungsgesetzes" – auf das Reich über. Die bereits mit Gesetz vom 7. April 1933 eingesetzten Reichsstatthalter (zunächst auf Vorschlag Hitlers von Hindenburg, nach seinem Tod von Hitler selbst ernannt) erhalten jetzt das Recht, als Inhaber der Reichsgewalt, Minister und Beamte ihres Landes zu ernennen. Länderregierungen und Reichsstatthalter unterstehen der Reichsregierung.

14.02. Der Reichsrat wird aufgelöst.

27.02. Mit dem „Gesetz zur Vorbereitung des organischen Aufbaus der deutschen Wirtschaft“ wird die Grundlage für deren Organisation (exklusive „Reichsnährstand“), die bis 1945 kaum Veränderungen erfährt, geschaffen: An der Spitze steht das Reichswirtschaftsministerium, diesem unterstellt ist die Reichswirtschaftskammer als Koordinationsorgan der Spitzenvertretungen der einzelnen Wirtschaftszweige, der fachlich und territorial untergliederten Reichsgruppen sowie der Industrie- und Handelskammern. Führerprinzip, Ausschließlichkeitsprinzip (d.h. neben diesen Verbänden sind keine weiteren zugelassen) und Zwangsmitgliedschaft bilden die verbindlichen Grundsätze dieses Organisationsgefüges.

12.03. Werner von Blomberg verkündet den Ausschluss von Juden aus der Reichswehr.

09.04. Wegen einer kritischen Berichterstattung über die „Lage der deutschen Juden“ wird die Sonntagsausgabe der „Basler Nachrichten“ beschlagnahmt.

11.04. Die „Jüdische Rundschau“ berichtet, dass sich die Einwanderung deutscher Juden nach Palästina stark erhöht hat.

20.04. Heinrich Himmler wird Chef des „Geheimen Staatspolizeiamtes“ in Preußen. Unter ihm, der ab 1936 den Doppeltitel: „Reichsführer-SS und Chef der Deutschen Polizei“ trägt, wird die Polizei zum (gefürchteten) Instrument der nationalsozialistischen Staatsführung (Führerprinzip, Kontroll- und Verfolgungsapparat).

24.04. Der **Volksgerichtshof** mit Sitz in Nürnberg wird gegründet.

01.05. Bernhard Rust wird Leiter des neu gegründeten Ministeriums für Wissenschaft, Erziehung und Volksbildung.

Hitler entbindet Hermann Göring vom Amt des preußischen Ministerpräsidenten. Dieses Amt übernimmt Reichsinnenminister Wilhelm Frick.

11.05. Der Stabschef der SA, Ernst Röhm, verbietet SA-Mitgliedern die Teilnahme an kirchlichen Veranstaltungen.

29.–31.05. In Barmen treffen sich die Vertreter von 19 der 28 protestantischen Landeskirchen zur ersten Reichsbekenntnissynode in Wuppertal-Barmen. Auf dieser Synode konstituiert sich die **„Bekennende Kirche“**, die als moralische und in einem eingeschränkten Maße auch als politische Opposition gegen die den Nationalsozialisten „hörige“ Vereinigungskirche der „Deutschen Christen“ unter Führung des Reichsbischofs Ludwig Müller gilt.

Volksgerichtshof

Da die nationalsozialistische Führungselite mit dem Urteil des Leipziger Reichsgerichts im „Reichstagsbrandprozess" offensichtlich nicht zufrieden war – schließlich wurden vier Kommunisten freigesprochen –, wurde der „Volksgerichtshof", zunächst als Sondergericht für Hoch- und Landesverratsdelikte, geschaffen. Mit Gesetz vom 18. April 1936 wurde er im Sinne des Gerichtsverfassungsgesetzes als ordentliches Gericht etabliert. Danach war er auch zuständig für „schwere Wehrmittelbeschädigung", „Feindbegünstigung", „Spionage" und „Wehrkraftzersetzung".

Der Volksgerichtshof war ein wesentliches und machtvolles Instrument zur Durchsetzung des Willens der nationalsozialistischen Herrschaft.[43] Eine Unabhängigkeit im Sinne des von Montesquieu konzipierten Prinzips der Gewaltenteilung war diesem Gerichtshof nie zugestanden worden und von den Nationalsozialisten auch nicht beabsichtigt. Seine Mitglieder und Richter wurden von Hitler persönlich ernannt. Rechtsmittel gegen die vom Volksgerichtshof verkündeten Urteile gab es nicht. Der Volksgerichtshof verurteilte etwa 5200 Menschen – Mitglieder der Widerstandsbewegungen in den besetzen Ländern, Mitglieder des deutschen Widerstands, „Defätisten" und „Wehrkraftzersetzer" – zum Tode.[44]

Bekennende Kirche

Mit dem „Barmer Bekenntnis" widersetzen sich die Vertreter der „Bekennenden Kirche" den Gleichschaltungsmechanismen der Nationalsozialisten. Sie bekennen sich zu den Grundsätzen des menschlichen Zusammenlebens gemäß den in der Bibel dargelegten Regeln und lehnen u.a. das Führerprinzip und den „Arierparagraphen" ab. 1935 werden im Zuge der „Kanzelverkündigungen" die „rassisch-völkische Weltanschauung" der Nationalsozialisten, der Antisemitismus und die Willkür der nationalsozialistischen Sicherheitsorgane angeprangert.[45] Hierbei handelt es sich jedoch um Einzelfälle: Nicht *die* „Bekennende Kirche" als Gesamtinstitution wendet sich offen gegen das NS-Regime, sondern Einzelpersonen, u.a. Dietrich Bonhoeffer, Martin Niemöller und Theophil Wurm.[46]

01.06. Das Deutsche Reich und Frankreich einigen sich in Genf auf den Termin für die Volksabstimmung, die die Staatszugehörigkeit für das Saargebiet regeln soll. Als Abstimmungstermin wird der 13. Januar 1935 vereinbart.

14./15.06. Hitler und Mussolini[47] treffen sich zum ersten Mal in Venedig.

Der „Deutsche PEN-Club im Exil“, dessen Präsident Heinrich Mann wird, konstituiert sich. Bis zum Beginn des Krieges emigrieren über 2000 Schriftsteller, Publizisten und Journalisten; es gibt über 400 deutsche Exilzeitschriften und -zeitungen.

17.06. In einer in Marburg gehaltenen Rede äußert der deutsche Vizekanzler Franz von Papen (parteilos) verhaltene Kritik an dem in Deutschland praktizierten Einparteiensystem. Er beklagt auch die Unfreiheit der deutschen Presse.

30.6.–2.7. Der sog. **„Röhm-Putsch“**: Das Drängen Röhms nach einer „zweiten Revolution“, die u.a. eine „Integration“ der Reichswehr in die SA-Verbände zum Ziel hat, findet bei Hitler keine Zustimmung. Neben Röhm, dem Stabschef der SA, werden in einer von der Gestapo und der SS durchgeführten Aktion fast die gesamte SA-Führung und andere politische Gegner (u.a. Gustav Ritter von Kahr, Kurt von Schleicher, Gregor Strasser) verhaftet und getötet. Im Zuge dieser Aktion werden im gesamten Reich rd. 200 Personen (SA-Angehörige und Oppositionelle) festgenommen und später umgebracht.

Der sog. „Röhm-Putsch“
Hitler selbst war es, der Röhm und andere SA-Führer, die im Bad Wiesseer Hotel „Hanselbauer“ übernachteten, als „verhaftet“ erklärte. Der SA-Chef und weitere „Verschwörer“ aus dem SA-Stab wurden in das Gefängnis nach München-Stadelheim gebracht. Auf Befehl Hitlers wurden sechs SA-Angehörige sofort – ohne dass ein „rechtmäßiges“ Gerichtsverfahren durchgeführt wurde – mit dem Hinweis „Sie sind vom Führer zum Tode verurteilt worden! Heil Hitler!“[48] erschossen. Gregor Strasser erschoss man im Gestapo-Hauptquartier in seiner Zelle. General von Schleicher und seine Frau wurden in ihrem eigenen Haus umgebracht. Die verstümmelte Leiche von Kahrs, eines vehementen Hitler-Gegners, fand man in der Nähe von Dachau. Röhm, dem Hitler die „Gelegenheit zur Selbsttötung“ einräumte, machte von diesem „Gnadenakt“ keinen Gebrauch. Am 1. Juli 1934 wurde er vom Kommandanten des Konzentrationslagers Dachau, Theodor Eicke, und seinem Stellvertreter, SS-Sturmbannführer Michael Lippert, in seiner Zelle „liquidiert“. Hitler: *Dem ehemaligen Stabschef Röhm ist Gelegenheit gegeben worden, die Konsequenzen für sein verräterisches Handeln zu ziehen. Er tat das nicht und wurde daraufhin erschossen.*[49]

03.07. Per Gesetz werden „die zur Niederschlagung hoch- und landesverräterischer Angriffe am 30. Juni und 1. und 2. Juli vollzogenen Maßnahmen“ als „Staatsnotwehr“ legalisiert.

Der „Beauftragte des Führers für den Reichsarbeitsdienst", Konstantin Hierl, wird „Reichskommissar für den freiwilligen Arbeitsdienst"; kurze Zeit später kündigt er die Einführung der Arbeitsdienstpflicht an, die mit Gesetz vom 26. Juni 1935 beschlossen wird. Ab dem 1. Oktober 1935 firmiert er unter der Amtsbezeichnung „Reichsarbeitsführer".

09.07. Nach der Niederschlagung des „Röhm-Putsches" erhält der Reichsführer-SS, Heinrich Himmler, die Befehlsgewalt über die deutschen Konzentrationslager.

13.07. In seiner Rede vor dem Deutschen Reichstag rechtfertigt Hitler die Niederschlagung des „Röhm-Putsches".

30.07. Der parteilose Reichsbankpräsident Hjalmar Schacht übernimmt in kommissarischer Leitung auch das Amt des Reichswirtschaftsministers.

02.08. Der Reichspräsident und Generalfeldmarschall Paul von Hindenburg stirbt im Alter von 86 Jahren auf seinem in Westpreußen gelegenen Gut Neudeck. Mit dem „Gesetz über das Oberhaupt des Deutschen Reichs" wird das Amt des Reichspräsidenten mit dem des Reichskanzlers vereinigt („Führer und Reichskanzler Adolf Hitler"). Hitler[50] lässt sofort die Wehrmacht auf seine Person vereidigen. Für den verstorbenen Reichspräsidenten wird von den Nationalsozialisten eine 14-tägige Staatstrauer angeordnet. Die Beisetzung Hindenburgs im Tannenberg-Denkmal findet am 7. August statt.

05.08. Die von der britischen Tageszeitung „Daily Mail" gemeldeten Kriegsabsichten Deutschlands werden von Hitler in einem Interview, in dem er einen Krieg gegen Großbritannien als „Verbrechen gegen die eigene Rasse" bezeichnet, vehement zurückgewiesen.

07.08. Franz von Papen erhält von Hitler die noch vom verstorbenen Reichspräsidenten unterzeichneten Entlassungsurkunden (Reichsminister und Vizekanzler). Er wird Gesandter des Reiches in Wien.

10.08. Eine Verordnung über Arbeitskräfteverteilung beschränkt das Recht auf freie Wahl des Arbeitsplatzes.

19.08. Rd. 90 Prozent der Wähler bestätigen in einer Volksabstimmung (Wahlbeteiligung 95,7%) den „Vorschlag" Hitlers, die Ämter des Reichskanzlers und des Reichspräsidenten zusammenzulegen.

22.08. Die deutschen Beamten werden per Reichsgesetz auf Hitler vereidigt. Der Eid lautet: „Ich schwöre: Ich werde dem Führer des Deutschen Reiches und Volkes, Adolf Hitler, treu und gehorsam sein, die Gesetze beachten und meine Amtspflicht gewissenhaft erfüllen, so wahr mir Gott helfe."

31.08. Die Reichsanstalt für Arbeitsvermittlung und Arbeitslosenversicherung veröffentlicht die Arbeitslosenzahlen. Demzufolge sind in Deutschland rd. 2,4 Millionen Arbeitslose registriert.

03.09. Trotz massiver Widerstände können die evangelischen Landeskirchen von Bayern und Württemberg ihre organisatorische Eingliederung in die deutsche Reichskirche nicht verhindern.

04.09. Der sechste Reichsparteitag der NSDAP („Triumph des Willens") wird in Nürnberg eröffnet. Auf diesem Parteitag erklärt Hitler die „nationalsozialistische Revolution" für abgeschlossen.

07.09. Fritz Todt, der Generalinspekteur für das deutsche Straßenwesen, gibt die Anzahl der Beschäftigten im Autobahnbau bekannt. Demnach sind auf den insgesamt 51 Reichsautobahnstellen rd. 52 000 und in den abhängigen Zulieferbetrieben rd. 180 000 Menschen beschäftigt.

23.09. Die Feiern zur Amtseinführung des deutschen Reichsbischofs Ludwig Müller finden im Berliner Dom statt.

24.09. Der kommissarische Reichswirtschaftsminister Hjalmar Schacht legt einen „neuen Plan" zur Kontrolle von Außenhandel und Devisentransfer vor.

01.10. Die Reichsstraßenverkehrsordnung tritt in Kraft. Darin wird festgelegt, dass der Kfz-Führerschein erst im Alter von 18 Jahren erworben werden kann. Die Fahrzeuge müssen von einer Behörde für den öffentlichen Verkehr zugelassen und mit einem amtlichen Kennzeichnen versehen werden.

Die Reichskammer der bildenden Künste übernimmt die gesetzliche Kontrolle der Architekten.

03.10. In Stuttgart erläutert Reichsbischof Müller seine Auffassung über die Einheit von Staat und (protestantischer) Kirche zum Wohle des gesamten deutschen Volkes.

20.10. In Berlin-Dahlem findet die zweite Bekenntnissynode der „Bekennenden Kirche" statt. Auf dieser Tagung beschließen und verkünden die Synodalen im **„Dahlemer Bekenntnisprotokoll"** das „Kirchliche Notrecht".

01.11. Die Reichsstatthalter werden auf den Führer und Reichskanzler Adolf Hitler vereidigt. Sie fungieren als politisches „Instrument" der NS-Führung, was faktisch zu einer eine Entmündigung der jeweiligen Landesregierung führt. Im Auftrage des

„Dahlemer Bekenntnisprotokoll" (Auszüge)
1. Alle unsere von Schrift und Bekenntnis erhobenen Proteste, Warnungen und Mahnungen sind umsonst geblieben. Im Gegenteil, die Reichskirchenregierung hat unter Berufung auf den Führer und unter Heranziehung und Mitwirkung politischer Gewalten rücksichtslos ihr kirchenzerstörendes Werk fortgesetzt. [...] III. 1. Wir stellen fest: Die Verfassung der Deutschen Evangelischen Kirche ist zerschlagen. Ihre rechtmäßigen Organe bestehen nicht mehr. Die Männer, die sich der Kirchenleitung im Reich und in den Ländern bemächtigen, haben sich durch ihr Handeln von der christlichen Kirche geschieden. 2. Aufgrund des kirchlichen Notrechtes (Herv. vom Vf.) *der an Schrift und Bekenntnis gebundenen Kirchen, Gemeinden und Träger des geistlichen Amtes schafft die Bekenntnissynode der Deutschen Evangelischen Kirche neue Organe der Leitung [...] 3. Wir fordern die christlichen Gemeinden, ihre Pfarrer und Ältesten auf, von der bisherigen Reichskirchenregierung und ihren Behörden keine Weisungen entgegenzunehmen und sich von der Zusammenarbeit mit denen zurückzuziehen, die diesem Kirchenregiment weiterhin gehorsam sein wollen. Wir fordern sie auf, sich an die Anordnungen der Bekenntnissynode der Deutschen Evangelischen Kirche und der von ihr anerkannten Organe zu halten.*[51]

Führers sollen sie für die Durchsetzung „seiner" Politik in den Ländern, später Gaue genannt, sorgen.

03.11. In Berlin veröffentlicht das Deutsche Nachrichtenbüro (DNB) eine neue Ausbürgerungsliste.

16.11. Auf Antrag von Bernhard Rust und mit Hitlers Genehmigung verkörpert und vertritt der Nationalsozialistische Deutsche Studentenbund die politisch-ideologische Anschauung der Nationalsozialisten an den deutschen Universitäten.

27.11. Die Wirtschaft wird in „sechs" Reichsgruppen der „Reichswirtschaftskammer" eingeteilt.

17.11. Hitler ernennt den Reichsgeschäftsführer der NSDAP, Philipp Bouhler, zum „Chef der Kanzlei des Führers". In dieser Funktion bearbeitet er neben privaten Angelegenheiten Hitlers auch an diesen gerichtete Beschwerden und Gnadengesuche.

30.11. Eingliederung der Turn- und Sportjugend in die Hitlerjugend.

05.12. Mit dem „Zweiten Gesetz zur Überleitung der Rechtspflege" werden die Landesjustizministerien aufgehoben und ihre Funktionen auf das Reichsjustizministerium übertragen.
Des Weiteren werden Großbanken per Gesetz dem Reichsbankpräsidenten unterstellt.

15.12. Bernhard Rust, Reichsminister für Wissenschaft, Erziehung und Volksbildung, suspendiert Karl Barth,[52] Professor für evangelische Theologie an der Universität Bonn, von seinem Amt.

19.12. Hans Frank, Reichskommissar für die Gleichschaltung der Justiz, wird von Hitler seines Amtes enthoben. Er wird Reichsminister „ohne Geschäftsbereich" (bis 30. April 1945).

Das Jahr 1935

01.01. In seiner Neujahrsansprache bekräftigt Adolf Hitler die Friedensliebe und den Friedenswillen Deutschlands. „Kein Land" – so Hitler – „kann das Bedürfnis nach Frieden tiefer empfinden als Deutschland [...]."

03.01. Das Reichserziehungsministerium erlässt neue Habilitationsordnungen, nach denen neben der Habilitationsschrift auch der „Ariernachweis" (bei Verheirateten auch der der Ehefrau) vorzulegen ist.

11.01. Deutsche Volksgruppen in der ehemalige Kolonie Deutsch-Südwestafrika fordern den Wiederanschluss an das Deutsche Reich. Als „Staatssymbol" verwenden sie die Hakenkreuzfahne.

13.01. Entsprechend den Regelungen des Versailler Vertrages und des deutsch-französischen Saarabkommens aus dem Jahre 1925 erfolgt die Volksabstimmung im Saargebiet. Rd. 90 Prozent der Bevölkerung entscheiden sich für die Rückkehr (Rückgliederung) nach Deutschland. Damit endet die 15-jährige Verwaltung durch den Völkerbund zum 1. März 1935.

16.01. Der „Erlass über die Vererbungslehre und Rassenkunde in den Schulen" (vom 13. September 1933 und bisher in den preußischen Schulen gültig) wird auf das gesamte Reich ausgedehnt.

20.01. Der Bischof von Münster, Clemens August Graf von Galen, wendet sich in seiner Predigt gegen das „Gesetz zur Verhütung erbkranken Nachwuchses".

30.01. Hjalmar Schacht wird zum Reichswirtschaftsminister bestellt.

01.02. In einer groß angelegten Flugblattaktion ruft die DAF zum Boykott jüdischer Geschäfte und Ärzte auf.

13.02. Das Reichserziehungsministerium richtet ein „Amt für körperliche Erziehung" ein.

21.02. Wegen einer Schlägerei zwischen Nationalsozialisten und Kommunisten findet die Sitzung des Danziger Volkstages nicht statt.

Die Nationalsozialisten wollen die Auflösung des Parlamentes erreichen.

Die Gestapo belegt den jüdischen Philosophen und Schriftsteller Martin Buber mit einem totalen Redeverbot.

26.02. Hitler kündigt vor dem Reichskabinett an, die Luftwaffe (deren vorerst geheim gehaltener Aufbau 1933 begann) als dritte Teilstreitkraft der Deutschen Wehrmacht einzurichten. Mit diesem Beschluss verstößt die Reichsregierung gegen den Friedensvertrag von Versailles, der dem Deutschen Reich jegliche Luftrüstung untersagt. Offiziell werden die ausländischen Regierungen über diese Entwicklung erst am 9. März unterrichtet.

01.03. In Saarbrücken findet in einer feierlichen Prozedur die Rückgabe des Saargebietes an Deutschland statt. Josef Bürckel bekleidet das Amt des Reichskommissars für das Saarland.

05.03. Die deutsche NS-Propaganda unterstützt den Großmufti von Jerusalem, Mohammed Said Amin al-Husaini, und Jerusalems Bürgermeister, Ragheb Bey Naschashbi, in ihren Bemühungen, Hass gegen die jüdische Bevölkerung zu schüren. Unter dem Vorwand der illegalen Einwanderung inhaftierte die britische Mandatsmacht jüdische Frauen im Gefängnis von Bethlehem.

06.03. In Deutschland erscheint die erste Ausgabe des SS-Wochenblattes „Das Schwarze Korps“.

08.03. Der politische Druck auf „nichtarische“ Verleger von Tages- und Wochenzeitungen sowie Zeitschriften wächst. Sie werden von der Reichspressekammer in Berlin aufgefordert, ihre Verlage an „arische“ Unternehmer zu „verkaufen“.

16.03. Mit dem „Gesetz für den Aufbau der Wehrmacht“ wird die allgemeine Wehrpflicht wieder eingeführt. Vorgesehen ist die Aufstellung von 36 Divisionen mit einer Mannschaftsstärke von rd. 580 000 Mann. Mit dieser Entscheidung verstößt Hitler erneut gegen die Bestimmungen des Versailler Vertrages.

17.03. Vorwiegend in Berlin und Schlesien werden rd. 700 Pfarrer der „Bekennenden Kirche“, darunter Martin Niemöller, in Haft genommen oder unter Hausarrest gestellt.

19.03. In Berlin wird eine Luftschutzübung durchgeführt.

23.03. Reichserziehungsminister Bernhard Rust verschärft die Aufnahmevoraussetzungen für Höhere Schulen. Neben den schriftlichen und mündlichen Aufnahmeprüfungen müssen nun auch körperliche Eignungstests bestanden werden. Körperlich Behinderte und mit „Erbkrankheiten“ belastete Schüler werden von den Höheren Bildungsanstalten ferngehalten.

28.03. Zusammen mit Hermann Göring inspiziert Hitler die deutsche Luftwaffe (Reichsluftwaffe). Er besucht das „Geschwader Richthofen“ in Döberitz.

31.03. Die Bewachung der Konzentrationslager geht von der SA endgültig in den Zuständigkeitsbereich der SS über.

01.04. Die „Gleichschaltung“ der deutschen Justiz wird mit dem „Dritten Gesetz zur Überleitung der Rechtspflege auf das Reich“ kontinuierlich fortgesetzt.

06.04. In einer Erklärung gegenüber der nationalsozialistischen Betriebszellenleitung verpflichten sich mehr als 30000 Betriebsangehörige der Siemens-Werke in Berlin, dass sie und ihre Angehörigen keine Einkäufe in jüdischen Geschäften tätigen werden.

07.04. Die Wahlen zum Danziger Volkstag gewinnt die NSDAP mit rd. 59,2% der abgegebenen Stimmen.

11.–14.04. Auf der Konferenz von Stresa beschließen Großbritannien, Frankreich und Italien, sich „jeder einseitigen Aufkündigung von Verträgen zu widersetzen“.

13.04. Nach einem Erlass des Reichsjustizministeriums können Gefangene nach Verbüßung ihrer Haft unmittelbar und auf unbegrenzte Zeit in ein Konzentrationslager verbracht werden.

17.04. Der Völkerbund verurteilt die Wiedereinführung der allgemeinen Wehrpflicht in Deutschland.

21.04. Walter Ulbricht und Franz Dahlem übernehmen in Prag die Leitung für Aktionen der KPD.

24.04. „Amann-Anordnungen“ zur Pressekonzentration: Diese dienen als Basis für die „Übernahme“ jüdischer Verlage durch Treuhänder des Verlags Franz Eher Nachf., des Zentralverlags der NSDAP, dem Max Amann neben seiner Funktion als Reichspresseleiter vorsteht.

Der Philosoph und Soziologe Helmuth Plessner veröffentlicht in den Niederlanden sein Werk „Das Schicksal deutschen Geistes im Ausgang seiner bürgerlichen Epoche“.

28.04. In Berlin wird der „Reichsverband jüdischer Kulturbünde“ als Zusammenschluss aller jüdischen Kulturorganisationen in Deutschland gegründet.

02.05. Vor der ausländischen Presse (Verein der ausländischen Presse) stellt Göring die deutsche Luftwaffe als die technisch modernste der Welt dar.

19.05. Hitler eröffnet ein rd. 23 Kilometer langes Teilstück der Reichsautobahn zwischen Frankfurt am Main und Heidelberg.

21.05. In seiner Rede vor dem Deutschen Reichstag in Berlin erläutert Hitler die Kernpunkte seiner Außenpolitik. Er betont noch einmal den Friedenswillen Deutschlands. Am selben Tag wird Reichswirtschaftsminister Schacht von Hitler zum „Generalbevollmächtigten für die Kriegswirtschaft“ ernannt.
Zugleich wird das neue Wehrgesetz verkündet. Darin ist festgelegt, dass „jeder deutsche Mann und jede deutsche Frau zur Dienstleistung für das Vaterland“ herangezogen werden (können). Demnach sind Juden vom Wehrdienst auszuschließen. Per Gesetz ist Hitler Oberbefehlshaber der Wehrmacht. Das ebenfalls beschlossene „Reichsverteidigungsgesetz“ verpflichtet die Wirtschaft zur Rüstungsproduktion.

Mai/Juni Die größte sozialdemokratische Widerstandsgruppe am Niederrhein, der „Germania-Kreis“, wird zerschlagen.

01.06. Reichsinnenminister Wilhelm Frick äußert sich in seiner Rede in Erfurt kritisch zum Verhältnis von Staat und Kirche, es sei „die unangenehmste und schwerwiegendste Frage überhaupt“.

03.06. Der Reichsbund evangelischer Pfarrer in Deutschland protestiert beim Reichsinnenminister gegen die anhaltenden Verhaftungen von Geistlichen und deren Einweisung in die Konzentrationslager.

08.06. Im „Reichsanzeiger“ erscheint die vierte Ausbürgerungsliste; insgesamt verlieren 41 Deutsche ihre Staatsbürgerschaft, u. a. Erika Mann und Bertolt Brecht.

18.06. Der Abschluss eines Flottenabkommens mit Großbritannien. Dieses Abkommen gestattet Deutschland die Aufrüstung der deutschen Kriegsmarine auf 35 Prozent, bei den U-Booten auf 100 Prozent der britischen Tonnage.

24.06. Auf Anordnung von Reichserziehungsminister Bernhard Rust wird Karl Barth, Lehrstuhlinhaber für evangelische Theologie an der Universität Bonn, „offiziell“ emeritiert.

25.06. Der VII. Weltkongress der Komintern beginnt; auf ihm wird u. a. die Wende zur „antifaschistischen Volksfrontpolitik“ vollzogen.

26.06. Das „Reichsarbeitsdienstgesetz“ tritt in Kraft. Damit werden alle 18- bis 25-jährigen deutschen Frauen und Männer zur Ableistung eines halbjährigen Arbeitsdienstes, der später zu einer paramilitärischen Ausbildung genutzt wird, verpflichtet.

05.07. Das Reichsstrafgesetzbuch wird novelliert. Urteile in Strafprozessen können, ohne gesetzliche Grundlage, fortan auf der Basis „gesunden Volksempfindens“ gefällt werden.

08.07.	Per Erlass verfügt das Reichserziehungsministerium, dass alle Studienbewerber an deutschen Universitäten den „Ariernachweis“ erbringen müssen.
15.07.	Auf dem Berliner Kurfürstendamm kommt es unter Beteiligung der SA zu gewalttätigen Ausschreitungen gegen jüdische Bürger.
16.07.	Hanns Kerrl, Vizepräsident des Deutschen Reichstages, wird von Hitler zum Minister des neu geschaffenen Ministeriums für Kirchenfragen (bis 13. Dezember 1941, danach unbesetzt) bestellt.
26./27.07.	In Komotau (ČSR) wird die Auslandsvertretung der Deutschen (Freien) Gewerkschaften gegründet.
Aug./Sept.	Verhaftungen von Mitgliedern der Widerstandsgruppe „Neu Beginnen“ in Berlin.
03.08.	Reichsinnenminister Frick führt auf dem Gautag in Essen aus, dass die „Judenfrage auf legalem Wege“ zu lösen sei.
05.08.	Vom Volksgerichtshof wird der ehemalige Reichstagsabgeordnete Albert Kayser (KPD) zum Tode verurteilt. Kayser wird von der Anklagevertretung die „Vorbereitung zum Hochverrat“ vorgeworfen.
10.08.	Der Reichsinnenminister weist die Standesbeamten an, keine Ehen zwischen Nichtjuden und Juden zu schließen.
18.08.	Verbot sämtlicher Freimaurerlogen.
31.08.	Insbesondere vor dem Hintergrund der nationalsozialistischen Aufrüstungspolitik unterzeichnet der US-amerikanische Präsident Franklin D. Roosevelt in Washington D.C. das so genannte Neutralitätsgesetz. Dieses Gesetz schreibt ein Waffenembargo gegen Krieg führende Nationen vor.
01.09.	Der auf der Fuldaer Bischofskonferenz (19.5.) erarbeitete und beschlossene Hirtenbrief wird in den katholischen Kirchen des Deutschen Reiches verlesen. Darin üben die katholischen Bischöfe Kritik an der Kirchenpolitik der Nationalsozialisten.
03.09.	Im schweizerischen Luzern geht der 19. Zionistenkongress zu Ende. Die Konferenzteilnehmer machen insbesondere auf die Entrechtung der Juden in Deutschland aufmerksam. Sie appellieren an die freien demokratischen Völker, den Juden in Deutschland beizustehen.
06.09.	Der Herausgeber der NS-Hetzzeitschrift, des antisemitischen Kampfblattes „Der Stürmer“, Julius Streicher, wird von Hitler zum Mitglied der „Akademie für Deutsches Recht“ berufen. Aufgabe der Akademie soll es sein, die Grundlagen für ein „nationalsozialistisches Recht“ zu schaffen.

10.09. Der 7. Parteitag („Parteitag der Freiheit“) der NSDAP wird in Nürnberg eröffnet.[53]

15.09. Verkündung der **„Nürnberger Gesetze“** auf dem 7. Parteitag der NSDAP: Das „Reichsbürgergesetz“ und das „Gesetz zum Schutze des deutschen Blutes und der deutschen Ehre“ boten die Grundlage für den Ausschluss der Juden aus dem öffentlichen Leben Deutschlands und für die folgende antijüdische Politik. Bis Ende 1938 wandern rd. 170000 (rd. 30 Prozent) deutsche Juden aus dem Reichsgebiet aus, bis Oktober 1941 verlassen rd. 270000 Juden Deutschland.

Nürnberger Gesetze
Der Terror gegen die jüdische Bevölkerung und deren Diskriminierung hatten seit Mai abermals zugenommen. Verstärkte Boykottpropaganda und pogromartige Hetzkampagnen führten zu gewalttätigen Angriffen auf Juden. Kommunalbehörden verboten Juden den Besuch von Kinos, Parks und Schwimmbädern; zeitweilig wurden jüdische Zeitungen verboten. Vereinzelt gab es bereits „Arisierungen“.
Die „Nürnberger Gesetze“, die den Rang von Verfassungsgesetzen erhielten, schufen die rechtliche Grundlage für diese Politik.
Das „Reichsbürgergesetz“ bestimmte, dass nur Deutsche und Personen mit „artverwandtem Blut“ „Reichsbürger“ seien, die deutschen Juden wurden als „Staatsangehörige“ (Verlust politischer Rechte) klassifiziert. Die erste von 13 Durchführungsverordnungen vom 14. November 1935 definierte, wer als Jude zu gelten habe, nämlich *wer von mindestens drei der Rasse nach volljüdischen Großeltern abstammt. […] Als Jude gilt auch der von zwei volljüdischen Großeltern abstammende staatsangehörige jüdische Mischling, a) der beim Erlass des Gesetzes der jüdischen Religionsgemeinschaft angehört hat oder danach in sie aufgenommen wird, b) der beim Erlass des Gesetzes mit einem Juden verheiratet war oder sich danach mit einem solchen verheiratet, c) der aus einer Ehe mit einem Juden im Sinne des Absatzes 1 stammt.*
Das „Gesetz zum Schutz des deutschen Blutes und der deutschen Ehre“ verbot Eheschließungen und außerehelichen Verkehr zwischen Deutschen und Juden, die Beschäftigung deutscher Dienstboten unter 45 Jahren in jüdischen Haushalten und das Hissen der deutschen Flagge durch Juden.[54]

23.09. Auch auf der 3. Bekenntnissynode der Evangelischen Kirche, die in Berlin stattfindet, kritisieren die Synodalen die Kirchenpolitik der Reichsregierung. Einen Tag später erlässt die Reichsregierung das „Gesetz zur Sicherung der Deutschen Evangelischen Kirche“.

03.10. In Moskau beginnt eine Konferenz emigrierter KPD-Mitglieder, auf der die Zusammenarbeit mit Sozialdemokraten und „antifaschistischen“ bürgerlichen Kräften beschlossen sowie Wilhelm Pieck zum Parteivorsitzenden gewählt wird.

08.10. Die „Deutsche Burschenschaft“ löst sich auf und wird später in den NS-Studentenbund eingegliedert.

13.10. In Deutschland findet der erste so genannte Eintopfsonntag statt. Zugunsten des Winterhilfswerks (WHW) soll auf ein „aufwändiges“ Essen verzichtet werden. Die Bevölkerung wird zum Spenden aufgerufen. Alleine in Berlin sammeln rd. 75 000 freiwillige Helfer Spenden ein.

18.10. Die Reichsregierung gibt in Berlin die Bestimmungen des „Gesetzes zum Schutz der Erbgesundheit des deutschen Volkes“ bekannt. Danach werden „erbkranke“ Menschen mit einem Heiratsverbot belegt; Heiratswillige müssen ein vom Gesundheitsamt ausgestelltes Ehetauglichkeitszeugnis vorweisen.

21.10. Konrad Henlein, Führer der Sudetendeutschen Partei (SdP), fordert den sofortigen Anschluss der „Sudetendeutschen Lande“ an das Reich.

01.11. Aufgrund der Einführung der allgemeinen Wehrpflicht rücken die ersten Rekruten des Jahrgangs 1914 zur Ableistung ihrer einjährigen Wehrpflicht in die Kasernen ein. Aufgerufen werden auch die Studenten der Jahrgänge 1911 bis 1913. Sie sollen „freiwillig“ ihren Dienst (11 Monate) bei der Wehrmacht leisten.

04.11. Reichswirtschaftsminister Hjalmar Schacht[55] kündigt mit Bezug auf die Beschlüsse des Nürnberger NS-Parteitages die ökonomische Entrechtung deutscher Juden an. Wie offensichtlich von den Nazis erwartet und erhofft, kommt es vermehrt zu panikartigen Geschäftsverkäufen seitens der jüdischen Bevölkerung.

05.11. Hitler ordnet die Einführung einer neuen Reichskriegsflagge an. Auch das Hoheitszeichen der NSDAP wird zum Hoheitszeichen des Deutschen Reiches „erklärt“.

07.11. Frick löst den Stahlhelm (s. „Das Jahr 1931“, Kasten „Stahlhelm“) endgültig auf. Als offizieller Auflösungsgrund firmiert dessen angeblich „staatsfeindliche Ideologie“, letztlich sollte indes eine Konkurrenz zur SA ausgeschaltet werden.

14.11. Es treten mehrere Durchführungsverordnungen zu den „Nürnberger Gesetzen“ in Kraft (s. Stichtag 15. September 1935 und

Kasten „Nürnberger Gesetze“). Dadurch werden die „Rechte“ der Juden in Deutschland weiter (drastisch) eingeschränkt.

20.11. Von den evangelischen Geistlichen der (preußischen) Bekennenden Kirche wird am Buß- und Bettag die „Kanzelbotschaft“ verkündet. Sie richtet sich u. a. gegen den Ausschluss von Theologen an deutschen Universitäten.

21.11. Auf Basis der Durchführungsbestimmungen des „Reichsbürgergesetzes“ vom 15. September verbietet Reichswirtschaftsminister Schacht jüdischen Börsenmaklern die Berufsausübung.

29.11. In Berlin wird die Deutschlandhalle in Anwesenheit Hitlers eingeweiht.

10.12. Der Zoologe Hans Spemann erhält den Nobelpreis für Physiologie oder Medizin.

13.12. Himmler gründet die Einrichtung „**Lebensborn e.V.**“ mit dem Ziel, im Sinne der rassistischen Vorstellungen des Nationalsozialismus u. a. den „Kinderreichtum in der SS“ zu fördern.

Lebensborn e.V.

Der Verein unterstand der SS und finanzierte sich durch Zwangsbeiträge hauptamtlicher SS-Führer. Nach der Satzung vom 10. Februar 1938 oblag ihm, „den Kinderreichtum in der SS zu unterstützen, jede Mutter guten Blutes zu schützen und zu betreuen und für hilfsbedürftige Mütter und Kinder guten Blutes zu sorgen“. 1936 wurden SS-Führer, drei Jahre später die gesamte SS und Polizei zur Zeugung einer zahlreichen Nachkommenschaft aufgerufen. Der Verein unterstütze vor allem unverheiratete Schwangere, die nach „erbbiologischer“ Untersuchung in die Entbindungsheime aufgenommen wurden. Ab 1941 organisierte er die zwangsweise Eindeutschung „rassisch wertvoller“ Kinder aus den von Deutschland besetzten Gebieten.[56]

21.12. Die Durchführungsverordnungen zu den Nürnberger Gesetzen zwingen die jüdischen Ärzte an öffentlichen Krankenhäusern zum Dienstaustritt.

26.12. Die Erweiterungsverordnung des Reichsinnenministeriums zum „Reichsbürgergesetz“ bezeichnet ehemalige jüdische Beamte nicht mehr als „Reichsbürger“, sondern als „Bürger zweiter Klasse“.

31.12. Auf dem Verordnungsweg entlässt das Deutsche Reich alle jüdischen Beamten aus seinen Diensten.

Das Jahr 1936

01.01. Reichsjugendführer Baldur von Schirach ruft das Jahr 1936 zum „Jahr des Jungvolkes“ aus. Alle 10- bis 14-Jährigen werden aufgefordert, in die Jugendorganisation der Nationalsozialistischen Partei, die **Hitler-Jugend (HJ)**, einzutreten.

Hitler-Jugend (HJ)
Diese nationalsozialistische Jugendorganisation übernahm im Sinne des nationalsozialistischen Erziehungsprofils eine wesentliche und nicht zu unterschätzende völkisch-orientierte (eine auf rassenideologisches Gedankengut ausgerichtete) Sozialisationsfunktion. Nach dem Befehlsprinzip („Jugend führt Jugend“) war sie streng hierarchisch organisiert und in vier Untergruppen gegliedert:
1. das Deutsche Jungvolk (DJ), 10- bis 14-jährige Jungen;
2. die Hitler-Jugend (HJ), 14- bis 18-jährige Jungen;
3. die Jungmädel (JM), 10- bis 14-jährige Mädchen;
4. der Bund Deutscher Mädel (BDM), 14- bis 21-jährige Mädchen.[57]

Ende 1932 hatte die HJ rd. 100 000 Mitglieder, andere Jugendverbände verzeichneten höhere Mitgliedszahlen (z. B. die Sportjugendverbände rd. 2 Mio., katholische Jugendverbände rd. 1 Mio. und evangelische Jugendverbände rd. 0,6 Mio.). Infolge von Verbot, Auflösung und Übernahme änderte sich dieses Verhältnis nach der nationalsozialistischen Machtübernahme indes rasch: Ende 1934 meldete die HJ einen Mitgliederstand von 3,5 Mio. Jugendlichen.[58] Diese bereits 1933 eingeleitete Gleich- und Ausschaltung aller anderen Jugendorganisationen wird mit dem „Gesetz über die Hitlerjugend“ vom 1. Dezember 1936 formaljuristisch sanktioniert. Die zweite Durchführungsbestimmung zu diesem Gesetz, erlassen am 25. März 1939, führt die „Jugenddienstpflicht“ (Zwangsmitgliedschaft) ein.[59]

06.01. In einem Gespräch mit dem deutschen Botschafter zieht Mussolini die Garantie für die österreichische Unabhängigkeit zurück; Deutschland unterstützt im Gegenzug Italiens Abessinienpolitik (der Abessinienfeldzug begann am 3. Oktober 1935). Italien verlässt die „Stresa-Front“ (s. Stichtag 11. bis 14. April 1935).

09.01. Die Reichsautobahndirektion gibt bekannt, dass sich rd. 1900 Autobahnkilometer in Bau befinden bzw. fertig gestellt sind.

22.01. Der Gauleiter von Franken, Julius Streicher, fordert in seiner in Nürnberg gehaltenen Rede eine strikte Rassentrennung, um so die „Reinhaltung des deutschen Blutes“ zu „bewahren“.

25.01. Hitler gibt der französischen Zeitung „Paris Soir" ein Interview. Darin unterstreicht er seine Forderung nach einer territorialen Ausdehnung des Deutschen Reiches sowie die Forderung nach einer Rückgabe der deutschen Kolonien.

02.02. Exilpolitiker der KPD, SPD, aus dem bürgerlichen und linkssozialistischen Spektrum verabschieden in Paris eine „Kundgebung an das deutsche Volk".

04.02. In seiner Wohnung in Davos erliegt der Führer der NSDAP (Landesgruppe Schweiz), Wilhelm Gustloff, einem Attentat.

05.02. Goebbels verbietet alle Aktivitäten des „Reichsverbandes jüdischer Kulturbünde".

16.02. In Garmisch-Partenkirchen gehen die am 6. Februar eröffneten IV. Olympischen Winterspiele zu Ende.

18.02. Der Schweizerische Bundesrat verbietet die NSDAP-Landes- und Kreisleitungen in der Schweiz.

20.02. Die Gestapo verhaftet im Rheinland und in Westfalen eine Vielzahl von Mitgliedern (sowohl Geistliche als auch Laien) des Katholischen Jungmännerverbandes.

22.02. Für den Fall der Remilitarisierung des Rheinlandes sichert Mussolini Hitler Passivität zu.

Die 4. Bekenntnissynode endet in Bad Oeynhausen mit der Spaltung der „Bekennenden Kirche". Eine Gruppe um Pfarrer Martin Niemöller lehnt ein „Zusammengehen mit dem Reichskirchenausschuss aus taktischen Gründen" ab.

28.02. Ende Februar beträgt die Zahl der im Deutschen Reich als arbeitslos gemeldeten Personen rd. 2,5 Millionen.

04.03. Auf der von Reichsinnenminister Frick veröffentlichten Ausbürgerungsliste befinden sich die Namen des Sozialdemokraten Kurt Schumacher und des Schriftstellers Arnold Zweig.

07.03. Unter Missachtung der Bestimmungen des Versailler Vertrags und der Abmachungen der **Verträge von Locarno** besetzen deutsche Truppen (rd. 30000 Soldaten) das entmilitarisierte Rheinland. Eine militärische Gegenmaßnahme der Westmächte bleibt aus (Appeasement-Politik Großbritanniens). Zwar protestiert die französische Regierung einen Tag später gegen die Vertragsverletzung und erhöht ihr Truppenkontingent an der deutsch-französischen Grenze, politisch erfolgreich ist sie damit indes nicht.

10.03. Hitler ordnet die Aufstellung eines Reiter-Korps (NSRK) an. Alle Mitglieder der SS im Alter zwischen 18 und 20 Jahren müssen diesem Korps angehören.

Verträge von Locarno
Am 5. Oktober 1925 wurde im schweizerischen Locarno eine Außenministerkonferenz eröffnet, die als ein europäisches Sicherheitsforum gedacht war. Die Vertreter Belgiens, Deutschlands (Außenminister Gustav Stresemann), Frankreichs, Großbritanniens, Italiens, Polens und der Tschechoslowakei paraphierten am 16. Oktober die auf dieser Konferenz ausgehandelten Verträge, die dann am 1. Dezember in London unterzeichnet wurden. Deutschland anerkannte die Grenzen zu Belgien und Frankreich und verzichtete somit auf Elsass-Lothringen. Im Gegenzug sicherte Frankreich die militärische Räumung der „Kölner Zone" zu. Dieser „Sicherheits-, Rhein- oder Westpakt" sah eine gemeinsame Bürgschaft der Vertragspartner für diese Regelungen, ein Verbot des Angriffs und eine friedliche Regelung aller Streitigkeiten vor. Großbritannien und Italien verpflichteten sich, jedem der durch die Verletzung der Verträge bedrohten Vertragspartner zur Hilfe zu kommen. Wenngleich Stresemann eine Garantie der deutschen Ostgrenzen (gegenüber Polen und der Tschechoslowakei) vor dem Hintergrund deutscher Revisionsforderungen abgelehnt hatte („Ost-Locarno"), hielten die Verträge fest, dass eine Veränderung (Revision) nur auf Grundlage einer vertraglichen Vereinbarung erfolgen könne. Für ihre Bemühungen um eine deutsch-französischen „Annäherung" (Aussöhnung) wurden Stresemann und der französische Außenminister Aristide Briand 1926 mit dem Friedensnobelpreis 1926 ausgezeichnet.[60]

19.03. Der Völkerbund verurteilt die Besetzung des Rheinlandes.

29.03. Die NSDAP, einzig zugelassene Partei, erreicht bei den „Reichstagswahlen" einen Stimmenanteil von rd. 99%. Gleichzeitig befürworten die Wähler Hitlers Vorgehen in der „Rheinlandfrage". Die SS-Wachmannschaften in den Konzentrationslagern werden in SS-Totenkopf-Verbände umbenannt.

01.04. Werner Freiherr von Fritsch, Oberbefehlshaber des deutschen Heeres, fordert die Aufstellung von 36 statt bisher 32 Divisionen.

04.04. Hermann Göring wird Beauftragter für Rohstoff- und Devisenfragen. Er soll die Abhängigkeit Deutschlands von Rohstoffimporten vermindern.

06.04. Aufgrund eines Erlasses des Reichsinnenministers können Juden in Deutschland nicht mehr den Beruf des Dolmetschers ausüben.

18.04. Der Volksgerichtshof erhält den Status eines ordentlichen Gerichtes; als oberstes Strafgericht ist er dem Reichsgericht gleichgestellt.

24.04. Robert Ley (DAF) weiht drei so genannte Ordensburgen, in denen NS-Kader ausgebildet werden sollen, ein.

29.04. Im „Völkischen Beobachter“ listet der Gestapo-Führer Reinhard Heydrich die Gruppen auf, die als Feinde des Deutschen Reiches anzusehen sind, u.a. Juden, Freimaurer, Kommunisten, aber auch politisch aktive Geistliche.

01.05. Ab sofort bekommt jedes Brautpaar nach der Trauung eine Ausgabe von **Hitlers „Mein Kampf“**.

Hitlers „Mein Kampf“
Der erste Band „Eine Abrechnung“, erschien 1925, der zweite Band „Die nationalsozialistische Bewegung“ 1926; „Mein Kampf“ erreichte bis 1945 eine Gesamtauflage von etwa 10 Millionen und wurde in 16 Sprachen übersetzt. Der erste Band gibt vor, das Leben Hitlers, der zweite die Entwicklung der NSDAP zu beschreiben; die autobiografischen Angaben sind indes weit gehend falsch und lückenhaft, im zweiten Band überwiegen programmatische Äußerungen. Schwerpunkte bilden die Forderung nach „Lebensraum im Osten“ und das antijüdische Programm. Hatte Hitler ab 1919 „nur“ die „Entfernung der Juden“ gefordert, so propagierte er in „Mein Kampf“ (14. und 15. Kapitel) deren Tötung: „Kein Volk entfernt diese Faust [des unerbittlichen Weltjuden] anders von seiner Gurgel als durch das Schwert. […] Ein solcher Vorgang ist und bleibt aber ein blutiger.“ Nach Hitler habe es die deutsche Regierung versäumt, die Juden zu Beginn des Ersten Weltkrieges „unbarmherzig auszurotten“, die Niederlage wäre nicht erfolgt, hätte man 12000 oder 15000 Juden „unter Giftgas gehalten“.[61]

16.05. Auf dem Juristentag in Leipzig erklärt Reichsjuristenführer Hans Frank, die Gewaltenteilung in Deutschland sei abgeschafft. Er beruft sich auf das „Ermächtigungsgesetz“, das Hitler die alleinige Ausübung der Staatsgewalt übertragen habe.

24.05. In Paris rufen kommunistische, sozialdemokratische und bürgerliche Exilpolitiker zur Bildung einer Volksfront gegen den Nationalsozialismus auf.

28.05. In ihrer Pfingstdenkschrift wendet sich die „Bekennende Kirche“ gegen den von den Nationalsozialisten betriebenen Antisemitismus und gegen den Rassenwahn.

29.05. Am 20. Jahrestag der Skagerrak-Schlacht beginnen groß angelegte Flottenmanöver der deutschen Kriegsmarine in der Kieler Bucht.

31.05. Die Reichsregierung beschließt das „Gesetz über die Einziehung von Erzeugnissen entarteter Kunst".

10.06. Walter Ulbricht wird zum Sekretär des Politbüros der deutschen Exil-KPD (Paris) ernannt.

17.06. Heinrich Himmler, Reichsführer-SS, wird Chef der Deutschen Polizei.

11.07. Abschluss eines „Freundschaftsabkommens" mit Österreich, in dem Österreich sich zu einer an den Interessen des Deutschen Reiches orientierten Politik verpflichtet.

Auf Anordnung des Reichskriegsministeriums ist Juden der Dienst in der Wehrmacht verboten, sie werden nicht mehr eingezogen (s. Stichtag 21. Mai 1935).

17./18.07. Der Bürgerkrieg in Spanien beginnt. Deutschland und Italien unterstützen die Falangisten. Ab Oktober kämpfen rd. 5000 Emigranten für die Republik in den Internationalen Brigaden.

28.07. Die körperliche „Ertüchtigung" und sportliche „Ausbildung" der 10- bis 14-Jährigen geht in den Verantwortungsbereich der HJ über. Darauf „einigen" sich der Reichssportbund und die Führung der HJ.

01.08. Hitler eröffnet die XI. Olympischen Sommerspiele in Berlin. Die Nationalsozialisten inszenieren die Spiele zu einer perfekten Propagandaschau. Mehr als 4000 Sportler aus 49 Ländern nehmen an der Olympiade teil. Rd. 500000 Menschen – darunter 150000 aus dem Ausland – besuchen diese Spiele. Die an vielen Geschäften angebrachten Schilder mit der Aufschrift „Juden unerwünscht" werden für die Dauer der Spiele entfernt.

08.08. Die „Jüdische Rundschau" meldet, dass im Zeitraum Februar 1933 bis April 1936 rd. 95000 deutsche Juden das Reich verlassen haben (davon emigrieren rd. 31000 nach Palästina, rd. 32000 nach Übersee, davon rd. 10000 in die USA).

11.08. Joachim von Ribbentrop (bisher Botschafter in besonderer Mission) wird von Adolf Hitler zum Botschafter in Großbritannien berufen.

16.08. In Berlin gehen die Olympischen Sommerspiele zu Ende. Die deutsche Mannschaft stellt mit 33 Gold-, 26 Silber- und 30 Bronzemedaillen die erfolgreichsten Teilnehmer.

17.08. Der saarländische Großindustrielle Hermann Röchling spricht sich in einer Denkschrift an die Reichsregierung für die Vorbereitung eines Krieges gegen die Sowjetunion aus.

24.08. Per Erlass wird eine 24-monatige Wehrdienstzeit eingeführt.

28.08. Das Reichskriegsministerium billigt den Kampfeinsatz deutscher Flugzeuge im Spanischen Bürgerkrieg. Der Einsatz dient u.a. der Erprobung neuen Kriegsgeräts unter Bedingungen des Ernstfalls.

26.08. In einer geheimen Denkschrift fordert Hitler die „Kriegsfähigkeit" von Wehrmacht und Wirtschaft in spätestens vier Jahren.

August Die „Sozialistische Front" in Hannover wird weitgehend zerschlagen.

08.09. Der „Parteitag der Ehre", der achte Parteitag der NSDAP, beginnt in Nürnberg. Die offizielle Eröffnungsrede hält einen Tag später der „Stellvertreter des Führers", Rudolf Heß. U.a. wird der von Hitler festgelegte **Vierjahresplan**, der eine weitgehende Autarkie der Rohstoff produzierenden Industrie vorsieht, verkündet.

Vierjahresplan
Mit der Verkündung des Vierjahresplans leiteten die Nationalsozialisten mit den Mittel der „Kommandowirtschaft" ihre Autarkiepolitik (hin zur Kriegswirtschaft) ein. Der nachstehende Auszug aus Hitlers geheimer Denkschrift vom August 1936 verdeutlicht das Ansinnen des NS-Regimes: *Denn ein Sieg des Bolschewismus über Deutschland würde nicht zu einem Versailler Vertrag führen, sondern zu einer endgültigen Vernichtung, ja Ausrottung des deutschen Volkes. […] Das Ausmaß und das Tempo der militärischen Auswertung unserer Kräfte können nicht groß und schnell genug gewählt werden! […] Wenn es uns nicht gelingt, in kürzester Frist die deutsche Wehrmacht in der Ausbildung, in der Aufstellung der Formationen, in der Ausrüstung und vor allem auch in der geistigen Erziehung zur ersten Armee der Welt zu entwickeln, wird Deutschland verloren sein! […] Es haben sich daher dieser Aufgabe alle anderen Wünsche bedingungslos unterzuordnen.* (Herv. vom Vf.) *[…] Wir sind überbevölkert und können uns auf der eigenen Grundlage nicht ernähren. […] Die endgültige Lösung liegt in einer Erweiterung des Lebensraumes bzw. der Rohstoff- und Ernährungsbasis unseres Volkes. […] Die Erfüllung dieser Aufgaben in der Form eines Mehr-Jahres-Plans der Unabhängigmachung unserer nationalen Wirtschaft vom Ausland wird es aber auch erst ermöglichen, vom deutschen Volk auf wirtschaftlichem Gebiet und dem Gebiete der Ernährung Opfer zu verlangen […]. Es sind jetzt fast vier kostbare Jahre vergangen. Es gibt keinen Zweifel, dass wir schon heute auf dem Gebiet der Brennstoff-, der Gummi- und zum Teil auch in der Eisenerzversorgung vom Ausland restlos unabhängig sein könnten. […] Ich stelle damit folgende Aufgabe: I. Die deutsche Armee muss in vier Jahren einsatzfähig sein. II. Die deutsche Wirtschaft muss in vier Jahren kriegsfähig sein.* (Herv. vom Vf.).[62]

03.10. Kriegsminister von Blomberg tauft in Wilhelmshaven die „Scharnhorst“, das erste nach dem Ersten Weltkrieg in Deutschland gebaute Schlachtschiff.

18.10. Die Verantwortung zur Durchführung des auf dem Nürnberger Parteitag verabschiedeten Vierjahresplans überträgt Hitler auf Hermann Göring.

25.10. Die Achse „Berlin – Rom“ wird durch ein zunächst geheimes Kooperationsabkommen zwischen dem Reich und Italien vertraglich besiegelt und am 1. November 1936 von Mussolini bekannt gegeben.

29.10. Der Reichskriegsminister eröffnet in Berlin das am 1. Oktober gegründete Reichskriegsgericht. Es ist der höchste Gerichtshof der nach 1933 wieder eingeführten Militärgerichtsbarkeit.

10.11. In einem Hirtenbrief fordern die deutschen katholischen Bischöfe den Erhalt und den Schutz der Bekenntnisschulen.

14.11. Obwohl die deutschen Streckenabschnitte der Flüsse Donau, Elbe, Oder und Rhein gemäß den Abmachungen des Versailler Vertrages internationalisiert sind, stellt sie die Reichsregierung unter deutsche Hoheit.

18.11. Deutschland erkennt die Regierung General Francos in Spanien diplomatisch an.

23.11. Im Nachhinein wird dem in der Nacht des Reichstagsbrands (s. Stichtag 27. Februar 1933) verhafteten und in den Konzentrationslagern Sonnenburg und Papenburg-Esterwegen inhaftierten Carl von Ossietzky für das Jahr 1935 der Friedensnobelpreis verliehen. Hitler verbietet die Entgegennahme des Nobelpreises.

25.11. Zwischen Japan und dem Deutschen Reich wird der gegen die Sowjetunion gerichtete „Antikominternpakt“ geschlossen.

27.11. Goebbels verkündet auf einer Zusammenkunft von Reichskulturkammer und der KdF-Organisation in Berlin das „Verbot der Kunstkritik“.

01.12. Mit dem „Gesetz über die Hitler-Jugend“ wird die HJ zur „Staatsjugend“ erklärt (s. „Das Jahr 1936, Kasten „Hitler-Jugend“).

02.12. Thomas Mann wird die deutsche Staatsbürgerschaft aberkannt. Am 19.11. hatte er die tschechoslowakische Staatsangehörigkeit angenommen.

10.12. Der Friedensnobelpreisträger des Jahres 1935, Carl von Ossietzky, dem die Ausreise (Ausreiseverbot vom 8. Dezember) nach Stockholm zur Entgegennahme seines Preises von den Nazis verwehrt wurde, wird vom Vorsitzenden des Nobelpreiskomitees besonders geehrt.

24.12. Der anlässlich des Weihnachtsfestes von den katholischen Bischöfen verlesene Hirtenbrief enthält einen Aufruf zur Pflicht, „das Oberhaupt des Deutschen Reiches (in seinem Kampf gegen den Kommunismus/Bolschewismus) mit allen Mitteln zu unterstützen".

30.12. Der „Bund der jüdischen Jugend" wird von der Gestapo zur Auflösung gezwungen.

Das Jahr 1937

13.01. Per Erlass verfügt Reichserziehungsminister Bernhard Rust, dass alle Abiturientinnen, die das 17. Lebensjahr vollendet haben, den Arbeitsdienst ableisten müssen.

15.01. Um die künftige nationalsozialistische Elite auf ihre Führungsaufgaben vorzubereiten, genehmigt Hitler die Einrichtung von „Adolf-Hitler-Schulen".

30.01. Der Deutsche Reichstag stimmt der Verlängerung des „Ermächtigungsgesetzes" (s. Stichtag 24. März 1933) um weitere 4 Jahre zu.

Die Annahme des Nobelpreises wird Deutschen auf Weisungen Hitlers verboten, als „Ersatz" wird der „Deutsche Nationalpreis für Kunst und Wissenschaft" gestiftet.

10.02. Reichsbank und Reichsbahn werden organisatorisch direkt der Deutschen Reichsregierung und damit Hitler unterstellt.

15.02. Hitler weist den Reichsminister für kirchliche Angelegenheiten, Hanns Kerrl, an, die Durchführung einer verfassunggebenden Generalsynode für die Christen der Deutschen Evangelischen Kirche vorzubereiten.

22.02. Der deutsche Außenminister Konstantin Freiherr von Neurath drängt in Gesprächen den österreichischen Bundeskanzler Kurt Schuschnigg zu einer Legalisierung und Regierungsbeteiligung der NSDAP in Österreich.

23.02. Die Reichsregierung legt neue Anleihen auf, um staatliche Rüstungsaufträge finanzieren zu können.

14.03. Der Vatikan veröffentlicht die Enzyklika „Mit brennender Sorge". Darin verurteilt Papst Pius XI. mit großer Schärfe die nationalsozialistische Kirchenpolitik (die Verfolgung der katholischen Kirche in Deutschland) und wendet sich gegen den nationalsozialistischen Götzenkult um Rasse und Staat. Am Folgesonntag (21.3.) wird die päpstliche Enzyklika von allen Kanzeln der katholischen Kirche im Reich verlesen.

14.04. Als Reaktion auf „antideutsche Kundgebungen" in den USA verbietet die Reichsregierung für die Dauer von 60 Tagen sämtliche sportlichen Veranstaltungen jüdischer Organisationen.

15.04. Auf Grundlage der „Nürnberger Gesetze" ordnet Reichserziehungsminister Rust an, dass Juden in den Fächern Medizin und Zahnmedizin nicht mehr zur Promotion zugelassen werden.

19.04. Der Führer der DAF Robert Ley und Reichsjugendführer Baldur von Schirach eröffnen in Crössingsee (Pommern) die erste „Adolf-Hitler-Schule".

Auf einer Kundgebung im westpreußischen Marienburg verkündet Schirach die Aufnahme von mehr als einer Million Mädchen und Jungen in die HJ.

26.04. Deutsche Flugzeuggeschwader der „Legion Condor" zerstören die baskische Stadt Guernica y Luno. Der Angriff, bei dem 1645 Menschen ums Leben kommen, ruft weltweit Proteste hervor.

05.05. Das erste Schiff für die „KdF-Bewegung" wird bei der in Hamburg ansässigen Werft Blohm und Voss vom Stapel gelassen.

14.05. In der Freien Stadt Danzig löst sich die DNVP auf.

12.06. Nach einem Geheimerlass des Chefs der Sicherheitspolizei Heydrich sind „jüdische Rassenschänder" nach einer Zuchthaus- oder Gefängnishaft in ein Konzentrationslager einzuweisen.

17.06. Der österreichische Bundeskanzler Schuschnigg ernennt den Nationalsozialisten Arthur Seyß-Inquart zum Staatsrat.

18.06. Reichsjugendführer Baldur von Schirach untersagt per Erlass die Doppelmitgliedschaft in der HJ und den katholischen Jugendverbänden.

24.06. Reichskriegsminister Blomberg erlässt eine geheime Weisung zur Kriegsvorbereitung der Armee; die Tschechoslowakei gilt als mögliches Kriegsziel.

27.06. In einer öffentlichen Predigt wendet sich Martin Niemöller gegen die Verfolgungen und Verhaftungen von Christen. Am 1. Juli wird er verhaftet und in Berlin-Moabit inhaftiert.

19.07. Der Präsident der Reichskammer der bildenden Künste, Adolf Ziegler, eröffnet in München im Haus der Deutschen Kunst die Ausstellung „Entartete Kunst". Ausgestellt werden u.a. Werke von Ernst Barlach, Paul Klee und Oskar Kokoschka (s. Stichtag 10. Mai 1933).

02.08.	In Oberschlesien (deutscher Sektor) kommt es zu antisemitischen Demonstrationen, dabei werden in vielen Ortschaften jüdische Geschäfte und sonstige Einrichtungen zerstört.
08.08.	In Berlin fordern Demonstranten (mehr als 100 Personen) anlässlich eines von der Gestapo verbotenen Bittgottesdienstes die Freilassung Niemöllers. In der Folgezeit kommt es zu weiteren Protesten gegen seine Inhaftierung. Im Resultat bleiben diese erfolglos: Niemöller wird zwischen 1938 und 1945 in verschiedenen Konzentrationslagern gefangen gehalten.
06.09.	Der NSDAP-„Parteitag der Arbeit" beginnt in Nürnberg.
19.09.	Die deutsche Wehrmacht beginnt mit Manövern in Mecklenburg und Pommern. An diesen Wehrübungen beteiligen sich erstmalig alle drei Waffengattungen.
25.–29.09.	Der italienische Ministerpräsident Mussolini besucht Deutschland, das ihm einen triumphalen Empfang bereitet.
02.10.	Die Ersatzhochschulen (einschl. der Lehr- und Prüfungsämter) der Bekennenden Kirche werden auf Anweisung Himmlers geschlossen und aufgelöst.
18.10.	Konrad Henlein, der Führer der Sudetendeutschen Partei, fordert von der tschechischen Regierung die Autonomie für die sudetendeutschen Gebiete.
05.11.	In einer Besprechung in der Reichskanzlei äußert Hitler in Anwesenheit von Generalfeldmarschall von Blomberg, Generaloberst von Fritsch, Generaladmiral Raeder, Göring und Außenminister von Neurath seinen Willen, „Raumprobleme" (als Nahziele gelten Österreich und die Tschechoslowakei) auch mit Gewalt zu lösen (so genannte **Hoßbach-Niederschrift**).
06.11.	Italien tritt dem Antikominternpakt bei (s. Stichtag 25. November 1936).
08.11.	In München eröffnet Goebbels die Propagandaausstellung „Der ewige Jude".
	Ausgebürgerten wird gesetzlich die Annahme von Erbschaften und Schenkungen untersagt.
26.11.	Wegen Differenzen mit Göring, dem Beauftragten für den Vierjahresplan, tritt Hjalmar Schacht als Reichswirtschaftsminister zurück. Göring übernimmt kommissarisch die Leitung des Wirtschaftsministeriums.
11.12.	Italien tritt aus dem Völkerbund aus.
17.12.	Mehrere Teilstücke (insgesamt rd. 220 km) der Reichsautobahn werden für den öffentlichen Verkehr freigegeben. Das Deutsche Reich verfügt zu diesem Zeitpunkt über ein Autobahnnetz mit einer Länge von rd. 2000 km.

Hoßbach-Niederschrift
Friedrich Hoßbach war von 1934 bis 1938 „Adjudant der Wehrmacht beim Führer und Reichskanzler". Sein Protokoll der Besprechung datiert auf den 10. November 1937. Darin heißt es u.a.:
Der Führer führte sodann aus: Das Ziel der deutschen Politik sei die Sicherung und die Erhaltung der Volksmasse und deren Vermehrung. [...] Die deutsche Volksmasse verfüge über 85 Millionen Menschen, die nach der Anzahl der Menschen und der Geschlossenheit des Siedlungsraumes in Europa einen in sich so fest geschlossenen Rassenkern darstelle, wie er in keinem anderen Land wieder anzutreffen sei, wie er andererseits das Anrecht auf größeren Lebensraum mehr als bei anderen Völkern in sich schlösse. [...] Die einzige, uns vielleicht traumhaft erscheinende Abhilfe läge in der Gewinnung eines größeren Lebensraumes, ein Streben, das zu allen Zeiten die Ursache der Staatenbildung und Völkerbewegung gewesen sei. Dass dieses Streben in Genf und bei den gesättigten Staaten keinem Interesse begegne, sei erklärlich. Wenn die Sicherung unserer Ernährungsgrundlage im Vordergrund stünde, so könne der hierfür nötige Raum nur in Europa gesucht werden, nicht aber ausgehend von liberalistisch-kapitalistischen Auffassungen in der Ausbeutung von Kolonien. [...] Zur Lösung der deutschen Frage könne es nur den Weg der Gewalt geben, dieser niemals risikolos sein. [...] Stelle man an die Spitze der nachfolgenden Ausführungen den Entschluss zur Anwendung von Gewalt unter Risiko, dann bleibe noch die Beantwortung der Fragen „wann und wie". Hierbei seien drei Fälle zu unterscheiden: Fall 1: Zeitpunkt 1943–1945. Nach dieser Zeit sei nur noch eine Veränderung zu unseren Ungunsten zu erwarten. Die Aufrüstung der Armee, Kriegsmarine. Luftwaffe sowie Bildung des Offizierskorps seien annähernd beendet. [...][63]

18.12. In Rom unterzeichnen Deutschland und Italien ein Wirtschaftsabkommen, das auch im Kriegsfall wirtschaftliche Hilfe vorsieht.

Dezember Eine Verhaftungswelle gegen Mitglieder illegaler Gruppen des Internationalen Sozialistischen Kampfbundes (ISK) und anderer linker Gruppierungen beginnt.

Das Jahr 1938

01.01. Das „Gesetz über die jüdischen Kulturvereinigungen" tritt in Kraft. Danach verlieren diese ihre juristische Stellung als „Körperschaft des Öffentlichen Rechts".

12.01. Neue Zulassungsordnungen schließen jüdische Zahnärzte aus den Krankenkassen aus. Auch Dentisten, die „keine Gewähr rückhaltlosen Eintretens für den nationalsozialistischen Staat" bieten, kann die Zulassung entzogen werden.

25.01. Nach neuen „Schutzhaftbestimmungen" können „alle volks- und staatsfeindlichen Personen" sofort inhaftiert und in Konzentrationslager verbracht werden.

04.02. Reichskriegsminister Werner von Blomberg, der am 12. Januar eine (angeblich) nicht standesgemäße Frau geheiratet hat (Göring und Hitler waren Trauzeugen), und der Oberbefehlshaber des Heeres Generaloberst Werner Freiherr von Fritsch, von Himmler und Göring der Homosexualität verdächtigt, scheiden aus ihren Ämtern. Hitler übernimmt den Oberbefehl über die deutsche Wehrmacht. Das Kriegsministerium wird in das Oberkommando der Wehrmacht (OKW) unter Generaloberst Wilhelm Keitel umgewandelt; neuer Oberbefehlshaber des Heeres wird Walther von Brauchitsch.

Joachim von Ribbentrop folgt Konstantin Freiherr von Neurath als Reichsaußenminister nach.

07.02. Walther Funk wird als Nachfolger von Hjalmar Schacht Reichswirtschaftsminister.

12.02. Hitler empfängt den österreichischen Bundeskanzler Kurt Schuschnigg auf dem Obersalzberg. Unter Androhung, andernfalls in Österreich einzumarschieren, fordert Hitler die Anpassung der österreichischen Politik an die deutschen Interessen. Er verlangt eine Amnestie für die in Österreich verurteilten NS-Sympathisanten und die Ernennung des Nationalsozialisten Arthur Seyß-Inquart zum Innen- und Sicherheitsminister. Im „Berchtesgadener Abkommen" sagt Schuschnigg die Aufnahme von Nationalsozialisten in die Regierung zu.

15.02. Einführung eines „Pflichtjahres" für alle ledigen Frauen von 18 bis 25 Jahren in der Land- bzw. Hauswirtschaft als Voraussetzung für eine spätere Berufstätigkeit. Befreit waren nur diejenigen Frauen, die ohnehin in diesen Bereichen arbeiteten.

16.02. Seyß-Inquart wird in dem von Schuschnigg umgebildeten Kabinett österreichischer Innen- und Sicherheitsminister.

21.02. Aus Protest gegen die Appeasement-Politik des britischen Ministerpräsidenten Arthur Neville Chamberlain tritt Außenminister Anthony Eden zurück.

24.02. In Anschluss an eine Rede Schuschniggs vor den Abgeordneten des österreichischen Bundestages kommt es in einigen österreichischen Städten zu nazifreundlichen Kundgebungen. Mit Genehmigung des Bürgermeisters wird auf dem Grazer Rathaus die Hakenkreuzfahne gehisst.

09.03. Der österreichische Bundeskanzler ruft zu einer Volksabstimmung, die über die Frage der Souveränität Österreichs entscheiden soll, auf. Als Termin nennt er den 13. März.

11.03. Hitler erteilt der deutschen Wehrmacht den Einmarschbefehl nach Österreich.

12.03. In den frühen Morgenstunden rücken deutsche Truppen ohne auf Widerstand zu stoßen nach Österreich ein. Schuschnigg tritt (erzwungenermaßen) zurück; Seyß-Inquart übernimmt die Regierungsgeschäfte. Das zwischen den beiden Staaten geschlossene Freundschaftsabkommen (s. Stichtag 11. Juli 1936) ist somit gebrochen.
Auf einer Großkundgebung in Linz verspricht Hitler der jubelnden Menge „den Millionen Deutschen in Österreich die Hilfe des Reiches zur Verfügung zu stellen.

Hitler in Wien
Am Vormittag des 14. März verließ Hitler Linz in Richtung Wien. Bereits seinen Weg bis zur Hauptstadt säumen jubelnde Menschenmassen.
Die Schlagzeile des „Völkischen Beobachters“ für den 15. März lautete: *Triumphaler Einzug des Führers in Wien. Der herrlichste Empfang, der je einem Volksführer bereitet wurde. Adolf Hitler: Ein Volk von Königsberg bis Köln, von Hamburg bis Wien.*[64]
Ein britischer Beobachter kommentierte: *Wenn man sagt, dass die Massen auf der Ringstraße vor Begeisterung wie wahnsinnig waren, als sie Hitler begrüßten, so ist dies alles eher als eine Übertreibung.* Und ein Schweizer Augenzeuge: *[Die] Szenen der Begeisterung, die sich beim Einzug Hitlers abspielten, spotteten jeder Beschreibung.*
Am 15. März sprach Hitler auf dem Wiener Heldenplatz zu einer vor Begeisterung tobenden Menge, die auf etwa eine Viertelmillion geschätzt wurde: Unter tumultuarischem Jubel beendete er seine Rede mit den Worten: *Als der Führer und Kanzler der deutschen Nation und des Deutschen Reiches melde ich vor der Geschichte nunmehr den Eintritt meiner Heimat in das Deutsche Reich.*[65]
Gegner des Nationalsozialismus wurden von den tobenden Massen verprügelt; Raub und Plünderungen waren an der Tagesordnung. Himmler und Heydrich, seit dem 12. März in Wien, veranlassten die erste Verhaftungswelle, bei der zwischen 10000 und 20000 Menschen inhaftiert wurden.

13.03.	Das „Gesetz über die Wiedervereinigung Österreichs mit dem Deutschen Reich" wird von Hitler unterzeichnet. Der österreichische Bundespräsident Wilhelm Miklas tritt zurück.
14.03.	Hitler trifft in Wien ein (s. **Hitler in Wien**).
15.03.	Seyß-Inquart wird zum Reichsstatthalter ernannt. Beginn der Massenauswanderung österreichischer Juden.
24.03.	Die Deutsche Christlichsoziale Volkspartei verlässt die tschechoslowakische Regierung und tritt der Sudetendeutschen Partei unter der Führung von Konrad Henlein bei.
01.04.	Ernst Freiherr von Weizsäcker wird zum Staatssekretär im Auswärtigen Amt ernannt.
10.04.	Bei einer Wahlbeteiligung von 99,59% (im „Altreich") stimmen 99% für den Anschluss Österreichs an das Deutsche Reich. In Österreich votieren rd. 99,7% (Wahlbeteiligung 99,73%) für die Vereinigung.
24.04.	Konrad Henlein fordert auf dem Parteitag der SdP in Karlsbad von der tschechoslowakischen Regierung eine Autonomie und die Gleichberechtigung für die sudetendeutsche Bevölkerung.
26.04.	Göring verfügt eine Anmeldepflicht für alle jüdischen Vermögen über 5000 RM (s. **„Arisierung"**).
04.05.	Carl von Ossietzky[67] (s. Stichtage 23. November und 10. Dezember 1936) stirbt nach seiner Verlegung aus dem Konzentrationslager Papenburg-Esterwegen ins Berliner Krankenhaus Nordend im Alter von 48 Jahren letztlich an den Folgen (Tuberkulose und Hirnhautentzündung) seiner Haftbedingungen.
13.05.	In Linz wird mit dem Bau der „Hermann-Göring-Werke" (Reichswerke Hermann Göring) begonnen.
20.05.	In seiner Funktion als Oberbefehlshaber der Wehrmacht erlässt Hitler die Weisung „Grün".[68] Darin versichert Hitler, dass Deutschland die „Tschechoslowakei [nicht] ohne Herausforderung schon in nächster Zeit durch eine militärische Aktion [...] zerschlagen" wolle (s. Stichtage 24. Juni und 5. November 1937).
21.05.	Die „Nürnberger Rassengesetze" (s. Stichtag 15. September 1935) gelten auch für Österreich.
24.05.	Auf Anordnung Hitlers wird Österreich in sieben Gaue (Kärnten, Nieder- und Oberdonau, Salzburg, Steiermark, Tirol und Wien) gegliedert.
26.05.	Bei Wolfsburg legt Hitler den Grundstein für den Bau des Volkswagenwerkes.
30.05.	In Modifizierung der Weisung „Grün" erklärt Hitler: „Es ist mein unabänderlicher Entschluss, die Tschechoslowakei in ab-

„Arisierung“
Als „Arisierung“ bezeichneten die Nationalsozialisten die Enteignung jüdischen Besitzes und Vermögens zugunsten von Nichtjuden (so genannten Ariern), den direkten Zugriff auf jüdische Vermögen sowie die Einschränkung der Erwerbstätigkeit von Juden. Drei Phasen lassen sich unterscheiden:
Von **1933 bis 1937** wurden vor allem Besitzer von Einzelhandelsgeschäften sowie kleineren und mittleren Betrieben durch inszenierte Boykotte in den Ruin getrieben und so zu „freiwilligen“ Verkäufen unter Wert gezwungen. Aus dem öffentlichen Dienst und den freien Berufen wurden Juden bereits seit 1933 sukzessive ausgeschlossen.
Ab **Anfang 1938** wurde die „Arisierung“ von staatlicher Seite systematisiert: Göring bestimmte, dass jüdische Vermögen, die im Rahmen des „Entjudungsprogramms“ auf Sperrkonten einzufrieren waren, dem Staat zufließen sollten. Ab April unterlagen alle jüdischen Vermögen über 5000 RM der Anmeldepflicht. Die Proforma-Übertragung jüdischer Betriebe, deren Registrierung ab Juni vorgeschrieben war, an nichtjüdische Geschäftspartner, wurde unter Strafe gestellt. Neue Berufsverbote und Zulassungssperren wurden erlassen, bestehende verschärft.
Nach dem **Novemberpogrom** wurde im Dezember die Zwangs„arisierung“ bzw. Stilllegung der restlichen jüdischen Betriebe zum 1. Januar 1939 beschlossen. Wertpapiere und -gegenstände mussten zu festgesetzten Niedrigpreisen bei staatlichen Stellen abgegeben werden. Juden wurde die Ausübung praktisch aller Berufe untersagt; sie verloren bei der Entlassung alle Ansprüche auf Rente, Pension und Versicherungen.[66]

sehbarer Zeit durch eine militärische Operation zu zerschlagen.“

31.05. Ein Gesetz, das die entschädigungslose Enteignung aller „entarteten Kunst“ vorsieht, wird erlassen.

03.06. Die „Privatkanzlei Adolf Hitler“ wird organisatorisch in die „Kanzlei des Führers der NSDAP“ eingegliedert, Martin Bormann (Hauptamtsleiter) als Adjutant Hitlers in den Stab berufen.

Die Nationalsozialisten gestatten dem Psychologen und Arzt Sigmund Freud gegen Zahlung einer „Fluchtsteuer“ in Höhe von 16000 Reichsmark die Ausreise von Wien nach London.

12.06. Rudolf Heß bezeichnet die Tschechoslowakei anlässlich seiner Rede auf dem Gauparteitag in Pommern „als Gefahrenherd für den Frieden Europas“.

14.06. Die dritte Verordnung zum Reichsbürgergesetz (in der Fassung vom 15. September 1935) schreibt die Eintragung aller jüdischen Gewerbebetriebe in ein gesondertes Verzeichnis vor.

18.06. Die Gestapo beendet eine Verhaftungsaktion, in der sie arbeitsfähige Männer, angeblich „Asoziale", festgenommen und in Konzentrationslager verbracht hat. Die Aktion zielte darauf, Arbeitskräfte für die Realisierung des Vierjahresplans zu beschaffen.

20.06. Reichswirtschaftsminister Funk ordnet per Erlass den Ausschluss der Juden von allen Börsengeschäften an.

22.06. Die „Verordnung zur Sicherstellung des Kräftebedarfs für Aufgaben von besonderer staatspolitischer Bedeutung" bietet die Handhabe, jeden Deutschen zu Zwangsarbeiten zu verpflichten. Damit soll vorderhand der Bau des Anfang Juni begonnen Westwalls an der Grenze zu Frankreich vorangetrieben werden.

25.06. Himmler verfügt die Auflösung aller katholischen Studenten- und Altherrenverbände.

30.06. Großbritannien und Deutschland einigen sich auf eine Revision des Flottenabkommens von 1936. Demzufolge wird dem Deutschen Reich der Bau von Schlachtschiffen bis zu einer maximalen Größe von 45000 Tonnen gestattet.

06.07. Das „Gesetz zur Änderung der Gewerbeordnung" untersagt den in Deutschland lebenden Juden die gewerbliche Ausübung von Makler- und Vermittlungstätigkeiten (z.B. Heiratsvermittlung, Auskunfteien etc.).

25.07. Mit der vierten Verordnung zum Reichsbürgergesetz (s. Stichtag 15. September 1935) werden jüdische Ärzte mit einem Berufsverbot belegt.

27.07. Auf Basis einer Verordnung des Reichsinnenministeriums werden sämtliche jüdische Straßennamen in Deutschland umbenannt.

08.08. Auf Beschluss des Kammergerichts Berlin dürfen deutsche Kinder keine „jüdischen" Vornamen (wie beispielsweise Abraham und Esther) tragen.

10.08. Anlässlich eines Treffens mit der Führungsspitze der deutschen Wehrmacht unterstreicht Hitler seine Entschlossenheit, die Tschechoslowakei zu zerschlagen.

17.08. Nach einer Verordnung, die zum 1. Januar 1939 in Kraft tritt, müssen Juden, die keinen vom Innenministerium anerkannten „jüdischen" Namen tragen, den Zusatz „Israel" (für Männer) und „Sara" (für Frauen) annehmen. Die Reisepässe werden (ab dem 5. Oktober) mit einem roten „J" abgestempelt.

05.09. In Nürnberg beginnt der Reichsparteitag „Großdeutschland" der NSDAP.
Der tschechoslowakische Staatspräsident Edvard Beneš konzediert den Sudetendeutschen einen weit reichenden Autonomiestatus.

11.09. Die SdP ruft die Bevölkerung in den sudetendeutschen Gebieten zu Demonstrationen auf. Dabei kommt es zum Teil zu gewaltsamen Auseinandersetzungen mit der Polizei.

12.09. In seiner Abschlussrede auf dem Parteitag kündigt Hitler an, dass er der „Unterdrückung" der „Sudetendeutschen" nicht „in endloser Ruhe" zusehen werde.

13.09. Konrad Henlein (SdP), von Hitler bereits mehrfach zur Verschärfung seiner Forderungen gegenüber Prag aufgefordert, bricht die Verhandlungen mit der tschechoslowakischen Regierung ab. Diese verhängt über die Bezirke des Sudetenlandes das Standrecht (Todesstrafe bei Aufruhr).

15.09. Henlein proklamiert: „Wir wollen heim ins Reich."
Hitler und der britische Premierminister Chamberlain treffen sich in München und beraten (später auch in Berchtesgaden) über die „Lösung" der „Sudetendeutschen Frage".

16.09. Die tschechoslowakische Regierung erklärt die SdP für aufgelöst. Henlein, der tags darauf das „Sudetendeutsche Freikorps" gründet, wird steckbrieflich gesucht.

21.09. Die tschechoslowakische Regierung akzeptiert die von den Regierungen Frankreichs und Großbritanniens unterbreiteten Vorschläge vom 19. September 1935 (Memorandum auf Abtretung des Sudetenlandes an das Deutsche Reich).

22.–24.09. Hitler und Chamberlain konferieren in Bad Godesberg zur „sudetendeutschen Frage" (s. **Goebbels über das Treffen in Bad Godesberg**).

27.09. Den Juden wird die Tätigkeit als Rechtsanwalt durch die fünfte Verordnung zum Reichsbürgergesetz (s. Stichtag 15. September 1935) untersagt.

28.09. Die von hohen Offizieren um Generaloberst Beck geplante Verhaftung Hitlers findet wegen der Münchener Konferenz nicht statt.

29.–30.09. Auf der Münchener Konferenz vereinbaren Chamberlain, Daladier, Mussolini und Hitler die Abtretung der sudetendeutschen Gebiete an das Deutsche Reich. Danach fallen rd. 29 000 km^2, auf denen rd. 3,7 Mio. Menschen leben, an Deutschland.

01.10. Hitler ernennt Henlein zum Reichskommissar für die sudeten-

Goebbels über das Treffen in Bad Godesberg
[...] Der Führer will Chamberlain seine klaren Forderungen unumwunden vorlegen und sich nichts dann [!] abhandeln lassen. Ob er sich zum Sachwalter Polens und Ungarn macht, steht noch nicht fest. [...] Um 4h nachmittags beginnt die Unterredung des Führers mit Chamberlain. Sie dauert bis abends nach 7h . Der Führer geht genauso vor, wie er beabsichtigte. Die Karte mit seiner Demarkationslinie erregt bei Chamberlain einiges Entsetzen. Aber er fasst sich dann schnell, als der Führer ihn erklärt, dass eine Grenze nach Anwendung von Gewalt strategischer Art sei und wesentlich anders aussehen würde. Unterdes rollt unsere Mobilmachung weiter. Chamberlain ist schon zufrieden, dass wenigstens nicht sofort Gewalt angewendet wird. Auf die Garantieforderung für die Rumpftschechei geht der Führer gar nicht ein. Er lehnt das ab in Hinblick auf Polen und Ungarn. [...] Am 28. September ist bei uns alles fertig zum militärischen Eingreifen. Bis dahin muss die Lösung da sein, so oder so. Jetzt geht es darum nachzustoßen. Denn was fällt, das soll man ja noch stoßen. Bis jetzt ist die Sache gut angelaufen. [...][69]

deutschen Gebiete. Gleichzeitig rückt die deutsche Wehrmacht in die dem Deutschen Reich übertragenen Gebiete (zunächst nur Zone 1) ein.

Jüdische Ärzte verlieren ihre Approbation. Sie werden aus den Ärzteregistern gestrichen und dürfen nur noch – bis auf Widerruf – jüdische Bevölkerungsschichten behandeln.

21.10. Hitler gibt den Geheimbefehl, die „Erledigung der Rest-Tschechei“ vorzubereiten.

27.10. Rund 17000 Juden polnischer Staatsangehörigkeit werden verhaftet und nach Polen deportiert.[70]

31.10. Aufgrund der sechsten Verordnung zum Reichsbürgergesetz dürfen Juden den Beruf des Patentanwaltes nicht mehr ausüben.

09.–10.11. ***Reichspogromnacht***: Am 7. November verübt der 17-jährige Jude Herschel Grynszpan[71] in Paris ein Attentat auf den deutschen Legationssekretär Ernst vom Rath. Dessen Tod am 9. November nimmt Goebbels zum Anlass, einen Pogrom gegen die Juden in Deutschland zu initiieren.[72]

12.11. Die Reichsregierung beschließt den völligen Ausschluss der Juden aus dem Wirtschaftsleben (s. „Das Jahr 1938“, Kasten „Arisierung“) und eine weitere Beschränkung ihres Alltagslebens. Unter dem Vorwand der Wiedergutmachung für den

Reichspogromnacht
Der Novemberpogrom (euphemistisch „Reichskristallnacht") war der Höhepunkt der Angriffe auf Juden in Deutschland und Österreich nach dem Anschluss Österreichs im März 1938. In einer „Besprechung über die Judenfrage" am 12. November sprach Heydrich von 101 durch Brandstiftung zerstörte Synagogen, von 76 demolierten Synagogen und rd. 7500 schwer beschädigten und zerstörten Geschäften.[73] Nach offiziellen Angaben wurden 91 Personen getötet. SS und Gestapo organisierten die Verschleppung von etwa 25 000 jüdischen Männern und Jugendlichen in die Konzentrationslager Buchenwald, Dachau und Sachsenhausen.
Am 10. November verbot das Reichspropagandaministerium dem plündernden und randalierenden Mob aus außenpolitischen und vor allem ökonomischen Erwägungen weitere Aktionen. Außenpolitisch wollte man offensichtlich eine Schadensbegrenzung erreichen (viele ausländische Medien reagierten entsetzt auf den Pogrom; die USA zogen ihren Botschafter aus Berlin ab); ökonomisch war die Zerstörung jüdischen Eigentums und Besitzes nicht im Sinne der nationalsozialistischen Führung, da volkswirtschaftlich nutzbare Werte sinnlos vernichtet wurden. Göring kommentierte am 12. November: *Mir wäre lieber gewesen, ihr hättet 200 Juden erschlagen und nicht solche Werte vernichtet.*[74]

Mord an vom Rath wird ihnen durch Verordnung des Bevollmächtigten für den Vierjahresplan (Hermann Göring) eine „Sühneleistung" von rd. 1 Milliarde Reichsmark auferlegt.
Die Reichskulturkammer (Präsident dieser NS-Organisation ist Goebbels) untersagt den deutschen Juden den Besuch von Theatern, Kinos, Konzerten etc.

14.11. Juden werden auf Anordnung von Reichserziehungsminister Bernhard Rust von dem Besuch deutscher Schulen und Hochschulen ausgeschlossen.

16.11. Per Erlass verbietet Hitler den Juden das Tragen von militärischen Uniformen.

23.11. Die Nürnberger Gesetze von 1935 werden in Danzig eingeführt.

28.11. Die Bewegungsfreiheit (räumlich und zeitlich) der Juden im Deutschen Reich wird per Polizeiverordnung stark eingeschränkt.

03.12. Himmler erlässt eine „Verordnung über die Entziehung der Fahrerlaubnis für deutsche Juden".

04.12. Auf Erlass Hitlers finden in den sudetendeutschen Gebieten Wahlen zum Großdeutschen Reichstag statt.

06.12. Bei ihrem Zusammentreffen in Paris unterzeichnen die Außenminister Frankreichs und Deutschlands eine Nichtangriffserklärung.

08.12. Himmler ordnet die systematische Erfassung und erkennungsdienstliche Behandlung aller „Zigeuner“ im Reichsgebiet an.

14.12. Der Sicherheitsdienst (SD) der SS unter der Leitung von Reinhard Heydrich wird zum alleinigen (politischen) Nachrichtendienst der NSDAP bestimmt.

22.12. An den Hochschulen in Prag und Brünn wird den jüdischen Hochschullehrern die Lehrtätigkeit untersagt. Auch an anderen deutschen Universitäten und Hochschulen müssen jüdische Lehrer ihre Tätigkeit aufgeben.

31.12. Die katholische Tageszeitung „Germania“ erscheint zum letzten Mal.

Das Jahr 1939

01.01. Die von Reichsinnenminister Wilhelm Frick erlassenen Verordnungen (s. Stichtage 17. August und 12. November 1938) treten in Kraft.

03.01. Das Reichswirtschaftsministerium untersagt die Zulassung von Juden zu Prüfungen, die von den Industrie-, Handels- und Handwerkskammern abgenommen werden.

07.01. Schacht und weitere Direktoriumsmitglieder kritisieren in einer Denkschrift an Hitler das Aufrüstungsprogramm wegen der damit verbundenen drohenden Inflationsgefahr.

19.01. Reichswirtschaftsminister Walther Funk folgt Schacht, der als Reichsbankpräsident entlassen wurde, in diesem Amt nach.

30.01. Hitler kündigt vor dem Großdeutschen Reichstag die „Vernichtung der jüdischen Rasse in Europa“ im Falle eines Weltkrieges an.

10.02. Papst Pius XI. stirbt im Alter von 82 Jahren in Rom.

21.02. Juden müssen Edelmetalle und Schmuck abliefern.

27.02. Einen Monat nachdem die faschistischen Truppen Barcelona eingenommen haben (26.1.) und nach der Flucht des republikanischen Präsidenten anerkennen Großbritannien und Frankreich die Regierung Franco.

15.03. Deutsche Truppen rücken in die ČSR ein und erreichen ohne Widerstand Prag. Am folgenden Tag ruft Hitler das „Reichsprotektorat Böhmen und Mähren“ aus.

17.03. Mit seiner Rede in Birmingham beendet der britische Premierminister Chamberlain seine Appeasementpolitik.

21.03. Deutschland fordert die Rückgabe Danzigs und des Korridors von Polen.

23.03. Deutsche Truppen marschieren in das unter litauischer Verwaltung stehende Memelgebiet ein und erzwingen die „Rückgliederung“ an das Deutsche Reich.

31.03. Großbritannien und Frankreich geben eine „Garantieerklärung“ für Polen, Griechenland, Rumänien (13.4.) und die Türkei (12.5.) ab.

03.04. Hitler befiehlt die Vorbereitung eines Angriffskrieges gegen Polen. Der Angriff auf Polen („Fall Weiß“) soll „ab dem 1. September jederzeit möglich sein“.

28.04. Deutschland kündigt das deutsch-britische Flottenbegrenzungsabkommen und den deutsch-polnischen Nichtangriffspakt.

30.04. Das „Gesetz über die Mietverhältnisse der Juden“ erlaubt die Räumung und lässt eine Zusammenlegung von Juden (in so genannten Judenhäusern) zu.

02.05. Der „Völkische Beobachter“ veröffentlicht Zahlen über die jüdische Bevölkerung im ehemaligen Österreich. Von den rd. 180 000 österreichischen Juden sind seit dem Anschluss mehr als 100 000 emigriert – insbesondere in die USA und nach Palästina.

Nach Schätzungen des „Jüdischen Zentralausschusses für Hilfe und Aufbau“ emigrierten in der Zeit von 1933 bis 1941 aus Deutschland zwischen 257 000 und 273 000 Juden, also etwa die Hälfte der jüdischen Bevölkerung.[75] Die Gesamtzahl deutschsprachiger jüdischer Emigranten aus Mittel- und Südosteuropa wird auf 450 000 bis 600 000 geschätzt.[76]

19.05. Polen und Frankreich schließen einen geheimen Beistandspakt.

20.05. In Moskau trifft sich der deutsche Botschafter Graf von der Schulenburg mit dem sowjetischen Außenminister Molotow. Im Mittelpunkt dieser Gespräche stehen sowohl der Ausbau von wirtschaftlichen als auch die generelle Verbesserung der politischen Beziehungen zwischen beiden Ländern.

22.05. In Berlin unterzeichnen der italienische Außenminister Galeazzo Ciano, Conte di Cortellazzo, und sein deutscher Amtskollege Joachim von Ribbentrop den so genannten Stahlpakt. In diesem Vertragswerk sichern sich beide Mächte militärischen Beistand im Falle eines Krieges sowie Zusammenarbeit auf militärischem und kriegswirtschaftlichem Gebiet zu. Um Mussolini, der wegen der deutschen Politik gegenüber Polen und der Einschätzung, Italien sei erst ab 1943 kriegsbereit, mit dem Abschluss zögerte, zur Zustimmung zu bewegen, wird Italien die Unverletzlichkeit der Brennergrenze sowie freie Hand in Albanien zugesichert; darüber hinaus lässt Hitler Mussolini über den bevorstehenden Angriff auf Polen im Unklaren.

23.05. Hitler erläutert den Oberbefehlshabern und weiteren hohen Militärs der deutschen Wehrmacht seine Pläne für den bevorstehenden Krieg (zunächst gegen Polen). Kriegsziel ist die schnelle Niederwerfung der polnischen Armee (Isolierung von den Verbündeten zwecks Vermeidung eines Zwei-Fronten-Krieges) und die Ausweitung des „deutschen Lebensraums" nach Osten.

26.05. Großbritannien und Frankreich bieten der UdSSR einen Pakt gegen Hitler an.

31.05. Deutschland und Dänemark schließen einen Nichtangriffspakt ab.

06. 06. Für die „Legion Condor", die zusammen mit italienischen Verbänden Franco im Spanischen Bürgerkrieg unterstützt hat, findet in Berlin eine Siegesparade statt. Damit wird auch für die breite Öffentlichkeit der zunächst geheim gehaltene Einsatz dieser Kampftruppe bekannt.

07.06. Deutschland schließt Nichtangriffsabkommen mit Estland und Lettland ab.

15.06. Die Reichsbank wird Hitlers direkter Kontrolle unterstellt.

21.06. Bereits nach der Okkupation der Tschechoslowakei beginnen die Nazis mit der systematischen Judenverfolgung. Der Reichsprotektor Konstantin Freiherr von Neurath ordnet die „Entjudung" der Wirtschaft an und entzieht damit der jüdischen Bevölkerung die wirtschaftliche Grundlage. Zunächst sind alle ökonomischen Aktivitäten der Juden melde- und überprüfungspflichtig.

04.07. Alle noch bestehenden jüdischen Organisationen und Gemeinden werden auf dem Verordnungswege (die 10. Verordnung zum Reichsbürgergesetz vom 15. September 1935) in der „Reichsvereinigung der Juden in Deutschland" zusammengeschlossen und der Weisungsbefugnis des Reichsinnenministers unterstellt.

24.07. Großbritannien, Frankreich und die UdSSR einigen sich auf einen Beistandspakt, der auch für die baltischen Staaten gelten soll.

02.08. Der Physiker Albert Einstein und andere Wissenschaftler unterzeichnen ein an den amerikanischen Präsidenten Franklin D. Roosevelt gerichtetes Memorandum, das auf die Möglichkeit des Baus einer deutschen Atombombe hinweist. Die Unterzeichner beziehen sich auf den von Otto Hahn und Fritz Straßmann im Jahre 1938 erfolgreich durchgeführten Versuch der Kernspaltung (Spaltung von Urankernen).

21.08. Da Polen sich weigert, der UdSSR im Falle eines Krieges ein Durchmarschrecht zuzugestehen, enden die britisch-sowjetischen Verhandlungen über eine Militärallianz ergebnislos.

22.08. Vor der Führungselite der deutschen Wehrmacht bekräftigt Hitler auf dem Berghof bei Berchtesgaden seine Absicht, Polen anzugreifen. Er selbst rechnet nicht mit einem Eingreifen Großbritanniens und Frankreichs.

23.08. Außenminister von Ribbentrop und Molotow unterzeichnen in Moskau einen deutsch-sowjetischen Nichtangriffspakt (Hitler-Stalin-Pakt); in einem geheimen Zusatzabkommen sind die Interessensphären in Mittel- und Osteuropa festgeschrieben. Er wird am 31. August vom Obersten Sowjet in Moskau ratifiziert.[77]

25.08. Großbritannien und Polen unterzeichnen einen Bündnisvertrag.

29.08. Ein Vermittlungsversuch Großbritanniens in der Danzig-Frage scheitert, da Hitler an seiner Kriegsabsicht festhält.

31.08. Angehörige der SS und des SD unter Führung von Alfred Helmut Naujocks überfallen, gekleidet in polnische Uniformen, den Reichssender Gleiwitz. Sie verlesen eine Botschaft in polnischer Sprache in der sie behaupten, der Sender befände sich in polnischer Hand (s. **Naujocks zum Überfall auf den Sender Gleiwitz**).

Naujocks zum Überfall auf den Sender Gleiwitz

Im Nürnberger Prozess sagt Najocks am 20. November 1945 zu diesem Überfall aus:

Ungefähr am 10. August 1939 befahl mir Heydrich, der Chef der Sipo und des SD, persönlich einen Anschlag auf die Radiostation bei Gleiwitz in der Nähe der polnischen Grenze vorzutäuschen und es so erscheinen zu lassen, als wären Polen die Angreifer gewesen. Heydrich sagte: Ein tatsächlicher Beweis für polnische Übergriffe ist für die Auslandspresse und für die deutsche Propaganda nötig. Mir wurde befohlen, mit fünf oder sechs anderen SD-Männern nach Gleiwitz zu fahren, bis ich das Schlüsselwort von Heydrich erhielt, dass der Anschlag zu unternehmen sei. Mein Befehl lautete, mich der Radiostation zu bemächtigen und sie solange zu halten, als nötig ist, um einem polnisch sprechenden Deutschen die Möglichkeit zu geben, eine polnische Ansprache über das Radio zu halten. Dieser polnisch sprechende Deutsche wurde mir zur Verfügung gestellt.[78]

3. Der Zweite Weltkrieg: Deutscher Vernichtungskrieg in Europa und japanische Expansion in Südostasien

Das Jahr 1939

01.09.	Gegen 4.45 h greift das deutsche Schulschiff „Schleswig-Holstein" polnische Munitionslager auf der Westerplatte an. Damit beginnt der Zweite Weltkrieg.[79] Die Abgeordneten des Deutschen Reichstages billigen den Anschluss Danzigs an das Deutsche Reich. Die Regierungen Großbritanniens und Frankreichs fordern Deutschland zum Rückzug seiner Truppen aus Polen auf. Gleichzeitig beginnt im Vereinigten Königreich die Mobilmachung. Ein geheimer „Führererlass" (im Oktober auf den 1. September rückdatiert) ordnet an, das **„Euthanasieprogramm"** auf das gesamte Reichsgebiet auszudehnen (**„Aktion T 4"**).
02.09.	Die französische Regierung beschließt die Mobilmachung. Mussolini schlägt in einer Note an die deutsche Reichsregierung einen sofortigen Waffenstillstand vor. Der Großindustrielle Fritz Thyssen , der ab 1931 Mitglied der NSDAP und einer ihrer bedeutendsten Förderer war (s. Stichtag 18. Juli 1933), begann sich von den Nationalsozialisten nach der Reichspogromnacht und vor dem Hintergrund der Kriegspolitik zu distanzieren; er flieht mit seiner Frau in die Schweiz.
03.09.	Großbritannien und Frankreich erklären Deutschland den Krieg.
04./05.09.	In Deutschland werden scharfe Strafverordnungen gegen Kriegswirtschaftsvergehen und Kriegskriminalität erlassen.
17.09.	Die sowjetische Armee marschiert in Ostpolen ein. Nur einen Tag später treffen sich deutsche und sowjetische Truppen.
20.09.	Juden wird der Besitz von Rundfunkempfängern verboten.
21.09.	Heydrich gibt Anweisungen an die Kommandeure der so genannten **Einsatzgruppen**, die u. a. die Konzentration der Juden in Gettos und die Bildung von „Judenräten" vorsehen.
23.09.	Das Oberkommando der deutschen Wehrmacht (OKW) gibt das Ende des „Polenfeldzuges" bekannt. Nach schweren Luftangriffen kapitulieren die polnischen Truppen in Warschau vier Tage später. Die deutschen Truppen ziehen sich auf die zwischen der Sowjetunion und Deutschland vereinbarten Linie

„Euthanasieprogramm“

Die Nationalsozialisten ließen keinerlei Zweifel daran, was sie sich unter „Rassenhygiene“ und „Volksgesundheit“ – beides Begriffe, die schon in der Debatte vor 1933 eine Rolle gespielt hatten – vorstellten: Sie wollten ein „Herrenvolk“ schaffen, indem sie den Nachwuchs von Angehörigen der „Volksgemeinschaft“, die als „rassisch wertvoll“ und gesund betrachtet wurden, systematisch förderten und zugleich auf die „Eliminierung der Fremdrassigen“, der geistig und chronisch Kranken, der „Asozialen“, „Arbeitsscheuen“ und „Gewohnheitsverbrecher“ zielten.

Bereits am 1. Januar 1934 trat das „Gesetz zur Verhütung erbkranken Nachwuchses“ in Kraft. Ende 1938 erteilte Hitler Anweisung, behinderte Kinder zu töten. Im August 1939 wurde die erste Meldepflicht für geistig und körperlich behinderte Kinder eingeführt. Bis 1945 wurden etwa 100 000 Meldungen registriert und zwischen 5000 und 8000 Kinder in Heil- und Pflegeanstalten ermordet.

„Aktion T 4“

Im Oktober 1939 (rückdatiert auf den 1. September) befahl Hitler, die „Euthanasie-Aktion“ auf das gesamte Reichsgebiet auszudehnen. Bis Ende 1940 wurden 26 459 Menschen, in den ersten acht Monaten des Jahres 1941 weitere 35 049 ermordet (zunächst vergiftet, dann vergast). Als im Laufe des Jahres 1940 die Massentötungen bekannt wurden, kam vereinzelt und verhalten Kritik auf. So predigte bspw. der Münsteraner Bischof Clemens August Graf von Galen im Sommer 1941 gegen die Euthanasie. Das Programm wurde offiziell beendet, die Ermordungen indes fortgesetzt.

Während des Luftkrieges 1943/44 kam es zu weiteren organisierten Massentötungen von Kranken und Pflegebedürftigen.

Die Zahl der Opfer der NS-Euthanasieprogramme kann nicht präzise rekonstruiert werden. Bei den Nürnberger Prozessen wurde sie auf 275 000 geschätzt.[80]

zurück. Am 6. Oktober ergeben sich die letzten polnischen Truppenverbände bei Lublin der Wehrmacht.

27.09. SD-Hauptamt und SiPo-Hauptamt werden zum Reichssicherheitshauptamt (RSHA) zusammengeschlossen: Es bildet fortan die Zentrale für alle Terror- und Repressionsmaßnahmen. Ihr ist auch die „Reichszentrale für jüdische Auswanderung“ untergeordnet.

28.09. Ein Grenz- und Freundschaftsvertrag zwischen Deutschland und der Sowjetunion regelt die Interessensphären beider Länder; ein polnischer Staat besteht nicht mehr.

Einsatzgruppen
Die Einsatzgruppen der Sicherheitspolizei und des Sicherheitsdienstes, die großteils von SS-Führern und SS-Mitgliedern gebildet wurden, wüteten als mobile Mordkommandos vor allem während des Zweiten Weltkrieges in den von Deutschland annektierten und besetzten Gebieten. Nach einer Richtlinie von 1939 hatten sie „alle [...] reichs- und deutschfeindlichen Elemente im Feindesland rückwärts der fechtenden Truppe [zu bekämpfen]". In Polen wurden sie 1939 zur Ermordung der polnischen Intellektuellen eingesetzt, darüber hinaus waren sie für die Massaker an Juden verantwortlich. In der Sowjetunion waren sie insbesondere für die Ermordung der Juden zuständig, darüber hinaus für den Mord an Kriegsgefangenen („Kommandobefehl", s. Stichtag 18. Oktober 1942), Sinti und Roma, „Geisteskranken" und (vermeintlich) „bandenverdächtigen" Zivilisten. Sie arbeiteten eng mit der Wehrmacht zusammen; frontnahe Sonderkommandos unterstanden zeitweise deren genauer Steuerung. Als die Wehrmacht sich im Frühjahr 1943 aus sowjetischem Territorium zurückzuziehen begann, hatten die Einsatzkommandos 1,25 Millionen Juden und Hunderttausende anderer sowjetischer Staatsangehöriger ermordet.[81]

30.09. In Paris konstituiert sich eine polnische Exilregierung, die von den Westmächten anerkannt wird.

05.10. Die UdSSR und Lettland schließen einen Beistandspakt, der der UdSSR die Stationierung von Truppen einräumt und der Zugang zu zwei lettischen Häfen gestattet.

8.10. Per Erlass gliedert Hitler die westpolnischen Gebiete als Reichsgaue Westpreußen und Posen (ab 2. November Danzig-Westpreußen) in das Reich ein; Kattowitz kommt an Schlesien, das Gebiet um Ciechanów an Ostpreußen (der Erlass tritt am 26. Oktober in Kraft).

10.10. Abschluss eines Beistandspaktes zwischen der UdSSR und Litauen.

12.10. Erlass zur Errichtung eines „Generalgouvernements für die besetzten polnischen Gebiete" unter Leitung von Hans Frank.

Erste Deportationen von Juden aus Österreich und dem „Protektorat Böhmen und Mähren" nach Polen.

04.11. Mit dem Cash-and-carry-Act weichen die USA von ihren Neutralitätsbestimmungen ab und ermöglichen den Westmächten den Kauf von Waffen.

08.11. Ein Attentatsversuch des Schreiners Georg Elser im Münchener

„Bürgerbräukeller“ auf Hitler misslingt, da dieser den Versammlungsort früher als vorgesehen verlässt.

23.11. Für die Juden in Polen wird das Tragen des „Gelben Sterns“ zur Pflicht. Das „Generalgouvernement“ soll verstärkt Juden aus den besetzten oder annektierten Gebieten aufnehmen.

29.11. Der erste Ministerpräsident und spätere Reichskanzler der Weimarer Republik Philipp Scheidemann stirbt im Alter von 74 Jahren in Kopenhagen.

30.11. Die Sowjetunion greift das neutrale Finnland an (Armeeoffensive und Luftangriffe auf Helsinki).

Dez. Erste Massendeportationen (rd. 150000 Menschen) von Polen und Juden aus dem Reichsgau Posen in das „Generalgouvernement“.

11.12. Zahlreiche Kaiser-Wilhelm-Institute werden zu wehrwichtigen Betrieben erklärt.

14.12. Der Völkerbund erklärt die Sowjetunion zum Angreifer im finnisch-sowjetischen Winterkrieg und schließt sie aus dem Völkerbund aus.

16.12. Die Regierung Uruguays gestattet dem deutschen Panzerschiff „Admiral Graf Spee“ keinen längeren Aufenthalt im Hafen von Montevideo. Die „Graf Spee“ war wenige Tage zuvor von britischen Kriegsschiffen vor der Mündung des Rio de la Plata gestellt und in einem Feuergefecht schwer beschädigt worden. Am 17. Dezember versenkt sich das deutsche Panzerschiff selbst außerhalb der uruguayischen Hoheitsgewässer. Der Kommandant begeht am 20. Dezember in Buenos Aires Selbstmord.

20.12. Zur Erfüllung des Vierjahresplans ist der Arbeitseinsatz von 1,5 Millionen Polen in Deutschland vorgesehen.

Das Jahr 1940

01.01. In seiner Neujahrsansprache stellt Goebbels Deutschland als eine wiedererstarkte Großmacht dar.

Studenten werden in den ersten drei Semestern zu einem kriegswirtschaftlichen Zwangsdienst verpflichtet.

04.01. Die polnische Exilregierung schließt mit Frankreich ein Abkommen, das die Aufstellung polnischer Truppen in Frankreich vorsieht.

Hermann Göring wird zum Leiter der Kriegswirtschaft ernannt.

10.01.	Die Royal Air Force greift den Luftwaffenstützpunkt Sylt an. Hitler setzt den Beginn der deutschen Westoffensive auf den 17. Januar fest. Infolge der Notlandung eines deutschen Flugzeuges in Belgien erhalten die Alliierten Kenntnis von Teilen des deutschen Angriffsplanes. Am 16. Januar verschiebt Hitler den Beginn der Westoffensive auf das Frühjahr.
23.01.	Nach einer Anordnung des Reichswirtschaftsministeriums dürfen Juden in Deutschland keine Schuhe, kein Leder und keine Spinnstoffe mehr beziehen. Die Lebensmittelkarten werden mit einem „J" gekennzeichnet.
26.01.	Im Generalgouvernement (den besetzten Gebieten Polens) wird Juden die Benutzung der Eisenbahn verboten. Die zwischen der sowjetischen und der deutschen Regierung vereinbarte Umsiedlung aller Deutschen aus dem sowjetisch besetzten Polen in das Deutsche Reich wird abgeschlossen.
29.01.	Alfred Rosenberg (Reichsleiter der NSDAP) wird per Führererlass mit der Organisation zur Gründung der „Hohen Schule" für nationalsozialistische Forschung, Lehre und Erziehung beauftragt.
11.02.	Ein deutsch-sowjetisches Wirtschaftsabkommen sieht die Lieferung kriegswichtiger Rohstoffe an das Deutsche Reich vor; im Gegenzug dazu soll die UdSSR vorrangig militärische Ausrüstung und Industriegüter erhalten. Bereits im Sommer 1940 befindet sich das Deutsche Reich in erheblichem Lieferrückstand, sodass die UdSSR ihre Vorleistungen verringert.
12.02.	Aus dem Gebiet des Deutschen Reiches finden die ersten größeren Deportationen von Juden nach Polen statt. Mehr als 6000 werden im Raum von Lublin „angesiedelt". Hitler lässt diese Region als „Judenreservat" ausweisen. Die Deportationen dauern bis zum 15. Februar.
29.02.	Die britische Regierung teilt das Mandatsgebiet Palästina in drei Zonen auf und begrenzt die Siedlungsrechte für Juden und Araber. Jüdische Siedler können demnach nur in der Zone zwischen Haifa und Jaffa uneingeschränkt Land erwerben.
08.03.	Der US-Botschafter Joseph Kennedy spricht sich in London für eine Isolationspolitik der USA gegenüber den Krieg führenden Mächten aus. Kennedy gerät damit in Widerspruch zum amtierenden US-Präsidenten Franklin D. Roosevelt,[82] der die Interventionsbereitschaft seines Landes nicht ausschließt. Noch im Laufe des Jahres verliert Kennedy seinen Botschafterposten in Großbritannien.

Die so genannten Polenerlasse untersagen im Deutschen Reich tätigen polnischen Arbeitern den Kontakt zu Deutschen.

12.03. In Moskau wird der finnisch-sowjetische Friedensvertrag unterzeichnet, nach dem Finnland umfangreiche Gebiete an die Sowjetunion abtreten muss.

17.03. Fritz Todt wird Reichsminister für Bewaffnung und Munition und beginnt im Einvernehmen mit der Wirtschaft mit dem Aufbau einer neuen Rüstungsorganisation.

07.04. Die Operation „Weserübung" beginnt. Größere deutsche Flottenverbände laufen in Richtung Dänemark und Norwegen aus. Trotz des Nichtangriffspaktes zwischen Dänemark und dem Deutschen Reich und einer Neutralitätserklärung des dänischen Königs Christian X. besetzen deutsche Truppen am 9. April Dänemark kampflos. Norwegische Streitkräfte leisten den Deutschen zunächst noch Widerstand. Der Führer der faschistischen Partei (Nasjonal Samlin), Vidkun Quisling, bildet in Oslo eine deutschfreundliche Regierung, die aber weder vom norwegischen Parlament noch vom König (Håkon VII.) als rechtmäßig anerkannt wird.

15.04. Auf Anweisung von Reichsinnenminister Wilhelm Frick müssen die in den Heil- und Pflegeanstalten untergebrachten Juden dem Innenministerium gemeldet werden.

20.04. Entsprechend einem Geheimerlass des Oberkommandos der deutschen Wehrmacht sind alle jüdischen Mischlinge und Ehemänner jüdischer Frauen aus der Wehrmacht zu entlassen.

24.04. Hitler ernennt den Gauleiter von Essen, Josef Terboven, zum Reichskommissar für das besetzte Norwegen.

27.04. Heinrich Himmler ordnet die Errichtung eines Konzentrationslagers nahe der polnischen Stadt Oświęcim (unweit von Krakau) an. Von den Deutschen wird dieses KZ Auschwitz genannt.

30.04. In Łódz wird von den deutschen „Sicherungsbehörden" ein ganzes Areal abgeriegelt und zum „jüdischen Wohnbezirk" erklärt. So entsteht ein Getto,[83] in ihm leben unter menschenunwürdigen Bedingungen und Verhältnissen mehr als 160000 Menschen.

01.05. Rudolf Höß[84] übernimmt die Lagerleitung des Konzentrations- und Vernichtungslagers Auschwitz.

05.05. In London bildet sich eine norwegische Exilregierung.

09.05. Britische Truppen besetzen Island, das von strategischer Bedeutung für die Sicherung der alliierten Transportwege auf der Atlantikroute ist.

Die Reichsregierung verhängt eine generelle Ausgangsbeschränkung für die in Deutschland lebenden Juden. Demnach dürfen Juden von April bis September zwischen 21 und 5 Uhr und von Oktober bis März zwischen 20 und 6 Uhr nicht mehr auf die Straßen.

10.05. Unter Verletzung der Neutralität der Niederlande, Belgiens und Luxemburg beginnt um 5.35 h die deutsche Offensive im Westen. Am 15. Mai kapitulieren die Niederlande, Belgien folgt am 28.; deutsche Verbände stoßen im weiteren Verlauf bis zur Atlantikküste vor.

In Großbritannien tritt die Regierung unter dem Premierminister Arthur Neville Chamberlain[85] zurück. Neuer Premierminister wird Winston S. Churchill[86], der eine Allparteienregierung bildet.

18.05. Die im Versailler Vertrag an Belgien abgetretenen Gebiete Eupen, Malmedy und Moresnet werden in das Deutsche Reich eingegliedert.

27.05. Vor den heranrückenden deutschen Truppen zieht sich das britische Expeditionskorps vom Kontinent zurück. Die Operation „Dynamo" beginnt mit den Einschiffungen in Dünkirchen und endet am 4. Juni.[87]

28.05. Der belgische König Leopold III. erklärt die Kapitulation Belgiens. Während die belgische Regierung unter dem Ministerpräsidenten Hubert Graf Pierlot nach London ins Exil geht, begibt sich der König in deutsche Kriegsgefangenschaft.

29.05. Arthur Seyß-Inquart tritt sein Amt als Reichskommissar der Niederlande an.

30.05. Mussolini teilt Hitler mit, dass Italien in den Krieg eintreten werde.

31.05. Mit der Aufmarschstrategie „Rot" beginnt die zweite Phase des Krieges in Westeuropa.

05.06. Die deutschen Truppen durchbrechen die französischen Verteidigungslinien südlich der Somme. Damit geht der Westfeldzug in seine letzte (entscheidende) Phase. General Charles de Gaulle wird von der französischen Regierung ins Kriegsministerium berufen.

06.06. Das Wirtschaftsministerium erhält die Vollmacht, Rationierungen von Lebensmitteln und Konsumgütern zu veranlassen.

10.06. Der Kriegseintritt Italiens erfolgt mit den Kriegserklärungen an Frankreich und Großbritannien.

Der norwegische Widerstand gegen die deutsche Besetzung

bricht zusammen. Auf Anweisung des norwegischen Königs Håkon VII. kapitulieren die norwegischen Truppen.

14.06. Deutsche Truppen besetzen kampflos Paris.
Die ersten Gefangenen – 700 deportierte Juden aus Krakau – treffen in Auschwitz[88] ein.

17.06. Der französische Regierungschef Marschall Pétain bittet das Deutsche Reich und Italien um einen Waffenstillstand.[89]

18.06. In London gründet General de Gaulle das „Nationalkomitee Freies Frankreich" und ruft zum Widerstand gegen die deutsche Besatzung auf.

22.06. Deutsch-französischer Waffenstillstand: Unterzeichnet wird das Abkommen in dem Salonwagen im Wald von Compiègne, in dem die deutsche Kapitulationsurkunde des Ersten Weltkrieges unterschrieben wurde. Frankreich wird zunächst geteilt: Den Norden – Kanal- und Atlantikküste bis zur Loire – besetzen die Deutschen; die kollaborierende französische Regierung unter Henri Philippe Pétain hat ihren Sitz in Vichy.

28.06. Großbritannien erkennt das „Nationalkomitee Freies Frankreich" als Exilregierung an.

Juni/Aug. Die Deutschlandabteilung des Auswärtigen Amtes stellt Überlegungen an, die europäischen Juden nach Madagaskar zu deportieren.

Juli Einzelne evangelische Bischöfe protestieren gegen das Euthanasieprogramm (s. „Das Jahr 1939", Kasten „Euthanasieprogramm").

03.07. Ein britischer Kampfverband greift das französisch-algerische Flottengeschwader an. Bei diesem Angriff werden das Schlachtschiff „Bretagne" versenkt und weitere drei Kriegsschiffe schwer beschädigt. Die Vichy-Regierung bricht aufgrund dieses Vorfalles am folgenden Tag ihre Beziehungen zu Großbritannien ab.

10.07. Beginn der „Luftschlacht um England".[90]

29.07. Die Deutsche Reichspost kündigt Juden die Telefonanschlüsse.

01.08. Mit der „Weisung Nr. 17" ordnet Hitler die Vorbereitungen zur Führung eines Luft- und Seekrieges gegen das Vereinigte Königreich an.

02.08. Unmittelbar Hitler unterstellte Zivilbehörden übernehmen die Verwaltung im Elsass, in Lothringen und in Luxemburg (1942 dem Deutschen Reich einverleibt).

09.08. Reichswirtschaftsminister Walther Funk untersagt Juden jeglichen Besitz von Vermögen.

13.09. Italienische Truppen greifen das Königreich Ägypten an; sie wurden jedoch von britischen Kräften weit in das libysche Territorium zurückgeworfen. Aus taktisch-strategischen Gründen und auf Ersuchen der Italiener wird Deutschland „gezwungen", eine neue Front in Nordafrika zu eröffnen (Februar 1941).

16.09. US-Präsident Franklin D. Roosevelt unterzeichnet in Washington D.C. ein Gesetz, das die Einführung einer teilweisen Wehrpflicht in den USA vorsieht. Aufgrund dieser ersten in Friedenszeiten erlassenen allgemeinen Wehrpflicht müssen sich rd. 17 Millionen Amerikaner im Alter zwischen 21 und 35 Jahren zur Erfassung und Ableistung der militärischen Ausbildung melden.

17.09. Auf Befehl Hitlers wird das Unternehmen „Seelöwe" – eine deutsche Invasion in Großbritannien – aufgrund der fehlenden deutschen Luftherrschaft auf unbestimmte Zeit verschoben.

27.09. Unterzeichnung des „Dreimächtepaktes" zwischen Deutschland, Italien und Japan mit der Option eines Zwei-Ozean-Krieges. Die USA und Japan schränken daraufhin ihre Handelsbeziehungen ein.

02.10. In Warschau wird die jüdische Bevölkerung gettoisiert. Im Laufe des Herbstes entstehen zahlreiche weitere Gettos.

04.10. Hitler und Mussolini treffen zu politischen Gesprächen am Brenner zusammen. Im Mittelpunkt ihrer Gespräche steht die Abstimmung der Vorgehensweise gegenüber „Vichy-Frankreich" und dem neutralen Spanien.

09.10. Der britische Premierminister Winston Churchill wird zum Vorsitzenden der Konservativen Partei gewählt. Churchill tritt damit die Nachfolge von Arthur Neville Chamberlain an.

18.10. Die „Vichy-Regierung" beschließt ein Judengesetz – ein erstes Rassengesetz in Frankreich.

20.10. Helmuth James Graf von Moltke – Mitglied der konservativen Widerstandsgruppe „Kreisauer Kreis" – verfasst seine Denkschrift „Über die Grundlagen der Staatslehre", die für die „Nach-Nazi-Zeit" gelten soll.

22./23.10. Mehr als 6500 deutsche Juden aus Baden und der Saarpfalz werden nach Südfrankreich deportiert.

23.10. Treffen zwischen Hitler und Franco; Hitler kann Franco nicht zum Eintritt in den Krieg gegen Großbritannien bewegen (endgültige Ablehnung: 7. Dezember).

28.10. Italienische Truppen marschieren in Griechenland ein.

05.11. Franklin D. Roosevelt gewinnt die Wahl zum US-Präsidenten gegen seinen republikanischen Gegenkandidaten Wendell L. Willkie. Damit wird erstmals ein US-Präsident für eine dritte Amtszeit gewählt.

12./13.11. Gespräche zwischen Molotow und Hitler in Berlin, in denen Hitler den sowjetischen Außenminister von einem Bündnis gegen Großbritannien überzeugen will, enden ohne Ergebnis.

14.11. Die mittelenglische Stadt Coventry wird von einem deutschen Luftangriff schwer getroffen. Durch dieses Bombardement werden mehr als 65 000 Gebäude schwer beschädigt bzw. zerstört.

15.11. Deutsche Sicherungskräfte riegeln das Warschauer Getto systematisch ab. Rund 400 000 Juden werden eingeschlossen und müssen auf engstem Raum unter menschenverachtenden Bedingungen leben.

20.11. Die deutsche Luftwaffe fliegt einen schweren Angriff gegen die englische Industriemetropole Birmingham. Wenige Tage später (23.11.) wird die südenglische Stadt Southampton von der deutschen Luftwaffe angegriffen und schwer getroffen.

Ungarn schließt sich dem Dreimächtepakt an.

24.11. Die Slowakei tritt dem Dreimächtepakt bei.

17.12. US-Präsident Roosevelt legt einen Lend-lease-Act vor, nach dem alle Staaten, deren Verteidigung den politischen Interessen der USA entspricht, von diesen kriegswichtige Güter auf Kredit- oder Leihbasis beziehen können. Das Gesetz tritt zum 11. März 1941 in Kraft.

18.12. Die Besprechungen Hitlers mit den Führungsspitzen des OKW und OKH vom 5. Dezember haben die „Weisung Nr. 21 (Fall Barbarossa)“ zum Ergebnis. Damit gibt Hitler formal seine Absichten zum Angriff auf die Sowjetunion bekannt. Der Angriff, zunächst geplant für Mai 1941, muss infolge der Kriegsgeschehnisse auf dem Balkan und der damit verbundenen Bindung deutscher Truppen um mehrere Wochen verschoben werden.

Das Jahr 1941

06.01. In seiner berühmten Rede vor dem US-Kongress fordert Präsident Roosevelt, die Welt sei auf der Basis der „vier Freiheiten“ (Freiheit der Rede, der Religion, Freiheit von Furcht und von Not) sicherer zu machen; die Rede kann als programmatische Grundlage der im gleichen Jahr von Roosevelt und Churchill beschlossenen Atlantik-Charta begriffen werden (s. Stichtag 14. August 1941).

14.01.	Im Falle eines Krieges gegen die UdSSR bietet die rumänische Regierung dem Deutschen Reich ihre Unterstützung an.
19.01.	Hitler und Mussolini vereinbaren, die bisher getrennte Kriegführung aufzugeben und vor allem im Mittelmeerraum zu kooperieren.
22.01.	Die Italiener kapitulieren vor Tobruk (Libyen).
06.02.	Hitler gibt Anweisung, den Schwerpunkt der Kriegführung gegen Großbritannien auf den Handelskrieg zu verlagern.
11.02.	Unter Führung von Erwin Rommel treffen erste Teile des deutschen Afrikakorps in Tripolis (Libyen) ein.
19.02.	Gegen den Widerstand von Pastor Friedrich von Bodelschwingh, dem Leiter der Heil- und Pflegeanstalt Bethel, beginnt die Euthanasie-Kommission („T4"; s. „Das Jahr 1939", Kasten „Euthanasieprogramm") mit der Erfassung der Kranken. Diese so genannten Ballastexistenzen werden je nach Schwere Ihrer Krankheiten in „Euthanasie-Anstalten" überführt und dort ermordet.
26.02.	Carl Krauch, Direktor der I.G. Farben, erwirkt beim Reichsführer-SS, Heinrich Himmler, die Genehmigung zum Bau einer Buna-Fabrik in Auschwitz. Wenige Tage später, am 1. März, weist Himmler den KZ-Kommandanten Rudolf Höß an, mit dem Bau des Werkes zu beginnen. Für die Errichtung der Fabrikanlagen werden mehr als 10000 Häftlinge eingesetzt.
	Abschluss eines deutsch-italienischen Wirtschaftsabkommens, das den Warenaustausch ohne Berücksichtigung der Handelsbilanz vorsieht.
01.03.	Bulgarien tritt dem Dreimächtepakt bei.
09.03.	Neue Offensive der italienischen Armee gegen Griechenland, die indes innerhalb weniger Tage scheitert; bereits am 4. März hat Großbritannien mit der Stationierung von Truppen in Griechenland begonnen.
11.03.	Der Lend-lease-Act tritt in Kraft (s. Stichtag 17. Dezember 1940). Begünstigte Staaten sind vor allem Großbritannien, China und später auch die Sowjetunion.
15.03.	Der Chef des Oberkommandos der Wehrmacht, Wilhelm Keitel, unterzeichnet die „Richtlinien auf Sondergebieten zur Weisung 21". Diese enthalten die Vorschriften für den Angriff auf die Sowjetunion, deren Staatsgebiet zerschlagen und in Vasallenstaaten aufgeteilt werden soll.
19.03.	Die Führungsgremien der SPD, der SAP, des ISK und von „Neu Beginnen" bilden die „Union deutscher sozialistischer Organisationen in Großbritannien".

26.03. Als erste Außenstelle von Rosenbergs „Hoher Schule“ (s. Stichtag 29. Januar 1940) wird das „Institut zur Erforschung der Judenfrage“ in Frankfurt am Main gegründet.

27.03. Als Ergebnis zweimonatiger amerikanisch-britischer Stabsbesprechungen wird in Washington die Konzeption „Germany first“ festgelegt: Sollte Japan an der Seite des Deutschen Reiches in den Krieg eintreten, so erhält der europäische Kriegsschauplatz Priorität.

30.03. Rommel eröffnet in der Cyrenaika eine Gegenoffensive und erobert – mit Ausnahme der Festung Tobruk – das gesamte Gebiet bis zum ägyptischen Grenzort Sollum von den Briten zurück.

Vor hohen Offizieren der Wehrmacht expliziert Hitler, der Krieg gegen die UdSSR sei als Vernichtungskrieg zu führen.

06.04. Die deutsche Wehrmacht beginnt mit ihren Angriffen auf Griechenland und Jugoslawien, am 12. April nehmen deutsche Truppen Belgrad ein und am 27. April besetzen sie Athen.

10.04. In Zagreb (früher Agram) wird ein „unabhängiger Staat Kroatien“ unter Führung der faschistischen Ustascha als deutscher Satellitenstaat ausgerufen.

13.04. Japan und die UdSSR schließen ein auf fünf Jahre befristetes Neutralitätsabkommen.

Mit der „Weisung Nr. 27“ befiehlt Hitler die Fortführung des Balkankrieges. Ziel ist es, die englischen Truppen „endgültig vom Balkan zu vertreiben“.

20.04. Am Tage des „Führergeburtstages“ fliegt die deutsche Luftwaffe einen schweren Angriff gegen die britische Hauptstadt.

21.04. Als Reaktion auf die Versorgungsengpässe im Winter 1940/41 wird die „Reichsvereinigung Kohle“ gebildet, die Bergbau und Kohlehandel koordinieren soll.

30.04. Ungeachtet des zwischen dem Deutschen Reich und der Sowjetunion bestehenden Nichtangriffspaktes vom 23. August 1939 legt Hitler den Beginn der Operation „Barbarossa“ (Angriff auf die Sowjetunion) auf den 22. Juni fest.

06.05. Stalin übernimmt an Stelle Molotows den Vorsitz im Rat der Volkskommissare der UdSSR.

Da die UdSSR infolge des zwischen beiden Staaten geschlossenen Neutralitätsabkommens formell die japanische Expansion in Südostasien anerkannt hat, untersagt die US-Regierung den Rüstungsgüterexport in die UdSSR.

10.05. Rudolf Heß fliegt nach Großbritannien und springt mit einem

Fallschirm über Schottland ab. Er will (auf eigene Initiative?) ein Abkommen mit der britischen Regierung erreichen, das dem Deutschen Reich im Westen „Rückenfreiheit" für den bevorstehenden Krieg gegen die Sowjetunion gewährt. Heß wird nach intensiven Verhören interniert.

13.05. Ein Erlass Hitlers gewährt für die in der UdSSR zu besetzenden Gebiete Straffreiheit bei gesetzwidrigem Vorgehen gegen Zivilisten und sieht die Ahndung von Straftaten Einheimischer gegen die deutsche Besatzungsmacht ohne Gerichtsverfahren vor.

20.05. Mit der Luftlandung (Operation „Merkur") beginnt der Kampf um Kreta, das deutsche und italienische Truppen nach heftigen Kämpfen einnehmen.

21.05. In dem von den deutschen Truppen besetzten Norwegen wird in Anwesenheit Himmlers die „Norges SS" gegründet.

24.05. Die „Bismarck" versenkt im Atlantik das größte britische Kriegsschiff, die „Hood". Drei Tage später stellen und versenken britische Seestreitkräfte die „Bismarck".[91]

06.06. Der Kommissarbefehl des OKW („Richtlinien für die Behandlung politischer Kommissare") sieht die „Liquidierung" gefangen genommener politischer Kommissare der UdSSR vor. Für die Ausführung dieser „Sonderaufgaben" – darunter fällt auch die Ermordung der jüdischen Bevölkerung – sind die so genannten Einsatzgruppen zuständig (s. „Das Jahr 1939", Kasten „Einsatzgruppen").

22.06. Mit dem Angriff der deutschen Wehrmacht (ohne Kriegserklärung) auf die Sowjetunion beginnt um 3.12 h das Unternehmen „Barbarossa".[92] Noch am gleichen Abend bekräftigt Churchill in einer weltweit übertragenen Rundfunkansprache den ungebrochenen Willen der Demokratien, die faschistischen Regime zu besiegen (s. **Churchill zum Angriff Deutschlands auf die UdSSR**).

22.–26.06. Italien, Finnland, die Slowakei, Ungarn und Rumänien erklären der UdSSR den Krieg.

29.06. Das Zentralkomitee der KPdSU erklärt den Kampf gegen die eindringenden deutschen Truppen zum „Großen Vaterländischen Krieg der Sowjetunion".

30.06. Die Heeresgruppe Süd unter von Rundstedt erobert Lemberg. In einem Massaker, das bis zum 3. Juli dauert, ermorden Einheiten der SS, die SD-Einsatzgruppe C und Einheiten „zur besonderen Verfügung" sowie Wehrmachtsangehörige, aber auch Teile der Bevölkerung, rd. 7000 Juden.

Churchill zum Angriff Deutschlands auf die UdSSR
Das Naziregime unterscheidet sich in nichts von den schlimmsten Seiten des Kommunismus. Es ist abgesehen von seiner Gier und seinem Rassenwahn nur skrupellos und bar jedes ethischen Prinzips. Es übertrifft alle Formen menschlicher Verworfenheit durch Rationalisierung der Grausamkeit und raubtierhafte Aggressionslust. Niemand ist ein unversöhnlicherer Gegner des Kommunismus gewesen als ich selbst seit fünfundzwanzig Jahren. Ich nehme nicht ein einziges Wort zurück, das ich zu diesem Thema gesagt habe. Doch alles verblasst vor dem Schauspiel, das sich jetzt abwickelt. Die Vergangenheit mit ihren Verbrechern, ihren Torheiten und Tragödien versinkt. [...] Sollte sich Hitler einbilden, dass er durch seinen Angriff auf Sowjetrussland auch nur die geringste Schwankung in der Zielsetzung oder auch das kleinste Nachlassen in den Anstrengungen der großen Demokratien hervorrufen wird, dann hat er sich schrecklich geirrt. Sie bleiben zu seinem Untergang entschlossen und werden [...] ihre Anstrengungen fortsetzen, um die Menschheit vor der Tyrannei zu befreien.[93]

01.07. Stalin übernimmt den Vorsitz im Verteidigungskomitee der UdSSR.

04.07. Unter ihrem Generalsekretär Josip Broz, genannt Tito, entschließt sich die jugoslawische KP zum bewaffneten Widerstand gegen das faschistische Deutschland.

09.07. Kesselschlachten bei Białystok und Minsk: Teile der sowjetischen Front brechen zusammen; über 300000 sowjetische Soldaten geraten in deutsche Kriegsgefangenschaft.

12.07. Großbritannien und die Sowjetunion schließen ein Hilfeleistungsabkommen, in dem der Abschluss eines Separatfriedens mit Deutschland ausgeschlossen wird.

14.07. Hitler befiehlt, den Rüstungsschwerpunkt von der Heeres- zur Luft- und Marinerüstung zu verlagern, da er den Krieg gegen die UdSSR bereits gewonnen glaubt.

17.07. Rosenberg wird „Reichsminister für die besetzten Ostgebiete“.

24.07. Die Royal Air Force greift die im Hafen La Pallice (Biscaya) liegenden deutschen Schlachtschiffe „Gneisenau“ und „Scharnhorst“ an; die „Scharnhorst“ wird von mehreren Bombentreffern beschädigt. Hitler untersagt daraufhin eine weitere Entsendung von Überwasserkampfschiffen in den Atlantik.

In der moldawischen Stadt Kischinjow wird ein weiteres Getto eingerichtet. Mehr als 10000 Juden sind bereits ermordet worden.

25.–27.07. In Lemberg fallen rd. 2000 Juden einem dreitätigen Massaker („Petljura-Tage") zum Opfer.

31.07. Göring beauftragt Heydrich, alle Vorbereitungen „für eine Gesamtlösung der Juden im deutschen Einflussbereich in Europa" zu treffen. Damit erhält Heydrich die Vollmacht, alle finanziellen, organisatorischen und technischen Maßnahmen für die so genannte Endlösung einzuleiten. Wenige Wochen später werden erste „Probevergasungen" mit Zyklon B im Konzentrationslager Auschwitz durchgeführt.[94]

03.08. Der Münsteraner Bischof Graf von Galen prangert in seiner Predigt in der Lambertikirche zu Münster die Massentötung von Geisteskranken an (s. **Auszüge aus der Predigt von Galens**; s. auch „Das Jahr 1939", Kasten „Euthanasieprogramm").

07.08. Stalin ernennt sich zum Oberbefehlshaber der Roten Armee.

Auszüge aus der Predigt von Galens

Seit einigen Monaten hören wir Berichte, dass aus Heil- und Pflegeanstalten für Geisteskranke auf Anordnung von Berlin Pfleglinge, die schon länger krankt sind und vielleicht unheilbar erscheinen, zwangsweise abgeführt werden. Regelmäßig erhalten dann die Angehörigen nach kurzer Zeit die Mitteilung, die Leiche sei verbrannt, die Asche könne abgeliefert werden. Allgemein herrscht der an Sicherheit grenzende Verdacht, dass diese zahlreichen unerwarteten Todesfälle von Geisteskranken nicht von selbst eintreten, sondern absichtlich herbeigeführt werden, dass man dabei jener Lehre folgt, die behauptet, man dürfe so genanntes „lebensunwertes Leben" vernichten, also unschuldige Menschen töten, wenn man meint, ihr Leben sei für Volk und Staat nichts mehr wert. Eine furchtbare Lehre, die die Ermordung Unschuldiger rechtfertigen will, die gewaltsame Tötung der nicht mehr arbeitsfähigen Invaliden, Krüppel, unheilbar Kranken, Altersschwachen grundsätzlich freigibt. […] Noch hat Gesetzeskraft der § 211 des Reichsstrafgesetzbuches, der bestimmt: „Wer vorsätzlich einen Menschen tötet, wird, wenn er die Tötung mit Überlegung ausgeführt hat, wegen Mordes mit dem Tode bestraft." […] Es ist mir aber versichert worden, dass man im Reichsministerium des Inneren und auf der Dienststelle des Reichsärzteführers Dr. Conti gar kein Hehl daraus mache, dass tatsächlich schon eine große Zahl von Geisteskranken in Deutschland vorsätzlich getötet worden ist und in Zukunft getötet werden soll. […] Als ich von dem Vorhaben erfuhr, Kranke aus Marienthal abzutransportieren, um sie zu töten, habe ich am 28. Juli bei der Staatsanwaltschaft beim Landgericht Münster und dem Herrn Polizeipräsidenten in Münster Anzeige erstattet […][95]

11.08. Japan verkündet die Generalmobilmachung.

14.08. Roosevelt und Churchill verabschieden an Bord des US-Kreuzers „Augusta" die Atlantik-Charta. Die acht Punkte umfassende Erklärung fordert u.a. den Verzicht auf Annexionen, das Selbstbestimmungsrecht der Völker, freien und gleichberechtigten Zugang zu den Rohstoffen sowie den Aufbau eines kollektiven Sicherheitssystems unter vollständiger Entmilitarisierung der Staaten, die sich der Aggression schuldig gemacht haben. Churchill und v.a. Roosevelt sind sich bereits zu diesem Zeitpunkt darüber im Klaren, dass die Kriegsziele der Alliierten nur durch eine bedingungslose Kapitulation zu erreichen sind.

15.08. Der Bezirk Białystok (sowj., bis 1939 poln.) wird Ostpreußen angegliedert, Ostgalizien (bis 1939 poln.) bereits 3 Tage zuvor dem „Generalgouvernement" zugeschlagen.

20.08. Einrichtung eines „Reichskommissariats" Ukraine.

01.09. Nach einer Polizeiverordnung zur „Kennzeichnung der Juden" müssen ab dem 19. September alle Juden vom 6. Lebensjahr an „auf der linken Seite der Kleidung ein handtellergroßes, aufgenähtes Abzeichen in gelber Farbe, das einen 6-zackigen Stern zeigt" tragen. Auf diesem Stern muss in schwarzer Schrift das Wort „Jude" stehen. Des Weiteren dürfen Juden ihren Wohnsitz (auch kurzfristig) nur mit Genehmigung der zuständigen Polizeibehörde verlassen.

03.09. In Auschwitz führt die SS die ersten „Probevergasungen" unter Einsatz von Zyklon B an 600 Häftlingen, vor allem sowjetischen Kriegsgefangenen, durch.

08.09. Mit der Einkesselung Leningrads beginnt die mehrjährige Belagerung dieser Stadt.

09.09. Gründung der konservativen griechischen Widerstandsorganisation „Nationaldemokratische Griechische Liga" (EDES); sie steht zu der am 27. September gegründeten linksgerichteten „Nationalen Befreiungsfront" (EAM) in Rivalität.

18.09. Juden dürfen ohne Erlaubnis nicht mit öffentlichen Verkehrsmitteln fahren.

19.09. Die deutschen Truppen erobern Kiew.

21.09. Die so genannte Stalinorgel (Katjuscha) wird erstmals gegen die deutschen Belagerungstruppen von Leningrad eingesetzt.

22.09. Reichskommissar Seyß-Inquart ordnet die Übernahme aller Bestimmungen für Juden in den besetzten Niederlanden an.

24.09. Die sowjetische Regierung stimmt der Atlantik-Charta zu.

29.09. In Kiew kommt es zu einem Massaker an der jüdischen Bevölkerung. Alle Juden der Stadt werden aufgefordert, sich bei den deutschen Behörden registrieren zu lassen. In der Schlucht von Babij Jar erschießt die SS nach offiziellen Angaben insgesamt 33771 Juden und verscharrt sie in Massengräbern.

02.10. Der Beginn des Unternehmens „Taifun"; die Heeresgruppe Mitte tritt zum Angriff auf Moskau an.[96]

Drei Tage später beginnt die sowjetische Gegenoffensive, die das Konzept des Blitzfeldzuges endgültig zum Scheitern bringt. Die Wehrmacht ist auf einen Winterkrieg nicht vorbereitet.

Bis Jahresende kommen 3,35 Mio. sowjetischer Soldaten in deutsche Kriegsgefangenschaft, bis Kriegsende nochmals 2,24 Mio.; 3,3 Mio. sowjetische Soldaten sterben in deutscher Kriegsgefangenschaft.[97]

14.10. Der Chef der deutschen Ordnungspolizei, Kurt Daluege, unterzeichnet einen Deportationsbefehl für rd. 20000 Juden nach Łódz. Weitere Deportationsbefehle für rd. 30000 Juden nach Riga und Minsk folgen wenige Tage später. Diese „Gettoisierung" der jüdischen Bevölkerung ist Teil der „Endlösungsmaßnahmen".

16.10. Außer Stalin verlässt die gesamte Sowjetregierung und das diplomatische Korps Moskau. Der sowjetische Regierungssitz wird nach Kujbyschew (an der Mündung der Samara in die Wolga) verlegt. Drei Tage später lässt Stalin den Belagerungszustand für die Stadt ausrufen.

21.10. Deutsche Polizeieinheiten führen als „Vergeltung" für Partisanentätigkeiten die ersten Massenexekutionen durch.

23.10. Eine Anweisung Himmlers verbietet jüdischen Staatsangehörigen die Auswanderung aus dem Deutschen Reich.

30.10. Die deutsche Wehrmacht beginnt mit der Belagerung der Hafenstadt Sewastopol.

18.11. Beginn einer britischen Offensive gegen deutsch-italienische Truppen in Nord-Afrika. Generaloberst Rommel zieht sich mit seiner mobilen Panzergruppe „Afrika" bis zur Marsa-Brega-Stellung zurück.

24.11. In Theresienstadt (tschech. Terezín) wird ein gettoähnliches Lager eröffnet.

25.11. Nach einer Verordnung können zur Deportation bestimmte Juden ausgebürgert und ihr Vermögen kann konfisziert werden.

01.12. Der japanische Kronrat beschließt, den Krieg gegen Großbritannien, die USA und die Niederlande zu beginnen, nachdem Roosevelt die amerikanisch-japanischen Verhandlungen (25.11.) abgebrochen hat.

05.12. Beginn der sowjetischen Gegenoffensive(n) an der „Kalininfront“ und der „Westfront“ (6.12.) unter General G. K. Schukow. Der deutsche Vorstoß nach Osten kommt zum Stehen; von nun an geht die Rote Armee in die Offensive.
Die SS beginnt im Vernichtungslager Chełmno (bei Bromberg, poln. Bydgoszcz) mit Massentötungen an Juden. Als „Vergasungsanlagen“ dienen entsprechend ausgerüstete Lastkraftwagen.

07.12. Die Japaner greifen die amerikanische Flotte in Pearl Harbor an; sie versenken mehrere US-Schlachtschiffe und töten rd. 2500 amerikanische Soldaten.[98] Die USA treten daraufhin in den Krieg ein. Somit hat sich das zunächst (wesentlich) auf Europa konzentrierte Kriegsgeschehen zu einem Weltkrieg ausgeweitet. Während in Europa die Anti-Hitler-Koalition (Großbritannien, Sowjetunion, USA) gegen Hitler und seine Verbündete kämpft, sind die USA und Großbritannien (gegen Japan) nunmehr auch im südostasiatischen und pazifischen Raum militärisch gebunden.

08.12. Präsident Roosevelt unterzeichnet die Kriegserklärung an Japan.

09.12. China erklärt dem Deutschen Reich den Krieg.

10.12. Japanische Truppen erobern die amerikanische Pazifikinsel Guam.

11.12. Obwohl durch den „Dreimächtepakt“ nicht verpflichtet, erklären Hitler und Mussolini den USA den Krieg.

12.12. Juden wird verboten, öffentliche Telefone zu benutzen.

16.–20.12. Anlässlich eines Besuchs des britischen Außenministers Robert Anthony Eden in Moskau erläutert Stalin seine kriegspolitischen Ziele nach erfolgreichen Kriegsende: u. a. die Anerkennung der sowjetischen Grenzen vom 22. Juni 1941, die Abtretung Ostpreußens an Polen und die Aufteilung Deutschlands sowie die Wiederherstellung Österreichs.

19.12. Nach Absetzung des Generalfeldmarschalls Walther von Brauchitsch übernimmt Hitler selbst den Oberbefehl über das Heer. Er verbietet, trotz Anraten der deutschen Heeresführung, die taktische Rücknahme (Begradigung) der Front.

22.12. Churchill und Roosevelt vereinbaren in Washington die Schaffung der Vereinten Nationen und bilden einen gemeinsamen Kriegsrat.

24.12. Die britischen Truppen in der Kronkolonie Hongkong kapitulieren vor den heranrückenden Japanern. Diese haben nach dem Angriff auf Pearl Harbor eine umfangreiche und zunächst höchst erfolgreiche militärische Offensive in der gesamten Pazifikregion gestartet.

Das Jahr 1942

01.01. In Washington unterzeichnen 26 Staaten (USA, Großbritannien und Nordirland, UdSSR, China, Australien, Belgien, Kanada, Costa Rica, Kuba, Tschechoslowakei, Dominikanische Republik, El Salvador, Griechenland, Guatemala, Haiti, Honduras, Indien, Luxemburg, die Niederlande, Neuseeland, Nicaragua, Norwegen, Panama, Polen, Südafrika und Jugoslawien) den Pakt der „Vereinten Nationen". Dieser Pakt basiert inhaltlich auf den Prinzipien der Atlantik-Charta. Außerdem verpflichten sich die Teilnehmerstaaten, keinen Separatfrieden – weder mit Deutschland noch mit Japan – abzuschließen.

02.01. Die Japaner erobern Manila.

09.01. Die Rote Armee trennt die deutschen Heeresgruppen Mitte und Nord voneinander.

14.01. Auf der in Washington stattfindenden Konferenz zwischen Vertretern der amerikanischen und britischen Regierung wird die im Vorjahr (s. Stichtag 27. März 1941) getroffene Entscheidung „Germany first" bestätigt. Damit werden zunächst alle militärischen Anstrengungen auf den europäischen Kriegsschauplatz konzentriert.

20.01. *Die „Wannsee-Konferenz":* In einer Villa am Wannsee treffen Reinhard Heydrich und Adolf Eichmann (s. „Das Jahr 1944", Kasten „Adolf Eichmann") mit den Staatssekretären der wichtigsten deutschen Reichsministerien und SS-Führern zusammen, um die Durchführung der **Vernichtung der europäischen Juden** (von den Nationalsozialisten als „Endlösung" bezeichnet) zu besprechen und zu koordinieren.

21.01. Rommel tritt mit der „Panzergruppe Afrika" zum Gegenangriff an: Bis zum 7. Februar dringt sie bis zum Raum El-Gazala vor.

26.01. Eintreffen erster US-Truppen in Nordirland.

Febr. Die kommunistisch-nationalrevolutionäre Widerstandsgruppe um Robert Uhrig und Beppo Römer wird zerschlagen.

01.02. Durch Zusammenlegung der SS-Hauptämter „Verwaltung und Wirtschaft" sowie „Haushalt und Bauen" entsteht als Zen-

Die Vernichtung der europäischen Juden
Die systematische Ermordung der Juden begann mit dem Überfall auf die Sowjetunion im Juni 1941. Hunderttausende wurden von Einsatzgruppen, Einheiten der SS und der Polizei erschossen. Da die Ermordung durch Erschießen in der Sicht der Nationalsozialisten zu ineffizient war, griffen sie im Spätsommer/Herbst 1941 auf eine andere Mordtechnik, die sie bereits im Rahmen des „Euthanasie"-Programms angewandt hatten, zurück: das Vergasen. Am 3. September erprobte die SS in Auschwitz den Einsatz des Giftgases Zyklon B zur Ermordung von 600 Häftlingen, vor allem sowjetischen Kriegsgefangenen. Die Planung der Vernichtungslager datiert ebenfalls in diese Zeit. Als im Januar 1942 die Wannsee-Konferenz stattfand, war man sich über die Methode, wie der Massenmord am effektivsten auszuführen war, noch nicht schlüssig. Die Konferenz zielte zum einen darauf, die Ministerialbürokratie offiziell zu unterrichten und sie in das Programm zur Vernichtung einzubinden – ein Vorhaben, das lt. Eichmann bei den Ministerialbürokraten nicht nur auf „Zustimmung […], sondern mehr noch auf eine Zustimmung von unerwarteter Form" stieß, zum anderen wurden auf ihr Fragen der Realisierung des Massenmordes erörtert.
Bis Kriegsende wurden insgesamt zwischen 5,6 und 5,8 Millionen Juden ermordet, über die Hälfte davon in den Vernichtungslagern Auschwitz-Birkenau, Bełżec, Chełmno, Majdanek, Sobibór und Treblinka.[99]

tralbehörde das Wirtschafts- und Verwaltungshauptamt der SS (WVHA) mit Sitz in Berlin Die Leitung hat SS-Obergruppenführer Oswald Pohl inne. Im Zuständigkeitsbereich des WVHA liegt auch die „Verwaltung" der Konzentrationslager.

09.02. Albert Speer[100] wird einen Tag nach dem Tode von Fritz Todt (Flugzeugabsturz) zum Reichsminister für Bewaffnung und Munition (ab 2. September 1943: Reichsminister für Rüstung und Kriegsproduktion) berufen. Er tritt sein Amt zum 1. März an. Unter dem rücksichtslosen Einsatz von Zwangsarbeitern steigert Speer die Rüstungsproduktion in Deutschland erheblich; relativ betrachtet erreicht sie aber nicht annähernd das Niveau der Kriegsgegner Deutschlands.

Per Erlass verbietet das Reichsverkehrsministerium ab dem 1. April private Autofahrten mit Personenwagen.

14.02. Die nationalpolnischen Streitkräfte im Untergrund werden zur „polnischen Heimatarmee" (Armia Krajowa) zusammengefasst; daneben besteht die „geheime Volksarmee" der Kommunisten.

15.02.	In Singapur kapituliert der britische General E. P. Percival mit rd. 70000 Soldaten. Damit verlieren die Briten einen strategisch wichtigen Flottenstützpunkt im Pazifik an die Japaner. Die Nazis verbieten den Juden im Reich die Haltung von Haustieren; zwei Tage später wird ihnen der Bezug von Zeitungen und Zeitschriften untersagt.
20.02.	Öffentliche Kritik wegen der prekären militärischen Situation Großbritanniens veranlasst Churchill, sein Kabinett umzubilden.
01.03.	Im Rahmen der *„Aktion Reinhard“* (Deckname für die Ermordung der Juden im Generalgouvernement und in Białystok) beginnt der Bau des KZ Sobibór. Lagerkommandant wird ab April SS-Obersturmführer Franz Stangl. Bereits Anfang Mai finden die ersten Vernichtungsaktionen (Ermordung von 90000 bis 100000 Juden innerhalb von drei Monaten) statt.
08.03.	Auf Java kapitulieren die niederländischen Streitkräfte. Durch diese Niederlage fällt ganz Indonesien in japanische Hände.
17.03.	Im Vernichtungslager Bełżec beginnen die Massentötungen. Allein an diesem Tag werden 6786 Juden in einer mit Blech ausgekleideten Holzbaracke durch Einleitung von Motorabgasen ermordet. Bis zum 20. April werden rd. 30000 Juden aus dem Raum Lublin nach Bełżec deportiert.
21.03.	Nach einer Verordnung Hitlers genießt die Rüstungsindustrie bei der Zuteilung von Arbeitskräften und der Rohstoffverteilung uneingeschränkte Priorität. Fritz Sauckel wird zum Generalbevollmächtigten für den Arbeitseinsatz ernannt; in dieser Funktion forciert er den Einsatz von Zwangsarbeitern aus den besetzten Gebieten.
26.03.	Die Verordnung zur Kennzeichnung jüdischer Wohnungen tritt in Kraft.
28.03.	Erstes flächendeckendes Bombardement (unter Führung des britischen Generals Arthur Harris) auf eine deutsche Großstadt (Lübeck).
Ende März	Erste Deportationen von Juden aus Westeuropa und dem Reichsgebiet nach Auschwitz. Kurz darauf beginnt in diesem Vernichtungslager der industriell organisierte Massenmord. In Auschwitz-Birkenau gab es vier große Gaskammern, die in den Krematoriumskomplexen lagen; in jeder von ihnen konnten täglich 6000 Menschen ermordet werden.
Frühjahr	Die Widerstandsgruppe „Revolutionäre Sozialisten“ wird in Österreich und Bayern zerschlagen.

06.04.	In Deutschland wird die wöchentliche Brot- und Fleischration reduziert; die britische Regierung verbietet das Backen von Weißbrot und ordnet stattdessen, um Weizen zu sparen, das Backen eines Einheitsbrotes an.
11.04.	Roosevelt kündigt eine US-Offensive an, um die sowjetische Armee zu entlasten.
18.04.	Einen US-Luftangriff auf Tokio nimmt die japanische Kriegführung zum Vorwand, die Eroberung der Midway-Inseln anzustreben.
20.04.	Frauen werden zur Arbeit in Rüstungsbetrieben verpflichtet.
22.04.	Eine überministerielle Lenkungs- und Koordinationsinstanz zur Verteilung von Rohstoffen und Energie wird eingerichtet.
26.04.	Auf der letzten Sitzung des Reichstages in der Berliner Kroll-Oper lässt sich Hitler alle Vollmachten als „Oberster Gerichtsherr" erteilen.
09.–28.05.	In Vorbereitung der von Hitler mit der „Weisung Nr. 41" befohlenen Sommeroffensive kommt es im Raum südlich von Charkow zu einer Kesselschlacht zwischen deutschen und sowjetischen Verbänden. Im Zuge dieser Kampfhandlungen erleidet die Rote Armee schwere Verluste: Drei Armeen werden vernichtend geschlagen. Rd. 240000 sowjetische Soldaten werden gefangen genommen, mehr als 1200 Panzer und 2000 Geschütze vernichtet.
25.05.	Churchill und Roosevelt vereinbaren ein erstes alliiertes Landeunternehmen auf dem europäischen Kontinent, das von der Südspitze Sizilien seinen Ausgang nehmen soll und kommen damit der von Stalin schon mehrfach geforderten „Eröffnung einer zweiten Front" nach.
26.05.	Eden und Molotow unterzeichnen einen britisch-sowjetischen Bündnisvertrag.
27.05.	Auf Heydrich wird in Prag ein Attentat verübt, an dessen Folgen er am 4. Juni stirbt. Nachfolger im Amt des stellv. Reichsprotektors für Böhmen und Mähren wird Kurt Daluege (SS-Obergruppenführer und Generaloberst der Ordnungspolizei).
28.05.	Mexiko erklärt Deutschland und Italien den Krieg.
29.05.	Auf Anweisung des Reichswirtschaftsministeriums wird die „Reichsvereinigung Eisen" gegründet, die die Stahl- und Eisenproduktion im Sinne der Erfordernisse der Kriegswirtschaft planen und kontrollieren soll. Ihren Vorsitz übernimmt der Industrielle Hermann Röchling.
03.–07.06.	Niederlage der Japaner in der See-Luft-Schlacht bei den Mid-

	way-Inseln: Dadurch verlieren die Japaner ihre See- und Luftüberlegenheit; die Wende zugunsten der USA im pazifischen Krieg ist eingeleitet.
05.06.	Kriegserklärung der USA an Rumänien, Ungarn und Bulgarien.
10.06.	Das tschechische Dorf Lidice wird als „Vergeltung“ für den Tod Heydrichs dem Erdboden gleichgemacht. Die deutsche Sicherheitspolizei tötet alle männlichen Einwohner;[101] Frauen und Kinder werden in das Konzentrationslager Ravensbrück deportiert.
11.06.	Die USA und die UdSSR unterzeichnen einen Vertrag, der Zusammenarbeit und Waffenhilfe vorsieht.
12.06.	Himmler genehmigt den „Generalplan Ost“, nach dem die slawische Bevölkerung Osteuropas nach Sibirien zwangsumgesiedelt werden soll. Juden wird befohlen, alle optischen und elektrischen Geräte, Schreibmaschinen sowie Fahrräder abzuliefern.
19.06.	In Montenegro gelingt Titos Partisanengruppen der Ausbruch nach Nordwesten; sie beginnen ihren „Langen Marsch“ durch Westbosnien.
18.–26.06.	Churchill und Roosevelt beraten in Washington über Probleme, die mit der Eröffnung einer zweiten Front gegen Deutschland verbunden sind. Die Landung auf Sizilien soll zunächst zugunsten einer Landung in Französisch-Nordafrika – zur Unterstützung des Landesunternehmens auf Sizilien – zurückgestellt werden (am 24. Juli einigen sich britische und amerikanische Stabschefs auf dieses „Unternehmen Torch“).
21.06.	Die deutsch-italienischen Truppen nehmen Tobruk ein. Am 30. Juni erreichen sie El-Alamein.
23.06.	Mussolini befürwortet einen Angriffsplan Rommels auf das britische Ägypten.
25.06.	Generalfeldmarschall Dwight D. Eisenhower erhält den Oberbefehl über die US-Truppen in Europa.
28.06.	Im Raum östlich von Kursk und Charkow beginnt die Heeresgruppe Süd die deutsche Sommeroffensive; am 23. Juli nehmen die deutschen Streitkräfte Rostow am unteren Don ein.
30.06.	Alle jüdischen Schulen im Reich werden geschlossen.
01.07.	Deutsche Streitkräfte erobern Sewastopol, die letzte sowjetische Festung auf der Krim.
03.07.	Rommel bricht die Offensive gegen die britische Stellung El-Alamein ab.
06.07.	Die deutsche Wehrmacht erobert Woronesh (zwischen Donez-

becken und Don gelegen) und beendet damit die Offensivphase 1942.

13.07. Das sowjetische Oberkommando befiehlt der Roten Armee den Rückzug auf die Wolga-Kaukasus-Linie.

15.07. In Amsterdam beginnt die Deportation von Juden nach Auschwitz.

16.07. 12000 Juden werden in Paris verhaftet; ihnen steht die Deportation bevor.

22.07. Aus dem Warschauer Getto beginnt der Abtransport von insgesamt rd. 350000 Juden in das Vernichtungslager Treblinka. Rd. 60000 Juden verbleiben dort.

23.07. Der Vorsitzende des Warschauer Judenrats, Adam Czerniakow, begeht Selbstmord. Die Deutschen hatten Czerniakow beauftragt, eine Namensliste für geplante Deportationen aus dem Warschauer Getto zusammenzustellen. Er übergab eine Liste, auf der er mehrere Male seinen eigenen Namen aufführte. In seinem Abschiedsbrief schrieb er: „Ich bin machtlos, mein Herz erzittert in Sorge und Mitleid. All das kann ich nicht länger aushalten."

28.07. In Warschau gründet sich die jüdische Kampfgruppe Żydowska Organizacja Bojowa (ŻOB).

30.07. Auf Basis einer Verordnung des Reichsministeriums für Bewaffnung und Munition wird jüdischen Gemeinden befohlen, alle Kultgegenstände aus Edelmetall abzuliefern.

06.08. Deutsche Verbände stehen am Nordwestrand des Kaukasus. Das Kriegsziel, die Besetzung und Ausbeutung von funktionsfähigen Erdölförderungsanlagen, wird nicht erreicht.

12.–16.08. Churchill besucht Stalin in Moskau und unterrichtet ihn über die vorgesehene „Nordafrika-Invasion" der Westalliierten.

13.08. General B. L. Montgomery übernimmt den Oberbefehl über die 8. britische Armee in Ägypten.

19.08. Beginn der Angriffsoffensive der 6. deutschen Armee zur Eroberung von Stalingrad. Wenige Tage später – am 25. August – erklärt das sowjetische Oberkommando für die Stadt den Belagerungszustand.

20.08. Roland Freisler wird Präsident des Volksgerichtshofes, sein Vorgänger Otto Georg Thierack Reichsjustizminister.

28.08. Brasilien erklärt Deutschland den Krieg.

31.08. Deutsch-italienische Truppenverbände starten bei El-Alamein eine letzte Offensive, die bereits am 2. September abgebrochen wird.[102]

09.09.	Hitler entlässt den Oberbefehlshaber der Heeresgruppe A, Feldmarschall Wilhelm List; im deutschen Oberkommando kommt es zu einer vorübergehenden Führungskrise; General Kurt Zeitzler „ersetzt" den am 24. September entlassenen Chef des Generalstabes des Heeres Franz Halder.
12.09.	Ein deutsches U-Boot versenkt im Atlantik den britischen Truppentransporter „Laconia" mit 1800 italienischen Kriegsgefangenen an Bord.
13.09.	Deutsche Verbände greifen im Nordmeer den bisher größten Nachschubkonvoi der Alliierten für die Sowjetunion an. Es entstehen schwere Verluste.
19.09.	Im Reichsgebiet lebenden Juden werden Fleisch- und Milchmarken gestrichen.
27.09.	In einer BBC-Rundfunkansprache an die deutsche Bevölkerung klagt Thomas Mann die systematische Massenvernichtung der Juden an.
Herbst	Die Gestapo nimmt Mitglieder der „Roten Kapelle" fest, etwa 100 werden hingerichtet.
03.10.	Von dem Raketenversuchsgelände in Peenemünde auf der Insel Usedom wird eine Flüssigkeitsrakete[103] des Typs A4 erfolgreich gestartet. Mit bis zu fünffacher Schallgeschwindigkeit erreicht diese Rakete eine Höhe von rd. 200 km. Sie dringt damit erstmalig in den orbitalen Raum[104] (Thermosphäre) ein (s. „**Vergeltungswaffen 1 und 2**").
Anf. Okt.	Himmler befiehlt, alle Juden aus den Konzentrationslagern des Reichs nach Auschwitz zu deportieren.
18.10.	Hitler ordnet die Ermordung aller gefangen genommenen Soldaten und Zivilisten gegnerischer Kommandounternehmen an („Kommandobefehl").
23.10.	Unter General Montgomery eröffnen die Briten eine Großoffensive gegen die deutsch-italienischen Truppen bei El-Alamein. Die Deutschen können diesem Ansturm nicht standhalten. Entgegen den Weisungen Hitlers entschließt sich Rommel zu einem weiträumigen Rückzug (22.11.) bis zur Marsa-el-Brega-Stellung.
07/08.11.	Amerikanische und britische Invasionstruppen (Operation „Torch") landen in Algerien und Marokko und zwingen somit das deutsche Afrika-Korps zu einem Zweifrontenkrieg. Deutsche und italienische Truppen landen einen Tag später in Tunesien und bilden dort einen Brückenkopf.
10.11.	In schweren und verlustreichen Kämpfen hat die 6. deutsche Armee rd. 90 Prozent des Stadtgebietes von Stalingrad erobert,

„Vergeltungswaffen 1 und 2“
Die Fi 103 (später von Goebbels propagandistisch als „V1“ – Vergeltungswaffe 1 – bezeichnet), die rd. 800 bis 1000 Kilogramm Sprengstoff tragen konnte, wurde von einem Staustrahltriebwerk angetrieben. Da sie den dafür benötigten Sauerstoff der Luft entnehmen musste, konnte die V1 nur in geringen Höhen (200 bis 2000 m) mit einer Geschwindigkeit von 500 bis (später) rd. 660 km/h fliegen. Vom 13. Juni bis zum 1. September 1944 war London kontinuierlich einem Bombardement mit der V1 ausgesetzt.[105]
Am 8. September 1944 setzten die Deutschen erstmalig ihre „Wunderwaffe“, die raketenangetriebene A4 (von Goebbels als „V2“ bezeichnet) ein. Ziel war ebenfalls die britische Hauptstadt; die V2 konnte zunächst von der Luftabwehr nicht abgewehrt werden. Die letzte auf London abgefeuerte V2 detonierte am 27. März 1945. Antwerpen, Lüttich und Brüssel wurden ebenfalls mit der V2 (rd. 2000 Stück) bombardiert.

Abschüsse und dadurch verursachte Schäden:
V1: Abschüsse rd. 9300 Stück; davon rd. 2000 Fehlstarts; Verluste durch die Abschüsse der alliierten Luftabwehr rd. 3600; 800 V1 gingen auf britischem Boden außerhalb Londons nieder; rd. 2400 V1 erreichten London. 6000 Tote und 16000 Verletzte; 23000 total zerstörte Gebäude, weitere 750000 beschädigt.
V2: Mehr als 1000 A4-Raketen erreichten Großbritannien; in London starben durch diesen Beschuss rd. 3000 Menschen, mehr als 6000 wurden verletzt.[106]

die sowjetischen Brückenköpfe am Westufer des Dons hat sie allerdings nicht eingenommen.

11.11. Die Wehrmacht (Deckname „Anton“) besetzt das bis dahin unbesetzte Frankreich (außer Kriegshafen Toulon). Die Vichy-Regierung protestiert erfolglos gegen den Bruch des deutsch-französischen Waffenstillstandsabkommens. Italien besetzt die Insel Korsika und weite Teile der Provence (außer Toulon).

13.11. Die britische 8. Armee erobert Tobruk.

19.11. Aus den von den Sowjets gehaltenen Brückenköpfen heraus erfolgt die sowjetische Gegenoffensive am Don (nordwestlich von Stalingrad). Am 22. November wird die 6. deutsche Armee (rd. 250000 Mann) im Raum Stalingrad eingeschlossen.

23.11. Dem Gesuch von General Paulus, dem Oberbefehlshaber der 6. Armee, nach individueller Handlungsfreiheit (Durchbruch und Rückzug) gibt Hitler nicht statt. Damit ist die 6. Armee militärisch verloren.

27.11. Die Wehrmacht besetzt den Kriegshafen Toulon, woraufhin die Kriegsflotte (61 Schiffe) der Vichy-Regierung sich selbst versenkt.

01.12. Mussolini fordert von Hitler, den Krieg gegen die UdSSR zu beenden.

02.12. Der Physiker Enrico Fermi löst in Chicago die erste nukleare Kettenreaktion aus.

12.12. Nach einem Angriff der 8. britischen Armee muss sich die Armee Rommels von der Marsa-el-Brega-Stellung zur Großen Syrte (Buerat-Stellung) zurückziehen.

16.12. Himmler befiehlt „Zigeunermischlinge, Rom-Zigeuner und nicht deutschblütige Angehörige zigeunerischer Sippen balkanischer Herkunft nach bestimmten Richtlinien auszuwählen und in einer Aktion von wenigen Wochen Dauer (Herv. vom Vf.) in ein Konzentrationslager einzuweisen“ (so genannter Auschwitz-Erlass; s. **Der Völkermord an den Sinti und Roma**).

Der Völkermord an den Sinti und Roma

1933 setzte die systematische gesetzliche Ausgrenzung der „Zigeuner“ ein. Ab 1936 erstellte das „Rassenhygiene-Institut“ unter Leitung von Robert Ritter in Berlin etwa 24000 „Gutachten“, die als Grundlage der späteren Deportationen dienten. 1936 wurden 600 Sinti in Dachau inhaftiert, im Juni 1938 reichsweit arbeitsfähige männliche Sinti und Roma verhaftet und zur Zwangsarbeit in die Konzentrationslager Dachau, Buchenwald und Mauthausen eingewiesen. Am 8. Dezember 1938 schuf Himmler mit seinem „Grunderlass“ die juristische Grundlage zur Deportation der Sinti und Roma. Am 16. Mai 1940 wurden 2800 Sinti und Roma in das „Generalgouvernement“ zur Zwangsarbeit deportiert. Ab Sommer 1941 ermordeten Einsatzgruppen im Osten Zehntausende Roma. 5000 Sinti und Roma wurden im Dezember 1941 aus dem Reichsgebiet, Rumänien und Ungarn nach Łódz deportiert; wer den Transport überlebte, wurde in Chełmno vergast.

Auf der Basis des Auschwitz-Erlasses und der Ausführungsbestimmungen des RSHA vom 29. Januar 1943 wurden ab März 22000 Sinti und Roma aus 11 Ländern – nur Bulgarien widersetzte sich – in das „Zigeunerlager“ von Auschwitz deportiert. Dort wurden mindestens 17000 Sinti und Roma ermordet.[107]

Robert Ritter wurde nach Ende des Zweiten Weltkrieges für sein menschenverachtendes Tun juristisch nicht zur Verantwortung gezogen, im Gegenteil: Im Jahre 1947 bestellte man ihn zum Leiter der Frankfurter Fürsorgestelle für „Gemüts- und Nervenkranke“. Ein gegen ihn eingeleitetes Ermittlungsverfahren im Jahre 1950 endete erfolglos.[108]

21.12. Ein Entsatzversuch deutscher Truppen (4. Panzerarmee) scheitert 50 km vor Stalingrad.

Das Jahr 1943

01.01. Die Wehrmacht beginnt mit dem Rückzug aus dem Kaukasus.

10.01. Die Rote Armee beginnt mit der Eroberung Stalingrads, nachdem Generaloberst Paulus am 8. Januar die Kapitulation der eingeschlossenen 6. Armee abgelehnt hat.

13.01. Ein geheimer Führererlass sieht den umfassenden Einsatz von Männern und Frauen für die „Reichsverteidigung" vor.

14.–26.01. Auf der (geheimen) *Konferenz von Casablanca* einigen sich Roosevelt und Churchill auf die Formel der bedingungslosen (militärischen und politischen) Kapitulation („Unconditional Surrender") der Achsenmächte Deutschland, Italien und Japan.[109] Eine Waffenstillstandsvereinbarung (auch mit einer Nach-Hitler-Regierung) schließen sie kategorisch aus. Ferner wird die forcierte Umsetzung der Mittelmeerstrategie der Alliierten (Eroberung Nordafrikas, Landung auf Sizilien) und eine erhebliche Ausweitung des Bombenkrieges gegen Deutschland beschlossen. Wenige Tage nach dem Ende der Konferenz nimmt auch die sowjetische Führung die Forderung nach bedingungsloser Kapitulation Deutschlands in ihren Kriegszielkatalog auf.[110]

18.01. Im Warschauer Getto kommt es zu Protesten gegen die Deportationen.

20.01. Beginn des Unternehmens „Weiß": Deutsche, kroatische und italienische Truppen wollen die Partisanen unter Tito in Bosnien fassen und vernichten; diesen gelingt es indes, sich der Umklammerung zu entziehen und in die italienische Besatzungszone zu fliehen.

23.01. Hitler entlässt Hjalmar Schacht (Minister ohne Geschäftsbereich).

25.01. Bei einer Großrazzia in Marseille werden 40000 Menschen zur Deportation verhaftet.

27.01. Die Legislaturperiode des bestehenden Deutschen Reichstages wird per Gesetz bis zum 30. Januar 1947 verlängert.

30.01. SS-Gruppenführer Ernst Kaltenbrunner folgt Heydrich als Leiter des RSHA (SD und Sipo) nach.

31.01. In Nachfolge von Erich Raeder wird Karl Dönitz Oberbefehlshaber der deutschen Kriegsmarine.

31.01./02.02. In Stalingrad kapituliert die 6. deutsche Armee unter Generaloberst Paulus. Mehr als 130000 deutsche Soldaten gehen nach sowjetischen Angaben in die Kriegsgefangenschaft, rd. 6000 kehren nach Deutschland zurück.[111]

04.02. Reichswirtschaftsminister Walther Funk ordnet die Schließung aller nicht kriegswichtigen Betriebe des Handwerks, des Handels und des Gaststättengewerbes an.

05.02. Die Deportation von 10000 Juden von Białystok nach Treblinka beginnt. Am 15. 8. ist die Auflösung des Gettos abgeschlossen.

18.02. Goebbels verkündet im Berliner Sportpalast unter Beifall den „Totalen Krieg".

Bei einer Flugblattaktion der studentischen Widerstandsgruppe **„Weiße Rose"** werden auf dem Gelände der Münchener Universität u.a. die Geschwister Hans und Sophie Scholl verhaftet. Der Volksgerichtshof verurteilt sie in einem Schnellverfahren am 22. Februar zum Tode. Die Hinrichtungen finden noch am selben Tag statt.

Die „Weiße Rose"

Die Widerstandsgruppe „Weiße Rose" agierte 1942/43. In diversen Flugblattaktionen rief sie zum Widerstand gegen das nationalsozialistische Terrorregime auf. In einem dieser Flugblätter (Auszug) heißt es: *In einem Staat rücksichtsloser Knebelung jeder freien Meinungsäußerung sind wir aufgewachsen. HJ, SA, SS haben uns in den fruchtbarsten Bildungsjahren unseres Lebens zu uniformieren, zu revolutionieren, zu narkotisieren versucht. „Weltanschauliche Schulung" hieß die verächtliche Methode, das aufkeimende Selbstdenken in einem Nebel leerer Phrasen zu ersticken. Eine Führerauslese, wie sie teuflischer und bornierter zugleich nicht gedacht werden kann, zieht ihre künftigen Parteibonzen auf Ordensburgen zu gottlosen, schamlosen und gewissenlosen Ausbeutern und Mordbuben heran, zur blinden, stupiden Führergefolgschaft. [...] Es gibt nur eine Parole: Kampf gegen die Partei! Heraus aus den Parteigliederungen, in denen man uns weiter politisch mundtot halten will! Heraus aus den Hörsälen der SS-Unter- und Oberführer und Parteikriecher! Es geht uns um wahre Wissenschaft und echte Geistesfreiheit! Kein Drohmittel kann uns schrecken, auch nicht die Schließung unserer Hochschulen. Es gilt den Kampf jedes Einzelnen von uns um unsere Zukunft, unsere Freiheit und Ehre in einem seiner sittlichen Verantwortung bewussten Staatswesen.*[112]

Zum engeren Kreis der „Weißen Rose" gehörten neben den Geschwistern Scholl Willi Graf, Kurt Huber, Christoph Probst, Alexander Schmorell. Sie wurden vom Volksgerichtshof zum Tode verurteilt und hingerichtet.[113]

02.03. Die UdSSR lehnt die Forderung der polnischen Exilregierung, nach dem Ende des Krieges die gemeinsame Grenze von 1939 wiederherzustellen, ab.

12.03. Die USA verlängern den Lend-lease-Act.

13.03. Ein von Oberst Henning von Tresckow geplantes Attentat auf Hitler scheitert.
Hitler gibt den Befehl für die Operation „Zitadelle", die deutsche Offensive im Raum Kursk.

20.03. Die ersten Deportationszüge mit Juden aus Saloniki kommen in Auschwitz an.

26.03. Carl Friedrich Goerdeler fordert in einem geheimen Schreiben zum Staatsstreich gegen Hitler auf.

05.04. Die Gestapo verhaftet General Hans Oster, Dietrich Bonhoeffer, Hans von Dohnányi, Josef Müller u. a.

07.04. Amerikanische Kräfte und die 8. britische Armee umschließen die „Heeresgruppe Afrika" im Norden Tunesiens; damit tritt der Krieg in Afrika in seine letzte Phase.

13.04. Im Wald von Katyn (südwestlich von Smolensk) entdeckt die deutsche Wehrmacht die Leichen von rd. 4400 von den Sowjets im Frühjahr erschossenen polnischen Offizieren. Erst im April 1990 übernimmt die Sowjetregierung die Verantwortung hierfür.[114]

19.04. ***Aufstand im Warschauer Getto:*** Nachdem bereits über 300 000 Juden nach Treblinka deportiert worden sind (s. Stichtag 23. Juli 1942) leisten die verbliebenen (etwa 60 000) bewaffneten Widerstand.[115] Unter Führung von SS-Brigadeführer J. Stroop benötigen die eingesetzten SS- und Polizeiverbände einen Monat (16.05.), um den Widerstand zu brechen. Himmler befiehlt die „Liquidierung" aller Gettobewohner in den von den Deutschen besetzten Gebieten.

20.04. Die Krupp-Werke planen, ein neues Werk nahe Auschwitz zu errichten.

30.04. Nach einem Generalstreik in den Niederlanden wegen Hitlers Befehl, 300 000 entlassene Kriegsgefangene zum Arbeitseinsatz erneut zu internieren, verhängt Seyß-Inquart den Ausnahmezustand.
Den Juden wird die deutsche Staatsbürgerschaft entzogen.

13.05. Kapitulation deutscher und italienischer Verbände (rd. 250 000 Mann) in Nordafrika.

15.05. Im Interesse seines Bündnisses mit den Westmächten lässt Stalin die Komintern auflösen.

24.05. Die Wende im U-Boot-Krieg[116] im Atlantik zeichnet sich ab. Nach immensen Verlusten (alleine im Mai verliert die deutsche Kriegsmarine insgesamt 43 U-Boote) bricht Dönitz „die Schlacht im Atlantik“ ab.

27.05. Unter Führung Jean Moulins werden die verschiedenen französischen Widerstandsgruppen im „Conseil National de la Résistance“ zusammengefasst.

30.05. Auf Anweisung von Josef Mengele werden Hunderte von Sinti und Roma, die angeblich an Typhus erkrankt sein sollen, vergast.
Mengele, seit Mai Chefarzt im Vernichtungslager Auschwitz, führt dort umfangreiche **Menschenversuche** durch.

Menschenversuche
Während des Krieges wurden in einigen Konzentrationslagern auch Menschenversuche durchgeführt. Josef Mengele z. B., seit 1934 Mitglied des Forschungsstabs des „Instituts für Erbbiologie und Rassenhygiene“, seit 1943 Chefarzt im Vernichtungslager Auschwitz, wählte bei der Selektion an der Rampe Opfer (insbesondere Zwillinge, Säuglinge und Häftlinge mit besonderen Merkmalen wie Zwergwuchs oder Rückgratverkrümmung) für seine barbarischen „Experimente“ aus.[117]
Im Ärzteprozess, der im Rahmen der Nürnberger Folgeprozesse stattfand (Urteil vom 20. August 1947), wurden 23 Personen angeklagt, u.a. wegen Verbrechen gegen die Menschlichkeit, Verschwörung zur Begehung von Kriegsverbrechen, Kriegsverbrechen (medizinische Versuche). Sieben davon wurden zum Tode verurteilt und hingerichtet; neun Angeklagte erhielten langjährige Freiheitsstrafen, die restlichen sieben wurden freigesprochen.[118]
Josef Mengele konnte nicht angeklagt werden: Er floh aus einem britischen Militärgefängnis und gelangte mit gefälschten Papieren über Rom nach Buenos Aires; 1959 erhielt er die paraguayische Staatsbürgerschaft. Ab 1962 forderte die Bundesregierung seine Auslieferung. Mengele soll 1979 bei einem Badeunfall tödlich verunglückt sein.

01.06. Die Auflösung des jüdischen Getto in Lemberg beginnt.

03.06. In Algier bilden Charles de Gaulle und Henri-Honoré Giraud das „Komitee der nationalen Befreiung“.

05.06. 1250 Kinder unter 16 Jahren werden aus den Niederlanden zur Vernichtung nach Sobibór deportiert.

21.06. Himmler befiehlt, alle jüdischen Gettos in den von Deutschland besetzten sowjetischen Gebieten aufzulösen.

01.07.	Auch formal verlieren die Juden im Deutschen Reich jeglichen Rechtsschutz und werden unter Polizeirecht gestellt.
05.07.	Beginn des Unternehmens „Zitadelle“, der letzten Großoffensive der Wehrmacht an der Ostfront, die bald darauf scheitert.
10.07.	Alliierte Truppen landen in Sizilien.
12./13.07.	Exilvertreter der KPD und deutsche Kriegsgefangene gründen in Krasnogorsk (nahe Moskau) das „Nationalkomitee Freies Deutschland“.
17.07.	Der Beginn einer weiteren sowjetischen Großoffensive, die sich auf die Regionen Asowsches Meer und oberer Dnjepr konzentriert.
25.07.	Mussolini wird verhaftet. König Viktor Emanuel III. ernennt Marschall Badoglio zum Ministerpräsidenten. Dieser löst die faschistische Partei und den „Großen Faschistischen Rat“ zwei Tage später auf und erklärt am 28. Juli die Fortsetzung des Krieges gegen die Alliierten.
30.07.	De Gaulle setzt sich bei innerfranzösischen (politischen) Auseinandersetzungen durch und bildet ein regierungsähnliches Komitee.
Sommer	Wehrmachtsoffiziere planen Attentat gegen Hitler (Plan „Walküre“).
09.08.	Die Mitglieder des „Kreisauer Kreises“ legen einen letzten Entwurf für die moralische und politische Neuordnung Deutschlands nach Kriegsende vor. Diese Neuordnung sieht eine sittliche und religiöse (auf Basis des Christentums) „Erneuerung“ des Deutschen Volkes vor. Gefordert werden die Überwindung von Hass und Lüge und die Errichtung einer europäischen Völkergemeinschaft.
14.–24.08.	Auf einer in Quebec stattfindenden Konferenz beschließen Churchill und Roosevelt die von Großbritannien ausgehende Invasion Frankreichs an der Kanalküste.
17.08.	Fast 600 britische Bomber führen einen vernichtenden Angriff gegen das deutsche Raketenversuchgelände in Peenemünde. Nach der weitgehenden Zerstörung werden die Produktions- und Montagearbeiten in den Harz (Kohnsteinberg bei Nordhausen) verlagert. Der Ausnahmezustand wird über Norwegen verhängt.
23.08.	Sowjetische Truppen erobern die ukrainische Stadt Charkow zurück.
24.08.	Heinrich Himmler (Reichsführer-SS) wird zum Innenminister des Reiches ernannt. Wilhelm Frick geht als Reichsprotektor für Böhmen und Mähren nach Prag.

29.08.	Der Ausnahmezustand wird über Dänemark verhängt.
02.09.	Nach einem Erlass Hitlers scheidet das Reichswirtschaftsministerium aus der Lenkung der Kriegswirtschaft aus; Speer, jetzt „Reichsminister für Rüstung und Kriegswirtschaft“, übernimmt diese.
03.09.	Die Regierung Badoglio schließt einen – zunächst geheim gehaltenen – Waffenstillstand mit den Alliierten. Nach dessen Bekanntgabe am 8. September leiten die Deutschen Gegenmaßnahmen ein (Besetzung Norditaliens und, am 10., Roms).
	Die belgischen Juden werden für die Deportation nach Auschwitz inhaftiert.
09.09.	Die Amerikaner landen in Salerno auf Sizilien.
12.09.	Deutsche Fallschirmjäger befreien den auf dem Campo Imperatore am Gran Sasso d'Italia gefangen gehaltenen Mussolini.
15.09.	Die Nationalsozialisten setzen Mussolini wieder als Führer der von den Deutschen vollkommen abhängigen Repubblica Sociale Italiana (für den noch nicht von den Alliierten kontrollierten Bereich Italiens), die ihren Sitz nach Salò (deshalb auch „Republik von Salò“ genannt) am Gardasee verlegt, ein.
20.09.	Die letzten deutschen Truppen verlassen Sardinien.
23./24.09.	Auflösung des jüdischen Gettos in Wilna.
24.09.	Die Wehrmacht gibt Smolensk auf. Am gleichen Tage landen deutsche Truppen auf der griechischen Mittelmeerinsel Korfu.
27.–30.09.	Aufstand der Resistenza in Neapel. Die alliierten Truppen befreien Neapel am 1. Oktober.
1./2.10.	Eine Verhaftungsaktion gegenüber 8000 Juden scheitert, da die dänische Bevölkerung sie verstecken und ihnen zur Flucht nach Schweden verhelfen kann.
05.10.	Gaullistische Truppen landen auf Korsika, das die Deutschen aufgeben.
06.10.	In Dänemark wird der Ausnahmezustand aufgehoben.
09.10.	Hannover wird von der Royal Air Force angegriffen. Durch das schwere Bombardement (rd. 1700 t werden abgeworfen) werden 250 000 Menschen obdachlos.
18.10.	1035 der 1060 Juden in Rom werden nach Auschwitz deportiert.
21.10.	Auflösung des jüdischen Gettos in Minsk.
19.–30.10.	Bei einem Außenministertreffen zwischen Eden, Hull und Molotow in Moskau wird die „Europäische Beratende Kommission“ (European Advisory Commission; EAC) gegründet. Diese Organisation, die ihren Sitz in London hat, soll den drei Regie-

	rungen Vorschläge für eine Nachkriegsregelung (u. a. Wiederherstellung Österreichs, Behandlung von Kriegsverbrechern, territoriale Behandlung Deutschland etc.) unterbreiten.
03.11.	Die von Hitler als letzte strategisch befohlene „Weisung Nr. 51" sieht eine Verstärkung der deutschen Kräfte an der Westfront zur Abwehr einer alliierten Invasion in Frankreich (Atlantikwall) vor.
03./04.11.	Aktion „Erntefest": Ermordung der meisten Juden (zwischen 42000 und 43000) im Distrikt Lublin; damit endet die Aktion „Reinhard".
06.11.	Sowjetische Truppen erobern Kiew zurück.
18.11.	Der Beginn einer Serie von britischen Bombenangriffen auf die Reichshauptstadt (rd. 3000 getötete Zivilisten, 250000 Menschen werden obdachlos).
28.11.–01.12.	*Die Konferenz von Teheran:* Auf der ersten gemeinsamen Konferenz von Churchill, Roosevelt und Stalin wurde die Errichtung einer zweiten Front durch Landung alliierter Truppen in der Normandie und in Südfrankreich koordiniert. Wenngleich die „Großen Drei"[119] letztlich keine Einigkeit untereinander erzielen, verständigen sie sich prinzipiell über die Aufteilung Deutschlands und die Westverschiebung der polnischen Grenze. Stalin erklärt sich darüber hinaus zur Mitarbeit in den geplanten UN bereit.
29.11.	Zur Vorbereitung eines Volksaufstandes wird der „Slowakische Nationalrat" einschließlich der illegalen kommunistischen Partei gebildet.
30.11.	Der Reichskommissar für Norwegen, Josef Terboven, befiehlt, die Universität von Oslo zu schließen. Professoren und Teile der Studentenschaft werden verhaftet.
Dez.	Als Repressalie gegen die Aktivitäten griechischer Partisanen erschießen die Deutschen 696 Männer und brennen 24 Dörfer sowie drei Klöster nieder.
15.12.	Die UdSSR anerkennt Titos Befreiungskomitee als jugoslawische Regierung; die Westmächte ernennen ihn nur zum „gleichberechtigten alliierten Befehlshaber".
24.12.	Dwight David Eisenhower wird zum Oberbefehlshaber der alliierten Invasionstruppen ernannt.
26.12.	Britische Seestreitkräfte versenken das deutsche Schlachtschiff „Scharnhorst".
30.12.	Die Sowjets durchbrechen auf breiter Front die deutschen Verteidigungslinien in der Ukraine.

31.12.	Zum Jahresende befinden sich 43 Staaten im Kriegszustand mit Deutschland.

Das Jahr 1944

01.01.	Generalfeldmarschall Erwin Rommel erhält den Oberbefehl über alle deutschen Truppen (Heeresgruppe B) im Westen (nördlich der Loire).
02.01.	In der Nacht vom 2. auf den 3. Januar fliegt die britische Luftwaffe schwere Angriffe gegen Berlin.
04.01.	Die Rote Armee überschreitet bei Wolhynien die polnische Grenze von 1939 (vor dem 1. Sept. 1939).
14.01.	Die Heeresgruppe Nord kann sich in ihren Stellungen um Leningrad nicht halten, eine sowjetische Offensive drängt sie bis zum Peipus-See zurück. Ende Januar geben die Deutschen die Belagerung Leningrads, die seit September 1941 andauert und der zwischen 800000 und 1 Mio. Einwohner zum Opfer fielen, auf.
15.01.	Die von den Alliierten gegründete EAC nimmt in der britischen Hauptstadt ihre Arbeit auf.
20.01.	Die Rote Armee erobert im Rahmen ihrer Offensive in Nordrussland Nowgorod zurück.
22.01.	US-amerikanische Streitkräfte landen südlich von Rom.
Jan./Febr.	Die Gestapo zerschlägt, nach der Verhaftung Helmuth von Moltkes und Peter Yorck von Wartenburgs, den Kreisauer Kreis.
28.01.	In Berlin läuft der Spielfilm „Die Feuerzangenbowle“ mit Heinz Rühmann an.
01.02.	De Gaulle schließt den französischen militärischen Widerstand zu den „Forces Françaises de l'Intérieur“ zusammen.
12.02.	Wilhelm Canaris, Chef der Abwehr im OKW, wird entlassen und damit der Widerstandskreis der Abwehr ausgeschaltet. Zwei Tage später werden die deutschen Nachrichten- und Spionagedienste im Amt „Abwehr“ vereinigt und Himmler unterstellt.
20.02.	Die Luftoffensive der Alliierten gegen deutsche Rüstungs- und Industrieanlagen beginnt.
01.03.	Mehrtägige Streiks, organisiert von der Resistenza, beginnen in norditalienischen Großstädten.
04.03.	Auch an der sowjetischen Südfront müssen die deutschen Armeen zurückweichen. Die sowjetischen Streitkräfte befreien die Ukraine, Mitte April steht die Rote Armee bereits in Rumänien.
15.03.	Eichmann ordnet die systematische Erfassung griechischer Juden zur Deportation an.

17.03.	Amerikanische Luftstreitkräfte greifen Wien an.
19.03.	Einheiten der Wehrmacht und der SS besetzen Ungarn.
30.03.	Der Generalfeldmarschall Erich von Manstein, Oberbefehlshaber der Heeresgruppe Süd, wird wegen seiner Kritik an Hitlers Kriegführung – Manstein erwägt einen Rückzug an der Ostfront – von Generalfeldmarschall Walter Model abgelöst.[120]
31.03.	Die deutsche Bevölkerung wird aufgerufen, in vom Luftkrieg gefährdeten Gebieten die „Kinderlandverschickung" zu unterstützen.
März	In New York wird das „Council for a Democratic Germany" unter Beteiligung von Kommunisten, Linkssozialisten, Sozialdemokraten und Liberalen gegründet, das einen Programmentwurf für ein demokratisches Gesamtdeutschland als Alternative zu den alliierten Planungen ausarbeitet.
07.04.	Die Rote Armee beginnt mit der Rückeroberung der Krim.
15.04.	Im Vernichtungslager Ponary (nahe Wilna) ermorden die Nationalsozialisten zwischen Juli 1941 und Juli 1944 rd. 100 000 Menschen, meist Juden; SS-Wachmannschaften werfen die Leichen in ein nahe gelegenes Waldstück. Als die Rote Armee sich dem Lager nähert, beginnen im September 1943 die Wachmannschaften damit, die Gruben zu öffnen und die Leichen zu verbrennen, um so die Beweise ihres verbrecherischen Tuns zu verwischen. Für diese Arbeiten werden 80 Häftlinge eingesetzt. Am 15. April unternehmen diese Häftlinge einen Fluchtversuch, der jedoch größtenteils scheitert. Nur 15 (oder 13; die Überlieferung ist uneinheitlich) Häftlingen gelingt die Flucht, die anderen werden erschossen.
19.04.	Die deutsche Luftwaffe greift mit 125 Flugzeugen London an.
04.05.	Im rumänischen Oradea werden rd. 20 000 Juden in ein Getto gesperrt, nachdem die deutsche und ungarische Armee ihnen zuvor Besitz und Vermögen genommen hatten. Mehr als 2500 Männer werden zur Zwangsarbeit eingesetzt. Wenige Wochen später werden alle nach Auschwitz deportiert und umgebracht.
09.05.	Sowjetische Truppen nehmen Sewastopol (Krim) ein.
12.05.	Eine konzentrierte alliierte Luftoffensive führt zur Zerschlagung der deutschen (synthetischen) Treibstoffproduktion. Betroffen sind vor allem die Leuna-Werke von Merseburg, Tröglitz und Böhlau sowie die Hydrierwerke in Pölitz und Brüx.
15.05.	Das „Sonderkommando Eichmann"[121] (s. **Adolf Eichmann**) beginnt mit der Deportation von mindestens 380 000 (meist) ungarischen Juden in das Vernichtungslager Auschwitz.

Adolf Eichmann
Eichmann, der seit Oktober 1939 die „Reichszentrale für jüdische Aussiedlung" leitete, übernahm kurz darauf das Referat IV B 4 („Judenangelegenheiten und Räumung") im Amt IV des RSHA. Er war für die Deportation der Juden aus Deutschland sowie allen annektierten und besetzten Gebieten in die Gettos, KZs und Vernichtungslager zuständig und damit einer der maßgeblichen Organisatoren der Vernichtung.
Im Mai 1960 wurde er in seinem argentinischen Exil vom israelischen Geheimdienst aufgegriffen, von dort nach Jerusalem gebracht und vor Gericht zur Verantwortung gezogen. Die Anklageschrift des Generalstaatsanwaltes Gideon Hausner vom 21. Februar 1961 enthielt 15 Anklagepunkte, u. a. „Verbrechen gegen das jüdische Volk", „Verbrechen gegen die Menschlichkeit", „Kriegsverbrechen", „Mitgliedschaft in einer feindlichen (verbrecherischen) Organisation" (SD, SS, Gestapo). Der Prozess endete am 15. Dezember 1961 mit dem Todesurteil, das das Berufungsgericht (Oberster Gerichtshof) am 29. Mai 1962 bestätigte. Nachdem der israelische Staatspräsident Izhak Ben-Zwi ein Gnadengesuch abgelehnt hatte, wurde Eichmann in der Nacht vom 31. Mai auf den 1. Juni 1962 durch den Strang hingerichtet.[122]

18.05. Alliierten Verbänden gelingt es, die Deutschen zum Rückzug aus Montecassino zu zwingen.

21.05. Anlässlich des Muttertages fordert Reichsfrauenführerin Gertrud Scholtz-Klink die deutschen Frauen zu „Geburtshöchstleistungen" auf.

25.05. Deutscher Fallschirmjägereinsatz gegen das Hauptquartier Titos; dieser kann auf die Insel Lissa flüchten.

04.06. Die Alliierten erobern Rom und ziehen mit ihren Truppen in die „Freie Stadt" ein.

06.06. Der Beginn (6.30 h) der Invasion alliierter Truppen in der Normandie. Die von den Alliierten gebildeten Brückenköpfe können trotz deutscher Gegenwehr militärisch gehalten und im weiteren Verlauf der Kampfhandlungen ausgebaut werden.

07.06. Der belgische König Leopold III. kommt nach Dresden in deutsche Kriegsgefangenschaft.

09.06. Die deutschen Truppen räumen die Toskana.

10.06. Als „Antwort" auf verstärkte Aktivitäten der Résistance brennen Einheiten der SS-Panzerdivision „Das Reich" das französische Dorf Oradour-sur-Glane nieder; die über 600 Einwohner werden getötet.[123]

12.06. Die deutsche Luftwaffe beginnt mit dem Einsatz der „Flügelbombe“ V1 und beschießt die britischen Hauptstadt (s. „Das Jahr 1942“, Kasten „Vergeltungswaffen 1 und 2“).

19./20.06. Sowjetische Partisanen zerstören an rd. 9600 Stellen die Schienennachschubwege der deutschen Heeresgruppe Mitte.

22.06. Am Jahrestag des Einmarsches deutscher Truppen in die Sowjetunion beginnen die Sowjets eine neue Großoffensive gegen die Heeresgruppe Mitte.

28.06. Knapp eine Woche nach Beginn der Offensive gegen die Heeresgruppe Mitte haben sowjetische Truppen rd. 28 deutsche Divisionen zerschlagen; mehr als 350 000 Soldaten sind im Kampf gefallen oder in die Gefangenschaft geraten. Die 4. Armee muss die Überlegenheit der sowjetischen Truppen anerkennen und gibt den Kampf auf (8.7.).

30.06. Im alliierten Normandie-Brückenkopf befinden sich über 850 000 Soldaten und mehr als 148 000 Fahrzeuge.

Mit einem mehrtägigen Generalstreik erreicht der „Dänische Freiheitsrat“, dass die Deutschen die Ausgangssperre in Kopenhagen aufheben.

01.–23.07. In Bretton Woods (New Hampshire, USA) einigen sich 44 Regierungen über die Neuordnung der Weltwirtschaft nach dem Krieg. Es wird ein internationaler Kapitalfond in Höhe von rd. 10 Milliarden US-$ eingerichtet sowie die Gründung des Internationalen Währungsfond (IWF) und der Bank für Wiederaufbau und Entwicklung (Weltbank) beschlossen.

03.07. Sowjetische Truppen nehmen Minsk ein.

09.07. Nach schweren Kämpfen nehmen die Westalliierten die Hafenstadt Caen in der Normandie ein.

20.07. Das auf Hitler verübte Attentat in der „Wolfsschanze“ bei Rastenburg in Ostpreußen scheitert (s. **Der 20. Juli 1944**).[124]

21.07. Amerikanische Truppen landen auf der Marianen-Insel Guam.

22.07. Das „Polnische Komitee der Nationalen Befreiung“ wird unter dem Einfluss der UdSSR in Chełm gegründet. Es übernimmt in den sowjetisch kontrollierten Gebieten Polens (westlich der Curzon-Linie) die Verwaltung. Das Komitee, das drei Tage später nach Lublin umzieht („Lubliner Komitee“), soll die von Stalin erhobenen Gebietsansprüche sanktionieren und gegenüber der eigenen Bevölkerung durchsetzen.

24.07. Die Rote Armee befreit das Vernichtungslager Majdanek.

24.–29.07. Mehr als 600 britische Bomber der Royal Air Force greifen Stuttgart an und zerstören große Teile des Zentrums (rd. 900 Tote und mehr als 100 000 Obdachlose).

Der 20. Juli 1944
Das Attentat auf Hitler sollte der Auftakt zu einem Staatsstreich nationalkonservativer und bürgerlicher Kreise sein. Die von den Verschwörern geplante Übernahme relevanter Befehlsstellen in Berlin gelang nicht, da v. a. die Nachricht vom Überleben Hitlers bei vielen Kommandeuren Unentschlossenheit auslöste. Bis zum Abend wurde der Aufstandsversuch niedergeschlagen; Oberst Graf Schenk von Stauffenberg, Oberleutnant Werner von Haeften, General Friedrich Olbricht und Oberst Albrecht Mertz von Quirnheim wurden standrechtlich erschossen. Generaloberst Ludwig Beck, den die Verschwörer als neuen Staatschef vorgesehen hatten, räumten die Nazis die „Gelegenheit zum Selbstmord" ein. Eine Verfolgungswelle setzte ein: mehr als 7000 Personen wurden verhaftet. Von August 1944 und April 1945 fanden vor dem Volksgerichtshof unter seinem Präsidenten Roland Freisler, der wie kein anderer den nationalsozialistischen Justizterror personifizierte, eine Vielzahl von Schau- und Racheprozessen statt, die mit Todesurteilen endeten.

25.07. In London legt die EAC einen Entwurf zur politischen Behandlung Deutschland nach dessen bedingungsloser Kapitulation vor.
Nach einem „Führererlass" wird Goebbels „Reichsbevollmächtigter für den totalen Kriegseinsatz", Himmler Oberbefehlshaber des Ersatzheeres.

27.07. Die Royal Air Force greift die Leuna-Werke (bei Merseburg) an, die für die Herstellung von synthetischen Kraftstoffen eine herausragende Stellung einnehmen, und beschädigt sie schwer.

28./29.07. Die Heeresgruppe „Nord" wird bei Tukkum (Rigaer Bucht) von sowjetischen Truppen angegriffen und eingeschlossen, wodurch sie die Landverbindungen zum Reich verliert.

29.07. Nach gelungener Invasion stehen 30 alliierte Infanterie- und 13 Panzerdivisionen mit 1,5 Mio. Soldaten auf französischem Territorium.

30.07. Nach dem „Terror- und Sabotage-Erlass" Hitlers sind Widerstandskämpfer in den besetzten Gebieten nicht mehr der Wehrmachtsgerichtsbarkeit, sondern der Sicherheitspolizei zu übergeben oder sofort zu erschießen.

31.07. Den amerikanischen Truppen gelingt an der Westfront der Durchbruch bei Avranches. Feldmarschall Walter Model beginnt mit dem Rückzug deutscher Einheiten bis zur belgisch-niederländischen Grenze.

01.08. Erhebung der polnischen Heimatarmee in Warschau gegen die deutsche Besatzungsmacht: General Bór-Komorowski will mit dem Aufstand erreichen, dass die polnische Hauptstadt von der Untergrundarmee der polnischen Exilregierung in London befreit und dadurch der Einfluss des „Lubliner Komitees" ausgeschaltet wird. Die Rote Armee kommt den Aufständischen nicht zur Hilfe; Stalin verweigert darüber hinaus Versorgungsflugzeugen der Westalliierten die Landung auf sowjetischen Flughäfen. Am 2. Oktober müssen sich die Aufständischen SS- und Polizeiverbänden ergeben.

04.08. Die am 12. Juni 1929 als jüngste Tochter des jüdischen Bankiers Otto Frank und dessen Frau Edith (geb. Holländer) in Frankfurt geborene und 1934 in die Niederlande emigrierte Anne (Annelies Marie) Frank wird von den Nationalsozialisten in ihrem Versteck in Amsterdam aufgespürt und verhaftet. Das von ihr verfasste Tagebuch, das sie ab dem 12. Juni 1942 geführt hat, bleibt unentdeckt.[125] An Typhus erkrankt, stirbt sie wenige Tage nach dem Tod ihrer Schwester Margot am 15. März des Jahres 1945 im Konzentrationslager Bergen-Belsen.

07.08. Die Auflösung des jüdischen Gettos in Łódz beginnt; 74000 Juden werden in den folgenden Wochen nach Auschwitz deportiert.

15.08. Amerikanisch-französische Streitkräfte landen an der Südküste Frankreichs (zwischen Cannes und Toulon).

18.08. Ernst Thälmann wird im Konzentrationslager Buchenwald ermordet.

19.08. Aufstand der Résistance in Paris; der deutsche Stadtkommandant widersetzt sich Hitlers Zerstörungsbefehl und schließt einen Waffenstillstand mit Vertretern der Résistance.

Generalfeldmarschall Hans Günther von Kluge nimmt sich das Leben. Er steht im Verdacht, Kontakte zu Widerstandsgruppen zu unterhalten.

23.08. Der rumänische Regierungschef Antonescu wird gestürzt; zwei Tage später erklärt Rumänien Deutschland den Krieg. Die deutschen Truppen ziehen sich daraufhin zuerst aus Griechenland, dann aus Jugoslawien zurück.

25/26.08. Die Alliierten befreien Paris und ziehen, begleitet von französischen Kämpfern (De-Gaulle-Truppen), in die Hauptstadt ein. Die „Provisorische Französische Regierung" unter Führung von de Gaulle nimmt ihre Arbeit am 26. August auf.

31.08. Die Rote Armee rückt in Bukarest ein.

03.09. Prinz Bernhard übernimmt den Oberbefehl über die „Binnenlandse Strijdkrachten".
Die Alliierten nehmen Brüssel ein.

04.09. Belgische Widerstandskämpfer besetzen bis zum Eintreffen alliierter Truppen den (unzerstörten) Hafen Antwerpens.

08.09. Erster Angriff mit der V 2, gegen die es keine Abwehrmöglichkeit gibt, auf London.
Bulgarien erklärt Deutschland den Krieg.
Carl Friedrich Goerdeler, einer der führenden Vertreter des konservativen Widerstands, seit 12. August aufgrund einer Denunziation inhaftiert, wird vom Volksgerichtshof zum Tode verurteilt.

11.09. US-amerikanische Streitkräfte erreichen nördlich von Trier die deutsche Reichsgrenze.

12.09. In London erstellt die EAC das 1. Zonenprotokoll. Darin wird die Aufteilung Deutschlands in drei Zonen vorgeschlagen. Für Berlin (in den Grenzen von 1920) ist ein besonderer Besatzungsstatus vorgesehen.

15.09. Die Rote Armee zieht in Sofia ein.

17.09. Das von den Briten unter Feldmarschall Montgomery durchgeführte Luftlandeunternehmen bei Arnheim und Nimwegen schlägt fehl.

19.09. In Moskau unterzeichnen Großbritannien und die Sowjetunion ein Waffenstillstandsabkommen mit Finnland; deutsche Truppen müssen Finnland räumen.

25.09. Die Bildung des so genannten Deutschen Volkssturms stellt einen letzten Versuch des Regimes dar, die alliierten Gegner aufzuhalten. Alle „wehrfähigen" Männer im Alter zwischen 16 und 60 Jahren werden einberufen, die Organisation wird den jeweiligen Gauleitern übertragen.

03.10. Hitler befiehlt den vollständigen Rückzug aus Griechenland.

04.10. Britische Truppen nehmen die griechische Hafenstadt Patras (Peloponnes) ein.

06.10. Die Rote Armee erreicht Ungarn.

07.10. Aufstand des Sonderkommandos der Häftlinge in Auschwitz; eine Gaskammer wird gesprengt. Letztlich scheitert der Aufstand: Fast alle Aufständischen werden von der SS erschossen.

15.10. Der ungarische Reichsverweser von Horthy gibt im Radio einen Waffenstillstand mit der UdSSR bekannt. Daraufhin zwingen ihn SS-Einheiten, zugunsten Ferenc Szálasis, des Führers der ungarischen nationalsozialistischen Bewegung „Pfeilkreuzer", abzudanken.

18.10.	Die Rote Armee erreicht über die Kaparten die Tschechoslowakei.
19.10.	Die von Hitler befohlene systematische Zerstörung Warschaus wird eingeleitet.
20.10.	Die Rote Armee und jugoslawische Partisanen nehmen Belgrad ein.
21.10.	Aachen wird als erste Großstadt des Reiches von alliierten Truppen eingenommen.
23.10.	Großbritannien, die USA und die Sowjetunion erkennen die von Charles de Gaulle gebildete „Provisorische Französische Regierung“ an.
22.–25.10.	Bei Leyte (Philippinen) beginnt die größte Luft- und Seeschlacht[126] des Zweiten Weltkrieges zwischen japanischen und amerikanischen Streitkräften. Durch den Sieg der amerikanischen Verbände verlieren die Japaner endgültig ihre Vormachtstellung im Pazifik.
31.10.	Die letzten deutschen Truppen verlassen Saloniki und beginnen mit ihrem Rückzug aus Albanien.
06.11.	Die „Provisorische Regierung Frankreichs“ setzt in Paris alle gegen die Juden gerichteten Diskriminierungsgesetze außer Kraft.
07.11.	Der seit dem 4. März 1933 regierende US-Präsident Franklin D. Roosevelt wird für eine weitere (seine vierte) Amtszeit gewählt. Roosevelt ist bis heute der einzige US-Präsident, der länger als acht Jahre im Weißen Haus regiert hat.
10.11.	Dreizehn Mitglieder der Jugendgruppe „Edelweißpiraten“ werden in Köln hingerichtet.
12.11.	Britische Bomber versenken das deutsche Schlachtschiff „Tirpitz“ im Tromsö-Fjord.
14.11.	Die EAC legt das 2. Zonenprotokoll vor: Danach soll Nachkriegsdeutschland in drei Besatzungszonen und Berlin in drei Sektoren aufgeteilt werden. Das Kontrollratsabkommen sieht die Schaffung eines „Alliierten Kontrollrates“, der sich aus den obersten Militärbefehlshabern der Besatzungszonen zusammensetzt, als oberste Instanz der Besatzungsmächte vor.
23.11.	US-Streitkräfte nehmen Straßburg ein und stoßen bis zum Rhein vor.
Ende Nov.	Im Vernichtungslager Auschwitz-Birkenau wird das Morden durch Vergasen eingestellt. Auf Anordnung Himmlers werden die Krematorien und Gaskammern wegen der bevorstehenden Befreiung des Lagers zerstört; die Häftlinge in andere Konzentrationslager – u.a. Dachau und Bergen-Belsen – verlegt.

27.11. Frankreich entsendet einen Vertreter in die EAC, womit es Mitglied in diesem Gremium wird.

03.12. Ausbruch des Bürgerkrieges in Griechenland.

05.12. Reichsfrauenführerin Gertrud Scholtz-Klink ruft alle Frauen zur „aktiven Verteidigung“ auf („Hilf’ dir selbst, so hilft dir Gott“).

10.12. Die „Provisorische Französische Regierung“ unter de Gaulle unterzeichnet in Moskau einen französisch-sowjetischen Bündnisvertrag mit einer Laufzeit von 20 Jahren. In diesem Vertrag stimmt de Gaulle der Anerkennung der Oder-Neiße-Grenze als polnischer Westgrenze zu. Die Anerkennung des „Lubliner Komitees“ lehnt de Gaulle hingegen ab, während Stalin seine Zustimmung zur Abtretung des Ruhr- und Rheingebietes von Deutschland verweigert.
Der Vatikan erkennt die von de Gaulle geführte Regierung an.
Hitler verlegt sein Hauptquartier in die Nähe von Bad Nauheim (Taunus).

15.12. Anlässlich einer Rede im britischen Unterhaus stimmt auch Churchill der Verschiebung der polnischen Grenzen nach Westen zu. Ferner billigt er die Vertreibung der deutschen Bevölkerungsteile aus den jeweiligen (neupolnischen) Gebieten.[127]

16.12. Beginn der Ardennenoffensive, die nach anfänglichen deutschen „Raumgewinnen“ scheitert.[128]

18.12. Gründung des „Provisorischen Österreichischen Nationalkomitees“ unter Einschluss der wichtigsten Widerstandsgruppen.
Budapest ist von den Truppen der Roten Armee eingeschlossen.

31.12. Zum Ende des Jahres erreichen die Truppen der Waffen-SS eine Mannschaftsstärke von rd. 1 Mio. Mann.

Das Jahr 1945

01.01. In einem letzten Großangriff (mehr als 1000 Flugzeuge) bombardiert die deutsche Luftwaffe alliierte Flugplätze in den südlichen Niederlanden, Belgien und Nordfrankreich.
Aus dem „Lubliner Komitee“ geht die „Provisorische Regierung Polens“ hervor, die am 5. Januar von der UdSSR diplomatisch anerkannt wird.

07./08.01. Starke britische Luftstreitkräfte (Bomberverbände) greifen München an.

09.01. Trotz erbitterten japanischen Widerstands und unter hohen eigenen Verlusten erobert die 6. US-Armee unter dem Oberbefehl von General Douglas MacArthur die philippinische Hauptinsel Luzon.

12.01. Den sowjetischen Truppen gelingt der Durchbruch an der Weichsel.

17.01. Die 9. deutsche Armee kapituliert in Warschau.

18.01. 66 000 Häftlinge in Auschwitz, überwiegend Juden, werden zum Todesmarsch nach Wodzisław gezwungen.[129]

23.01. Die deutsche Kriegsmarine beginnt mit Evakuierungen aus Ostpreußen, Danzig, Gotenhafen, Kolberg und dem Kurland (Libau, Windau). Bis Kriegsende bringt sie mehr als 2 Millionen Menschen (Flüchtlinge und Soldaten) nach Schleswig-Holstein und Dänemark. Die letzte Evakuierung von 44 000 Personen von der Halbinsel Hela (Danziger Bucht) findet vom 6. bis 9. Mai statt. Auf diesen Transporten, die von sowjetischen U-Booten angegriffen und torpediert werden, sterben rd. 14 000 Menschen.[130]

24.01. Die deutschen Truppen ziehen sich aus der Slowakei zurück. Himmler wird Oberbefehlshaber der Heeresgruppe Weichsel. Diese soll – auf Befehl Hitlers – den Vorstoß der Sowjets auf Westpreußen und Berlin verhindern.

25.01. In Aachen erscheint die erste, von den Alliierten genehmigte freie Zeitung („Aachener Nachrichten").

27.01. Die Rote Armee befreit das KZ und Vernichtungslager Auschwitz. Dieses größte der deutschen Vernichtungslager, in dem mindestens 1,1 bis 1,6 Millionen Menschen umgebracht wurden,[131] vermittelt den Sowjets ein Bild des Grauens: Sie finden die Leichen von 600 Häftlingen, die kurz zuvor noch getötet worden sind, vor; 7650 Gefangene, die die Deutschen bei ihrem schnellen Rückzug nicht mehr zu einem Todesmarsch zwingen konnten, treffen sie krank und ausgemergelt an. In den Lagerhäusern haben die Deutschen 350 000 Anzüge, 837 000 Kleider sowie große Mengen Kinder- und Babykleidung, zudem Zehntausende Paar Schuhe und 7,7 Tonnen menschliches Haar, fertig zum Transport verpackt, zurückgelassen.[132]

Das oberschlesische Industriegebiet kann von den deutschen Truppen nicht gehalten werden. Am 28. Januar erobert die Rote Armee Kattowitz.

30.01. In seiner letzten Rundfunkansprache ruft Hitler zum „Endsieg" auf.

02.02. Ecuador erklärt dem Deutschen Reich den Krieg.

Carl Friedrich Goerdeler wird in Berlin-Plötzensee hingerichtet (s. Stichtag 8. September 1944).

03.02. Berlin wird durch einen amerikanischen Luftangriff schwer getroffen. Bei diesem Angriff kommt der Präsident des Volksgerichtshofes Roland Freisler ums Leben.

04.02. Die US-Streitkräfte besetzen Manila.

04.–11.2. *Jalta-Konferenz* (Krim-Konferenz): Churchill, Roosevelt und Stalin klären Rahmenbedingungen für die Gründung der Vereinten Nationen. Stalin setzt durch, dass die UdSSR mit drei Vertretern in der UNO vertreten ist. Ferner erhalten die Großmächte ein Vetorecht im Sicherheitsrat. In einer „Erklärung über das befreite Europa" wird allen befreiten Völkern das Recht auf demokratische Selbstbestimmung zugesichert (diese Zusicherung galt nicht für die Achsenmächte, v. a. nicht für Deutschland und Japan). Hinsichtlich Polen wird die Bildung einer Provisorischen Regierung der Nationalen Einheit und die baldige Durchführung freier Wahlen vereinbart. Als polnische Ostgrenze wird die Curzon-Linie festgelegt; Frankreich als vierte Besatzungsmacht – mit eigener Zone – anerkannt. Keine Einigkeit erzielen die Konferenzvertreter über die Aufteilung Deutschlands, über die Festlegung der deutschen Ostgrenze (Oder-Neiße-Linie wird zugesagt; endgültige Regelung bleibt indes einem Friedensvertrag vorbehalten) und über die Höhe der von Deutschland zu leistenden Reparationen. Dieses Problem wird zunächst auf eine in Moskau tagende Reparationskommission delegiert.[133]

08.02. Im Raum Nimwegen beginnt eine britisch-kanadische Offensive.
Paraguay erklärt Deutschland den Krieg.

10.02. Die deutsch-ungarischen Truppen kapitulieren in Budapest.

12.02. Peru erklärt Deutschland und Japan den Krieg. 2 Tage später folgt Chile.

13./14.02. Dresden wird durch Flächenbombardements britischer und amerikanischer Luftwaffenverbände fast vollständig zerstört. Die Schätzungen über die Anzahl der Todesopfer variieren erheblich; es kann von mindestens 35 000 Toten ausgegangen werden.

15.02. Breslau wird von den anrückenden sowjetischen Truppen eingekesselt.
Nach einer Anordnung des Reichsjustizministers sollen Standgerichte in den frontnahen Reichsteilen den „Kampfeswillen" sicherstellen (einziges Strafmaß: Todesstrafe).

15./16.02. Uruguay und Venezuela erklären Deutschland und Japan den Krieg.

19.02. US-amerikanische Truppen landen auf der für sie strategisch wichtigen japanischen Insel Iwojima, die sie unter schweren Verlusten auf beiden Seiten bis zum 16. März einnehmen können.
Himmler nimmt ohne Wissen Hitlers mit dem Präsidenten des Internationalen Roten Kreuzes, Graf Bernadotte, Kontakt auf, um die Möglichkeiten für einen Separatfrieden auszuloten.

23.02. Die UdSSR erobert Posen.
Die Türkei erklärt Deutschland zum 1. März den Krieg.

24.02. Ägypten erklärt Deutschland den Krieg. Bei der Verlesung der Kriegserklärung im Parlament wird Ministerpräsident Ahmad Mahir Pascha von einem prodeutschen Nationalisten erschossen.

25.02. Tokio wird bei einem Brandbombenangriff der Amerikaner schwer getroffen.

26.02. Syrien erklärt Deutschland den Krieg.

27.02. Der rumänische König Michael I. wird gezwungen, eine Regierung zu ernennen, die von der kommunistischen Partei dominiert wird.

01.03. Ein deutscher Gegenangriff in Niederschlesien führt zur Rückeroberung von Lauban und Striegau.

02.03. Das fast völlig zerstörte Dresden wird noch einmal von amerikanischen Bombern angegriffen.

03.03. Die 3. US-Armee unter Patton besetzt Trier. In Xanten (Niederrhein) rücken kanadische Truppen ein.
Das ehemals mit Deutschland verbündete Finnland erklärt dem Deutschen Reich rückwirkend den Krieg.

07.03. US-Truppen erobern die Brücke von Remagen. Sie bilden einen Brückenkopf auf der rechten Rheinseite.
Köln wird von amerikanischen Truppen besetzt.

08.03. In der Schweiz finden Geheimverhandlungen zwischen den Befehlshabern der deutschen Italienarmee und Vertretern des alliierten Oberkommandos über die Bedingungen der Kapitulation in Italien statt.

09.03. Die Japaner entwaffnen die französischen Truppen in Indochina.

09./10.03. Einem weiteren schweren Luftangriff durch die amerikanischen Luftstreitkräfte auf Tokio fallen rd. 84000 Menschen zum Opfer. Mehr als ein Viertel aller Gebäude werden dabei zerstört.

10.03. Wesel wird von den deutschen Truppen geräumt. Generalfeldmarschall Albert Kesselring[134] übernimmt den Oberbefehl über die Westfront.

13.03. Durch die sowjetische Großoffensive im Raum Heiligenbeil wird Königsberg von Land her abgeschnitten und ist somit nur noch über den Seeweg zu erreichen.

14.03. Der Versuch von Reichsaußenminister Joachim von Ribbentrop, Kontakt zu den Westalliierten aufzunehmen, um über den Abschluss eines Separatfriedens zu verhandeln, scheitert.
Die provisorische polnische Regierung gliedert die ihr von der UdSSR übertragenen Gebiete östlich von Oder und Neiße in vier Wojwodschaften.

18.03. Die US-Luftwaffe fliegt ihren bisher schwersten Angriff auf Berlin. Auch aufgrund der zerstörerischen Wirkung des Flächenbombardements rechnet Rüstungsminister Albert Speer mit einem Zusammenbruch der deutschen Wirtschaft in wenigen Wochen.

19.03. Adolf Hitler erlässt den Befehl „Verbrannte Erde“. Demzufolge sollen alle Industrie- und Versorgungsanlagen, die den Alliierten nützen könnten, zerstört werden. Speer und andere vereiteln dies.

22.03. Amerikanische Truppen überqueren bei Oppenheim den Rhein und stoßen weiter nach Osten vor.

23.03. Die deutschen Verteidigungsstellungen bei Danzig und Gotenhafen werden von den Sowjets durchbrochen. Wesel wird von alliierten Verbänden eingenommen.

27.03. Argentinien erklärt dem Deutschen Reich den Krieg.

28.03. Gotenhafen kann von den Deutschen nicht mehr gehalten werden und fällt in sowjetische Hände.
Hitler setzt den Generalstabschef des Heeres, Heinz Guderian, ab, ihm folgt Generalleutnant Hans Krebs nach.

30.03. Sowjetische Truppen besetzen Danzig.

31.03. Eisenhower befiehlt Montgomery, nicht weiter auf Berlin vorzurücken, um die Eroberung Berlins der Roten Armee zu überlassen.

01.04. Trotz verzweifelter japanischer Gegenwehr landen die Amerikaner auf Okinawa. Bei diesen Kämpfen, die bis zum 21. April andauern, wird die gesamte (noch übrig gebliebene) japanische Flotte zerschlagen.
US-amerikanische Truppen schließen die Heeresgruppe B unter Generalfeldmarschall Walter Model ein und zwingen sie zur

Aufgabe. Dadurch ist der Weg für die Amerikaner nach Osten frei.

03.04. Amerikanische und britische Truppen nehmen Münster (Westfalen) ein.

05.04. Die Regierung der Sowjetunion kündigt den sowjetisch-japanischen Neutralitätsvertrag.

Die deutsche Wehrmacht stellt die Beschießung Belgiens und Großbritanniens mit der V-2 ein.

06.04. Streitkräfte Titos besetzen Sarajewo.

09.04. Die Nazis ermorden am Widerstand gegen Hitler beteiligte Systemgegner (u. a. der Theologe Dietrich Bonhoeffer, der Admiral und Abwehrchef Wilhelm Canaris und Generalmajor Hans Oster).

Amerikanische und britische Kräfte starten eine Großoffensive in Oberitalien. In Königsberg kapitulieren die deutschen Truppen vor der 3. Weißrussischen Armee.

11.04. Die Sowjetunion und Jugoslawien (unter Tito) schließen einen Freundschaftsvertrag.

US-amerikanische Truppen befreien die rd. 20 000 Häftlinge, die sich noch im KZ Buchenwald (bei Weimar) befinden. Kurz zuvor versuchten SS-Einheiten noch, die jüdischen Häftlinge in das KZ Flossenbürg zu deportieren.

12.04. Unmittelbar nach dem Tode (Gehirnblutung) von Franklin D. Rossevelt wird der amtierende Vizepräsident Harry S. Truman als neuer Präsident der USA vereidigt.

13.04. Die Rote Armee erobert Wien. Im weiteren Verlauf werden das Burgenland und die Steiermark besetzt. Wenige Tage später kehrt der ehemalige österreichische Bundeskanzler und Sozialdemokrat Karl Renner in die österreichische Hauptstadt zurück.

14./15.04. US-Flugzeuge bombardieren Potsdam.

15.04. Britische Truppen befreien das KZ Bergen-Belsen. Am gleichen Tage zwingt die SS 55 000 Häftlinge aus den KZ Ravensbrück und Sachsenhausen auf einen Todesmarsch nach Westen.

16.04. Die von US-Streitkräften im rheinisch-westfälischen Gebiet eingekesselten deutschen Truppen kapitulieren. Rd. 325 000 deutsche Soldaten gehen in die Gefangenschaft. Generalfeldmarschall Walter Model begeht am folgenden Tag Selbstmord.

18.04. Nach der Kapitulation deutscher Truppen im „Ruhr-Kessel“ nehmen US-Truppen Düsseldorf ein; am gleichen Tag besetzen US-Truppen Magdeburg, einen Tag später folgt Leipzig.

20.04.	Am letzten Geburtstag Hitlers fliegen die USA den letzten Luftangriff auf Berlin. Die sowjetische Artillerie beginnt mit ihrem Beschuss Berlins.
21.04.	Die Provisorische Regierung Polens schließt mit der Sowjetunion einen Beistands- und Freundschaftspakt.
22.04.	Sowjetische Truppen dringen erstmalig in Berliner Stadtbezirke (Pankow, Weißensee) ein.
23.04.	Unter Berufung auf den Führererlass vom 29. Juni 1941, der Göring im Falle der Handlungsunfähigkeit Hitlers zu dessen Nachfolger bestellte, bietet Göring Hitler an, die „Gesamtführung des Reiches" zu übernehmen.[135] Hitler, der vermutet, dass Göring die Vollmachten für Kapitulationsverhandlungen erstrebt, entlässt Göring aus allen seinen Ämtern (s. „Das Jahr 1945", Kasten „Hitlers ‚politisches Testament' – Auszüge").
23./24.04.	Himmler übergibt Graf Bernadotte in Lübeck ein Kapitulationsangebot an die Westalliierten.[136] Die Kapitulation soll die Fortführung des Krieges gegen die UdSSR ermöglichen.
24.04.	Große Teile der 9. deutschen Armee werden bei Frankfurt an der Oder eingekesselt.
25.04.	Amerikanische und sowjetische Truppen treffen sich bei Torgau, damit wird das noch von der deutschen Wehrmacht gehaltene Gebiet in zwei Zonen zerteilt. Berlin ist von den Truppen der Roten Armee eingeschlossen.
27.04.	Britische Truppen besetzen Bremen und stoßen weiter nach Schleswig-Holstein vor. Die 5. US-Armee erobert Genua. In Wien wird unter Karl Renner (SPÖ) eine Provisorische Regierung Österreichs gebildet.
28.04.	Mussolini und seine Geliebte Clara Petacci, die erneut von italienischen Partisanen in Dongo (Comer See) gefangen genommen worden sind, werden erschossen.
29.04.	Die deutschen Streitkräfte (Heeresgruppe C unter General von Vietinghoff) kapitulieren in Italien; die Kapitulation wird am 2. Mai bekannt gegeben und tritt um 14.00 h in Kraft. Einheiten der 7. US-Armee befreien die Häftlinge des KZ Dachau. Im Führerbunker in Berlin heiratet Adolf Hitler seine langjährige Begleiterin Eva Braun. Als Trauzeugen fungieren Joseph Goebbels und Martin Bormann. Am selben Tag verfasst **Hitler** sein persönliches und **politisches Testament.**[137]

Hitlers „politisches Testament“ – Auszüge[138]
Ich stoße vor meinem Tode den früheren Reichsmarschall Hermann G ö r i n g aus der Partei aus und entziehe ihm alle Rechte, die sich aus dem Erlass vom 29. Juni 1941 sowie aus meiner Reichserklärung vom 1. September 1939 ergeben können. Ich ernenne an Stelle dessen den Großadmiral D ö n i t z zum Reichspräsidenten und Obersten Befehlshaber der Wehrmacht. Ich stoße vor meinem Tode den früheren Reichsführer SS und Reichsminister des Inneren, Heinrich H i m m l e r, aus der Partei sowie aus allen Staatsämtern aus. Ich ernenne an seiner Stelle den Gauleiter Karl H a n k e zum Reichsführer SS und Chef der deutschen Polizei und den Gauleiter Paul G i e s l e r zum Reichsminister des Inneren. Göring und Himmler haben durch geheime Verhandlungen mit dem Feinde, die sie ohne mein Wissen und gegen meinen Willen abhielten, sowie den Versuch, entgegen dem Gesetz, die Macht im Staate an sich zu reißen, dem Lande und dem gesamten Volk unabsehbaren Schaden zugefügt, gänzlich abgesehen von der Treulosigkeit gegenüber meiner Person.
Sein Hass auf die Juden ist ebenfalls Inhalt seines „politischen Testaments“: *Vor allem verpflichte ich die (neue) Führung der Nation und die Gefolgschaft zur peinlichen Einhaltung der Rassengesetze und zum unbarmherzigen Widerstand gegen den Weltvergifter aller Völker, das internationale Judentum.* (Herv. v. Vf.).

30.04. Im Bunker der Reichskanzlei begehen der Führer und Reichskanzler Adolf Hitler und seine Frau Selbstmord.[139]
Die 7. US-Armee nimmt München ein.
Aus Moskau kommend landet die „Gruppe Ulbricht“[140] auf dem Feldflugplatz Calau in Brandenburg und beginnt sofort mit der politischen Arbeit, u. a. mit dem Aufbau eines kommunistisch strukturierten Verwaltungsapparates in den von den Sowjets besetzten Teilen Berlins.

01.05. Großadmiral Karl Dönitz, Hitlers Nachfolger, setzt eine geschäftsführende Reichsregierung unter Johann Ludwig Graf Schwerin von Krosigk[141] ein und entlässt gleichzeitig von Ribbentrop und Himmler (formaler Absetzungsakt).
Goebbels und seine Frau Magda lassen sich von einem SS-Offizier auf dem Gelände der Reichskanzlei töten, nachdem zuvor ein Arzt auf ihren Wunsch hin ihre sechs Kinder getötet hatte.

02.05. Mit der Kapitulation der deutschen Truppen in Berlin enden dort die Kämpfe.

03.05. Britische Truppen erobern Rangun, die Hauptstadt Birmas.

03.05. Die Amerikaner besetzen Innsbruck. Über die Nordalpen stoßen amerikanische Truppen weiter nach Süden vor und treffen tags darauf am Brenner auf andere US-Truppen.

04.05. Die deutschen Streitkräfte kapitulieren gegenüber den Briten in Nordwestdeutschland, in Schleswig-Holstein und auf den friesischen Inseln, in Dänemark und Holland. Generaladmiral von Friedeburg unterzeichnet die Kapitulationsurkunden im Hauptquartier von Montgomery in der Lüneburger Heide.

04.05. Die Heeresgruppe G (Kesselring) kapituliert in Süddeutschland.

05.05. Die Amerikaner befreien das KZ Mauthausen in Österreich.
Auf Weisung von Dönitz bildet Graf Schwerin von Krosigk eine geschäftsführende Reichsregierung mit Sitz in Flensburg.

05.–09.05. Sowjetische Truppenverbände rücken weiter nach Westen vor und erreichen schließlich die Linie Wismar – Schwerin – Wittenberge, wo sie mit amerikanischen Truppen zusammentreffen.

07.05. Im Hauptquartier des Oberbefehlshabers der Westalliierten General Eisenhower in Reims unterzeichnen Generaloberst Alfred Jodl, Generaladmiral Hans-Georg von Friedeburg (Marine) und General Wilhelm Oxenius um 2.41 h die Gesamtkapitulation für alle deutschen Truppen. Infolge der Kapitulation gehen mehr als 7,5 Mio. Angehörige der deutschen Wehrmacht in alliierte Kriegsgefangenschaft. Die Kapitulation tritt einen Tag später um 23.01 h in Kraft.
Spanien bricht seine diplomatischen Beziehungen zum Deutschen Reich ab.
Konrad Adenauer wird von der amerikanischen Besatzungsmacht zum Oberbürgermeister von Köln bestellt.[142]

08.05. In einer Rundfunkansprache über den Rundfunksender Flensburg gibt Dönitz allen deutschen Truppen den Befehl zur Kapitulation. US-amerikanische Truppen nehmen in der Nähe von Kitzbühel Göring gefangen.
Die Rote Armee nimmt Dresden ein.

09.05. Die Unterzeichnung der deutschen Gesamtkapitulation wird im sowjetischen Hauptquartier (Festungspionierschule) in Berlin-Karlshorst gegen 0.16 h wiederholt. Für das besiegte Deutschland unterzeichnen Generalfeldmarschall Wilhelm Keitel,[143] der Oberbefehlshaber der Kriegsmarine Generaladmiral Hans-Georg von Friedeburg und für die Luftwaffe der Generaloberst Hans Jürgen Stumpff. Die Gesamtkapitulation Deutschlands tritt in Kraft; ab 0.01 h schweigen die Waffen.

10.05. Die Rote Armee besetzt Prag.

11.05. Sowjetische Truppen landen auf der Ostseeinsel Bornholm.
Die Reste der deutschen Truppen auf den Ägäischen Inseln und bei Dünkirchen kapitulieren.

13.05. Die Briten verhaften in Flensburg den Chef des OKW Wilhelm Keitel; sein Nachfolger wird Generaloberst Jodl.
Im sowjetisch besetzten Teil Deutschlands wird bereits der erste „freie" Rundfunksender (Berliner Rundfunk) in Betrieb genommen.

14.05. In Ostpreußen ergeben sich rd. 150 000 deutsche Soldaten der sowjetischen Armee.
Die Briten besetzen Helgoland.

23.05. Die von den Alliierten geduldete Regierung Dönitz und die Mitglieder des Oberkommandos der Wehrmacht werden auf Befehl Eisenhowers abgesetzt und verhaftet. Das Deutsche Reich – als eigenständiger Staat – existiert nicht mehr. Am selben Tag werden der ehemalige Reichskanzler Franz von Papen und der ehemalige Reichsführer-SS Heinrich Himmler verhaftet. Himmler, der von britischen Soldaten in der Uniform eines Feldwebels der deutschen Wehrmacht nahe Lüneburg aufgegriffen wird, begeht nach seiner Identifizierung Selbstmord. In Berchtesgaden nehmen US-Soldaten Julius Streicher, den Herausgeber der antisemitischen NS-Propagandazeitschrift „Der Stürmer" und NS-Gauleiter von Franken, fest.
Die britische Koalitionsregierung unter Führung von Winston S. Churchill bricht auseinander. Die der Labour-Party angehörigen Minister erklären ihren Rücktritt aus dem Kabinett.

05.06. *Unterzeichnung der Deklaration zur Übernahme der Regierungsgewalt in Deutschland durch die alliierten Siegermächte:* Damit übernehmen die vier Siegermächte die „Oberste Regierungsgewalt in Deutschland"; Deutschland wird in vier Besatzungszonen, Berlin unter einer Militärkommandantur (ab 11. Juli) in vier Sektoren aufgeteilt. Die oberste Gewalt obliegt dem aus den vier alliierten Oberbefehlshabern bestehenden Alliierten Kontrollrat, der seine Arbeit am 30. August aufnimmt.

09.06. Die Sowjetische Militäradministration in Deutschland (SMAD) konstituiert sich. Den Beschluss hierzu fasste der Rat der Volkskommissare der UdSSR bereits am 6. Juni.

16.07. Einen Tag vor Beginn der Zusammenkunft der „Großen Drei" in Potsdam (Potsdamer Konferenz) wird die erste Atombombe („Trinity") bei Alamogordo (5:29:45 h) im US-Staat New Mexico erfolgreich gezündet. „Ohne ein Geräusch schien die Sonne", so erinnerte sich der britische Physiker Otto Robert Frisch, der die Kernspaltung mitentdeckte.[144] Das (militärische) Atomzeitalter hatte begonnen (s. Kasten **Reaktionen auf die Zündung der ersten Atombombe**).[145] Noch am selben Tage wurde die für Hiroshima bestimmte Bombe mit dem US-Kreuzer „Indianapolis" auf dem Wege zu den Marianen gebracht.[146]

Reaktionen auf die Zündung der ersten Atombombe
Von der zerstörerischen Wirkung der A-Bombe waren die meisten Mitglieder des „Manhattan-Teams" überrascht. Die „erste erprobte Bombe [hatte] eine Sprengkraft zwischen 17000 und 20000 Tonnen Dynamit, zehn-, zwanzig-, dreißig-, ja bis zu hundertfach mehr, als die meisten 'Väter' dieser unheimlichen Waffe angenommen haben!".[147] Diese von vielen nicht erwartete Zerstörungskraft bewirkte bei Vertretern aus Politik, Militär und Wissenschaft recht unterschiedliche Reaktionen. Während viele (beteiligte) Wissenschaftler an der ethischen Vertretbarkeit des Projekts zu zweifeln begannen, begrüßten Militärs und Politiker überwiegend das Ergebnis.
J. Robert Oppenheimer, der Leiter des Manhattan-Projekts, erinnert sich kurz nach der Zündung der Bombe an Texte aus der Bhagaadgita, worin Sri Krishna (der Erhabene) sprach: „Ich bin der Tod, der alles raubt, Erschütterer der Welten." Der Physiker Enrico Fermi reagierte barsch: „Lasst mich in Ruhe mit euren Gewissensbissen, das ist doch so schöne Physik!"[148] Unmittelbar nach der Zündung wurden Truman und Churchill, die in Potsdam weilten, über den „Erfolg" unterrichtet. Churchill sprach von einem „Wunder der Erlösung"; der US-amerikanische Präsident Truman reagierte erleichtert. Er „hielt die Atombombe für ein Kampfmittel und zweifelte nie daran, dass es eingesetzt werden müsse".[149]

17.07.–02.08. *Potsdamer Konferenz:* Truman, Stalin und Churchill (ab Ende Juli Attlee) beschließen in Potsdam, Schloss Cecilienhof, die Potsdamer Deklaration (26. Juli, Japan wird ultimativ zur Kapitulation aufgefordert) und verabschieden ein als „Potsdamer Abkommen"[150] bezeichnetes Kommunique, das den Minimalkonsens der „Großen Drei" zur Stellung Deutschlands im Nachkriegseuropa widerspiegelt: Sie bestätigen und präzisieren die Übereinkunft von Jalta (s. Stichtag 4. bis 11. Februar), betonen die Verantwortung der Deutschen als Gesamtheit für die nationalsozialistischen Verbrechen und legen Demokratisierung, Entmilitarisierung, Entnazifizierung, Dezentralisierung und Reeducation als politische Grundsätze fest. Sie einigen sich darauf, dass Deutschland als wirtschaftliche Einheit weiter bestehen bleiben soll und finden in der Reparationsfrage einen Kompromiss. Frankreich stimmt dem Abkommen am 7. August unter Vorbehalten zu.

06.08. *Atombombenabwurf auf Hiroshima:* US-Luftstreitkräfte (unter dem Kommando von Paul W. Tibbet) werfen auf diese Stadt gegen 8.15 Uhr Ortszeit die erste Atombombe („Little Boy") ab. Die grausige Bilanz: Weit über 90000 Menschen finden den Tod; 80 Prozent aller Gebäude der Stadt werden vernichtet. Der radioaktive Fall-out führt zu desaströsen Langzeitfolgen und einer ökologischen Katastrophe.

08.08. Die UdSSR erklärt, dass sie sich ab dem 9. August mit Japan im Krieg befinde. An diesem Tag eröffnet sie eine Offensive gegen die japanische Kwantung-Armee.

09.08. Bei dem Abwurf der zweiten Atombombe werden in Nagasaki mindestens 40000 Einwohner getötet. Hinzu kommen die Langzeitfolgen.

14.08. Der japanische Kaiser (Tenno) Hirohito erklärt in einer Rundfunkansprache an das japanische Volk – gegen den Willen der führenden Militärs – die bedingungslose Kapitulation Japans. Nach Bekanntwerden der Kapitulation kommt es innerhalb der japanischen Streitkräfte zu einer Vielzahl von (rituellen) Selbstmorden.

15.08. Die amerikanische und britische Bevölkerung feiert den V-J-Day (Victory over Japan Day).

21.08. In der Mandschurei kapitulieren die Japaner vor den Sowjets.

23.08. Präsident Truman ordnet an, alle Lieferungen aus dem Lend-lease-Act einzustellen.

02.09. Auf dem amerikanischen Schlachtschiff „Missouri", das in der Bucht von Tokio vor Anker liegt, unterzeichnen der japanische Außenminister Shigemitsü und Generalstabschef Umezo die bedingungslose Kapitulation Japans.

08.09. US-Streitkräfte unter General MacArthur ziehen in die japanische Hauptstadt ein.

09.09. Die japanischen Truppen (die so genannte China-Armee, rd. 1 Mio. Mann) kapitulieren in Nanking.

Anmerkungen

[1] Zur Entstehung und seinen ideologischen Wurzeln sowie zur Geschichte der Dritten Reiches s. Akten der Reichskanzlei 1983; Benz/Graml/Weiß (Hrsg.) 1998; Burleigh 2001; Feder 1932; Fest 1996; Grebing 1964; Herbert (Hrsg.) 1998; Herbst 1996; Hofer 1957; Horn 1980; Kater 1971, S. 124–159, und 1985, S. 217–243; Koehl 1980, S. 921–933; Layton 1970, S. 353–382; Maser 1965; G. L. Mosse 1979; Nicholls 1971, S. 99–128; Orlow 1971 und 1973; A. Rosenberg 1930 a/b; Schulz 1975; Vieler 1999; Volz 1939. In den USA war es vor allem die Anfang der Sechzigerjahre publizierte Arbeit von Shirer (Neuauflage 2000), die das Interesse der amerikanischen Gesellschaft an dieser Thematik weckte.

[2] Siehe Oertel 1980.

[3] Zu Horkheimer s. Gumnior/Ringguth 1974; A. Schmidt (Hrsg.) 1986; Skuhra 1973.

[4] Siehe Morsey 1960, S. 419–448.

[5] Siehe Striefler 1993.

[6] Siehe Brüning 1972.

[7] Zur Biografie von Gregor Strasser s. Kissenkoetter 1978 und 1989, S. 273–285; Stachura 1978, S. 88–130, und 1983; O. Strasser 1948; Wistrich 1983, S. 262 f.

[8] Siehe Kolb/Pyta 1992, S. 155–181.

[9] Am Beispiel einer deutschen Kleinstadt beschreibt Allen in seiner Publikation von 1966 den stetig fortschreitenden Herrschaftsverlust der demokratischen Kräfte. Die von J. und R. Becker 1992 herausgegebene Arbeit zeichnet anhand von Augenzeugenberichten und vielfältigen Dokumenten die Ereignisse des nationalsozialistischen Machtergreifungsprozesses nach. Anlässlich des 50. Jahrestages der nationalsozialistischen Machtübernahme hat Broszat 1994 ein Sammelband herausgegeben, der sowohl in Längs- als auch Querschnittsanalysen die Geschehnisse dokumentiert. Zu den Themata „Ende der Weimarer Republik", „Deutsche Staatskrise" und „Machtergreifung durch die Nationalsozialisten" s. Abel 1986; Allen 1966; Bessel 1980, S. 20–29; Blomeyer 1999; Bracher 1978 und 1980; Bracher/Schulz/Sauer 1974; Braun 1979; Broszat 1960 und 1969; Dederke 1973; Domarus 1968; Dorpalen 1964; Feldman 1992, S. 263–276; Frei 1983, S. 136–145; Hentschel 1985; Italiaander (Hrsg.) 1982; Jäckel 1980, 305–321; James 1990, S. 30–57; Meißner 1983; Möller 1983, S. 25–51; H. Mommsen 1989 und 1991; von Papen 1953; Peukert 1987; Plehwe 1983; Sontheimer 1983; Strenge 2002; Tormin 1977; Winkler (Hrsg.) 1992; Wollstein 1972; Zollitsch 1992, S. 239–256.

[10] Siehe Backes et al. 1986; Hofer et al. (Hrsg.) 1992; Braunbuch über Reichstagsbrand und Hitler-Terror 1973; H. Mommsen 1964, S. 351–413; Reed 1934; Shirer 2000, S. 188–192; Tobias 1962.

[11] Siehe Komitee zur Rehabilitierung van der Lubbes (Hrsg.) 1983; Mommsen 1986, S. 33–57.

[12] Zit. nach Thamer 1996, S. 36–37.

[13] Zit. nach Shirer 2000, S. 189.

[14] Zu Entstehung und Organisation der Konzentrationslager s. Broszat 1965, S. 9–160; Dressen 1997, S. 38–48; Drobisch/Wieland 1993; W. E. Mosse (Hrsg.) 1965; Schleunes

1970; G. Schwarz 1990; Sofsky 1993 und Tuchel 1991. Die Publikation von Schumacher (Bearb.) 1994 enthält ein Verzeichnis der im deutschen Herrschaftsbereich ermordeten, hingerichteten, in Haft oder an deren direkten Folgen verstorbenen Abgeordneten des Reichstages und der Landesparlamente (S. 83–105).

[15] Siehe Jäckel/Longerich/Schoeps (Hrsg.) 1998, Bd. II., Art. „Konzentrationslager", S. 785–794

[16] Siehe Kolb 1996, S. 12–13.

[17] Siehe Gabelmann 1996; Thälmann 1996.

[18] Siehe Goebbels 1999, S. 899 und 905.

[19] Siehe K. J. Müller 1993, S. 435–449; Scheel 1996.

[20] Der Text der Festpredigt in der Potsdamer Garnisonskirche findet sich bei van Norden 1979, S. 52–55.

[21] Zit. nach Michalka (Hrsg.) 1985, S. 32.

[22] Siehe Morsey 1992; Schneider 1953, S. 197–221.

[23] Zur Weimarer Verfassung s. Apelt 1964; Franz (Hrsg.) 1964; Fromme 1962 und Hoppe 1998.

[24] Siehe Nicolaisen 1971, S. 23 ff.

[25] Zit. nach Ortag 2000, S. 111.

[26] Zit. nach Wickert 1972, 124.

[27] Zit. nach Hitler (Rede vom 23. März 1933).

[28] „Völkischer Beobachter", Süddeutsche Ausgabe, Ausgabe A, 46. Jg., 88. Ausg.

[29] Siehe Heiber 1991, 1992 und 1994.

[30] Zur Frühgeschichte von Gestapo und SD s. Aronson 1971. Die NS-Institutionen (RSHA, SS, SD) und die für den nationalsozialistischen Terror verantwortlichen Personen sind im Detail bei Rürup (Hrsg.) 1987, S. 36–108, und Kogon 1974 beschrieben bzw. genannt.

[31] Siehe Sauder 1983; Wiesner 1983, Walberer (Hrsg.) 1983.

[32] Siehe Matthias 1969, S. 101–278.

[33] Siehe Ruttke 1935, S. 805–822.

[34] Siehe Benz/Graml/Weiß (Hrsg.) 1998, Art. „Erbgesundheit", S. 448.

[35] Zum Verhältnis der deutschen Großindustriellen zur NSDAP und zur Finanzierung der Nationalsozialisten durch die Eliten s. Fischer 1961; Luntowski 2000; Matzerath/Turner 1977, S. 59–92; Mommsen 1983 a, S. 127–141; Neebe 1981; Petzina 1977; Ruge 1983; Turner 1972, S. 89–108 und 1985; Thyssen 1941; Treue/Frede 1952; Trumpp 1983, S. 132–154. Über die Arbeits- und Lebensbedingungen der Arbeiterschaft und deren Loyalität zum NS-Regime hat Hachtmann 1989 eine exemplarische und recht differenzierte Untersuchung vorgelegt.

[36] Zum Verhältnis der katholischen und protestantischen Kirchen zu den nationalsozialistischen Machthabern s. die Arbeiten von Lewy 1965; Meier 1992; H. Müller 1965 und van Norden 1963, S. 130.

[37] Von Hehl 1993, S. 165.

[38] Zit. nach ebd. S. 159; s. auch Beckmann (Hrsg.) 1976, S. 14.

[39] Siehe van Norden 1979, S. 357 ff.

[40] Siehe Bessel 1987, S. 23–43.

[41] Zit. nach Neumann 1984 [1942/1944], S. 486 f.

[42] Siehe Benz/Graml/Weiß (Hrsg.) 1998, Art. „Arbeitsordnungsgesetz", S. 372, und Art. „Betriebsgemeinschaft", S. 396f.

[43] Siehe Arendt 1986 [1955]; Bloch 1984, S. 182–204; Lindt 1981; Sauer 1967/68, S. 404–424; Thamer 1985.

[44] Zum Thema „Recht und Justiz im Dritten Reich" s. Dreier/Sellert (Hrsg.) 1989; Institut für Zeitgeschichte (Hrsg.) 1994–1997; Koch 1987; Lauf 1994; Marxen 1994 und Wagner 1999.

[45] Siehe Benz 1994b, S. 16–21.

[46] Siehe G. Niemöller 1984; M. Niemöller 1979; W. Niemöller (Hrsg.) 1949 und 1961; Stein 1942. Zu Themen wie „Kirchenkampf", „Kirchenpolitik der Nationalsozialisten", „Widerstand der Kirchen gegen den Nationalsozialismus", „Die Rolle der Kirchen im Dritten Reich" verweisen wir auf die einschlägige Literatur, u. a.: Conway 1969; Gotto/Repgen (Hrsg.) 1990; Hürten (Hrsg.) 1969 und 1992; Meier 1992; van Norden 1994, S. 68–82, und 1997, S. 45–67; Scholder (Hrsg.) 1982, 1988 und 1998.

[47] Zur Biografie Mussolinis s. die Arbeit von Smith 1983. Zur Entstehung der Achse Berlin – Rom s. Petersen 1973.

[48] Zit. nach Gritschneder 1993, S. 24.

[49] Zit. nach Domarus (Hrsg.) 1973, S. 404. S. auch von Fallois 1994; C. Fischer 1989, S. 212–222; Gossweiler 1983; Höhne 1984, S. 256–268; Jamin 1981, S. 329–360; Kershaw 1998, S. 644–650; Kogon 1974; Longerich 1989, S. 218ff.; Vogelsang 1965.

[50] Zum Stand der internationalen „Hitler-Forschung" s. die von I. Kershaw 1998 und 1999 veröffentlichten Bände. Ferner: Fest 1997; Knopp 1998a/b/c; Michalka 1978, S. 157–190, 1980, S. 125–151 und 1985; G. Schreiber 1988. Mit der Analyse und den Bedingungen der charismatischen Herrschaft – hier bezogen auf den Nationalsozialismus – beschäftigt sich das von Kershaw im Jahre 1992 veröffentlichte Werk. Die von Ruck 1995 erstellte Bibliographie über den Nationalsozialismus enthält rd. 5000 Titel. S. des Weiteren Carr 1980; Deuerlein 1969; Fest 1996; Hillgruber 1982 und 1985; Kershaw 1994. „Positionen" und „Perspektiven", die die Ereignisse während der NS-Herrschaft aus unterschiedlichen Blickwinkeln interpretieren, sind zu finden bei: Bracher 1993, S. 566–590; Funke 1993, S. 532–541; von Hehl 1996 und 1998; Hillgruber 1993, S. 594ff.; Jacobsen 1993, S. 542–565; Thamer 1993, S. 507–531 und Zitelmann 1991, S. 1–20 und 1993, S. 491–508. Zur Nomenklatur des Dritten Reiches s. H. Weiss 1999; Wistrich 1985.

[51] Denzler/Fabricius (Hrsg.) 1984, Bd. 2, S. 89. S. auch Denzler/Fabricius (Hrsg,) 1993; W. Niemöller 1958.

[52] Zu Karl Barth als Begründer der „Dialektischen Theologie" s. Barth 1933, 1985 und 1989; Kehnscherper 1979; Korsch 1996; zu Barth allgemein s. Jüngel 1986.

[53] Siehe auch: Der Parteitag der Freiheit vom 10.–16. September 1935. Offizieller Bericht über den Verlauf des Reichsparteitages mit sämtlichen Kongressreden. München 1935. Ferner: Parteitag der Freiheit. Reden des Führers und ausgewählte Kongressreden am Reichsparteitag der NSDAP 1935. München 1936.

[54] Siehe Essner-Conte 2002; Eschen/Faupe 1997.

[55] Siehe Schacht 1948 und 1953.

[56] Siehe Benz/Graml/Weiß (Hrsg.) 1998, Art. „Lebensborn e.V.", S. 564.

[57] Siehe Dettelbacher 1984, S. 117–127; Klönne 1993, S. 224–227; von Schirach 1967; Shuk 2002; Wortmann 1989, S. 246–257.

[58] Siehe Klönne 1993, S. 223.

[59] Zum Thema „Jugendorganisationen im Dritten Reich" s. Hellfeld/Klönne 1987; Kaufmann 1997; Klönne 1995; H. W. Koch 1975; Patzwall 1988; Rüdiger 1997, Schubert-Weller 1993.

[60] Zum Thema „Rheinlandkrise" s. Braubach 1956; Emmerson 1977; Hirsch 1978; Krüger 1993; Michalka/Marshall (Hrsg.) 1982; Robertson 1962, S. 178–205; Siebert 1973; Watt 1966, S. 193–199. Zur Biografie und Politik von Stresemann s. AdR, Reg. Stresemann; Baumgart 1996; Berg 1992; Sternburg 1990; W. Stresemann 1992; Torunsky 1986.

[61] Zit. nach Jäckel/Longerich/Schoeps (Hrsg.) 1998, Bd. II., Art. „Mein Kampf", S. 944 f.

[62] Zit. nach Michalka (Hrsg.) 1985, Bd. I., S. 188–189.

[63] Zit. nach: IMT, Bd. XXV, S. 403 und www.yale.edu/lawweb/avalon/imt/document/hossbach.htm.

[64] „Völkischer Beobachter", Münchener Ausgabe, 51. Jg., 74. Ausg.

[65] Beide zit. nach Kershaw 1999, S. 130.

[66] Siehe Barkai 1986, S. 45–68; Benz/Graml/Weiß (Hrsg.) 1998, Art. „Arisierung", S. 374 f.; Jäckel/Longerich/Schoeps (Hrsg.) 1998, Bd. I., Art. „Arisierung", S. 78–82.

[67] Zur Biografie von Ossietzky s. Suhr 1988.

[68] Hitlers Weisungen (Dokumente des OKW – eine Sammlung in ungekürztem Wortlaut) für die Kriegführung finden sich bei Hubatsch (Hrsg.) 1999.

[69] Goebbels 1999, S. 1269–1270.

[70] Siehe Brockschmidt 1997, S. 60–62; Heid 1994, S. 29–43; Maurer 1988; S. 52–73; Swarsensky 1988; S. 27–30; Y. Weiss 1994; S. 215–232.

[71] Siehe Kaul 1965; Roizen 1986, S. 217–228.

[72] Zu „Judenpogrome", „Judenverfolgung" und „Antisemitismus" s. Berding 1996, S. 192–207; A. Faust 1987; Förster/Hirschfeld (Hrsg.) 1999; Freimark/Kopitzsch 1978; Graml 1958; Haiber 1957; Jochmann 1971, S. 409–510, und 1988; Katz 1989; Kershaw 1981, S. 261–289; Kochan 1957; Lauber 1981; Longerich 1998; Massing 1959; Mommsen 1983 b, S. 381–420; Nolte 1995, S. 39–47; Pätzold 1975, 1982, S. 193–216, und (Hrsg.) 1983; Paucker (Hrsg.) 1986; Pehle (Hrsg.) 1988; Pulzer 1966; Rosenkranz 1968; Rummel 1997; Schoeps/Schlör (Hrsg.) 1996; Strauss/Kampe (Hrsg.) 1985; Thalmann/Feinermann 1987; Tofahrn (Hrsg.) 2001, S. 95 ff.; Volkov 1990, S. 54–79, und 1996, S. 208–219; Weinzierl 1969. Zu Hitlers grundlegenden Ausführungen zum nationalsozialistisch geprägten Antisemitismus verweisen wir auf die Arbeit von Phelps 1968, S. 390–420, sowie auf Poliakov 1988. Die „Entwicklungslinien" des Antisemitismus (vom Mittelalter bis zur heutigen Zeit) werden in der von Benz/Bergmann 1997 herausgegebenen Untersuchung vorgestellt und analysiert.

[73] Siehe Dröscher 1998, S. 124 ff.

[74] IMT, Dok. 18–16 PS, Bd. XXVIII., S. 499 f.

[75] Siehe Benz 1998 d, S. 42 f.

[76] Siehe Röder 1992, S. 348.

[77] Zum Hitler-Stalin-Pakt s. Baumfalk 1997; Bullock 1999; Faby 1962; von Herwarth 1985; von Höffkes (Hrsg.) 1988; Maser 1997; Wegner (Hrsg.) 1991.

[78] Zit. nach: IMT, Bd. IV, S. 270; s. Runzheimer 1962, S. 408–410.

[79] Stellvertretend für die vielen Gesamtdarstellungen zum Zweiten Weltkrieg sei an dieser Stelle insbesondere auf die Arbeiten von Churchill und Rauh hingewiesen, ferner auf Bedürftig 1998; Broszat/Frei (Hrsg.) 1999; Fest 1996; Michalka (Hrsg.) 1997 und Militärgeschichtliches Forschungsamt (Hrsg.) 1979–1999. Die Ereignisse der letzten elf Tage vor Kriegsbeginn (21. bis 31. August) beschreibt die Arbeit von Vasold 1999. Aus den diversen Hauptstädten (Berlin, Danzig, London, Paris, Warschau, Washington und Moskau) vermittelt dieses Werk einen Überblick über das Agieren der Politiker (Regierungen, Botschafter) und Militärs in den letzten Friedenstagen. S. auch Dahlerus 1948.

[80] Siehe Jäckel/Longerich/Schoeps (Hrsg.) 1998, Bd. I, Art. „Euthanasie", S. 422–425; Benz/Graml/Weiß (Hrsg.) 1998, S. 245–249.

[81] Siehe Benz/Graml/Weiß (Hrsg.) 1998, Art. „Einsatzgruppen", S. 440 f.; Jäckel/ Longerich/Schoeps (Hrsg.) 1998, Bd. I., Art. „Einsatzgruppen", S. 393–400.

[82] Die amerikanische Strategie und Politik während des Zweiten Weltkrieges beschreibt im Detail Bavendamm 1998.

[83] Siehe Dobroszycki 1984.

[84] Als Kommandant von Auschwitz war Höß maßgeblich mitverantwortlich für die Ermordung von über einer Million Menschen. In seinen während seiner Haft verfassten Memoiren bescheinigt er sich ein „gutes Gewissen" für sein Handeln. S. Höß 1978. Über seine „Erfahrungen" als Kind in Auschwitz berichtet der Friedensnobelpreisträger Elie Wiesel: s. Wiesel 1996.

[85] Siehe Feiling 1946.

[86] Zur Biografie Churchills s. Aigner 1975; Charmley 1995; Haffner 1974; Hughes 1986; von Krockow 1999.

[87] Siehe von Krockow 1999, S. 190 ff.

[88] Einen Überblick über die Erforschung der Geschichte des Konzentrations- und Vernichtungslagers Auschwitz-Birkenau und eine detaillierte Darstellung einzelner Ereignisse und Tage auf Basis der Akten des Prozesses (21 Bde.) gegen den ehemaligen Lagerkommandanten Rudolf Höß und der Akten des Krakau-Prozesses (7 Bde.) gegen 40 Angehörige der SS vermittelt die Arbeit von Czech 1989. Darin zu finden ist der Übersichtsplan des „Interessengebietes" Auschwitz (ebd., S. 25–27). S. auch Friedman 1946; Piper 1991, S. 49–103.

[89] Zum Krieg gegen Frankreich s. von Krockow 1999, S. 189.

[90] Ein Fazit zieht Bekker 1998 b, S. 179–229.

[91] Siehe Baumfalk 1997; Benz 1988; Forester 1990; Kurowski 1994; Müllenheim-Rechberg 1999.

[92] Siehe Benz 1988; Besymenski 1968 a; Carell 1998; Ertl 1997; Fleischer 1998; Fleischhauer 1991; Kern 1948; Knopp 1998 d; Stalin 1946; Überschär/Wette (Hrsg.) 1991; Wegner (Hrsg.) 1991; Werth 1964, S. 113 ff. Die Angriffspläne der Deutschen Wehrmacht sind im Detail der Arbeit von Post 1996 zu entnehmen.

[93] Churchill 1985 (1954, 1948), S. 523 ff.

[94] Siehe Kalthoff/Werner 1998; Kogon/Langbein/Rückert et al. (Hrsg.) 1983.

[95] Zit. nach Michalka (Hrsg.) 1985, S. 339.

[96] Siehe Haape 1998.

[97] Siehe Streit 1978.

[98] Siehe Pearl Harbor Attack – Hearings.

[99] Siehe Aly 1998, Bauer 1985, Benz 1991 und Benz 1999, Breitmann 1996, Friedländer 1997, Gilbert 1983 und 1986, Hilberg 1999, Jäckel/Longerich/Schoeps (Hrsg.) 1998, Marrus (Hrsg.) 1989, Rosh/Jäckel 1991, Yahil 1990.

[100] Siehe Speer 1975; als ausführliche Biografie zu Albert Speer s. Sereny 1997.

[101] Siehe Deschner 1992, S. 300.

[102] Siehe Montgomery 1949.

[103] Siehe Bode/Kaiser 1998; Neufeld 1999, S. 189–201.

[104] Siehe Dornberger 1952; Stüwe 1999.

[105] Siehe Hellmold 1999, S. 64–75 und S. 294–303; Hölsken 1984; Masson 2000, S. 333 ff.; Pischke 1998, S. 225–227.

[106] Zahlen zusammengestellt nach Buedeler 1982, S. 258.

[107] Siehe Benz/Graml/Weiß (Hrsg.) 1998, Art. „Sinti und Roma", S. 731 f.

[108] Siehe Zimmermann 1992, S. 333–344, und 1996.

[109] Siehe Vagts 1957, S. 280 ff.

[110] Siehe Graml 1996, S. 52 f.; Moltmann 1957, S. 241–245.

[111] Siehe Arnold 1998; Beevor 1999; Epifanow/Mayer 1996; Sapp 1998; Werth 1964, S. 313–398; Wieder/Einsiedel 1999.

[112] I. Scholl 1982, S. 96 ff.

[113] Zum Thema „Widerstandbewegungen während des Nationalsozialismus" s. Benz/Pehle (Hrsg.) 1999; Graml (Hrsg.) 1994; Harrison 1997, S. 385–423; Ritter 1956; Schmädeke/Steinbach (Hrsg.) 1986, S. 383–404; D. von Schwerin 1991 und 1994; Steinbach/Tuchel (Hrsg.) 1994, Thamer 1984, S. 325–343.

[114] Siehe IMT Bd. I, S. 58, und Bd. VII, S. 469 ff.; Fox 1982, S. 462–499; Jagodzinski 1976; U.S. House of Representatives 1952; de Zayas 1998, S 37 ff. und S. 355–361.

[115] Siehe hierzu auch: The Avalon Project at the Yale Law School – Nazi Conspiracy and Aggression Volume 3, Document No. 1061 – PS – The Stroop Report 2000. unter www.yale.edu/lawweb/avalon/imt/document/1061-ps.htm abzurufen. Eine autobiografischer Text zum jüdischen Widerstandskampf im Warschauer Ghetto stammt von Meed 1999. Zum Thema jüdischer Widerstand s. auch Ainsztein 1993 a/b; Dawidowicz 1979; Lustiger 1994; Poliakow/Wulf 1955.

[116] Siehe Bekker 1998 a und 1999 a; Blair 1998 und 1999; Buchheim 1997 und 1998; Padfield 1999, Preston 1998, Rahn/Schreiber (Hrsg.) 1988 und Kemp 1998.

[117] Siehe Astor 1985; Jäckel/Longerich/Schoeps (Hrsg.) 1998, S. 84–89 und S. 947–948. Zu den Themen „Menschenversuche", „Opfer der Euthanasie", „Rassenideologie im Dritten Reich", „Verhalten der Ärzte im Dritten Reich" s. Bayle 1950; Bock 1986; Frei (Hrsg.) 1991; Kaienburg 1977, S. 248–265; Kater 1989; Klee 1983 und 1995; Lifton 1988, Noakes 1984, S. 75–94; Nyizli 1960; Proctor 1988.

[118] Siehe Maser 1988, S. 612–613.

[119] Siehe Edmonds 1999.

[120] Siehe Manstein 1998.

[121] Siehe Landau (Hrsg.) 1961; Lang 1982.

[122] Siehe Arendt 1964; Hausner 1979; Less 1987.

[123] Siehe Meyer 2000, S. 149–168.

[124] Siehe P. Hoffmann 1992, 1994 und 1998; von Moltke 1951; von Roon 1979; Pechel 1947; Zahl 1996; Zeller 1954.

[125] Anne Franks Tagebuch wurde 20 Millionen Mal verkauft und in 50 Sprachen übersetzt; neueste Ausgaben in Deutsch: Frank 1999 und 2001. Zum Nachweis der Authentizität dieses Tagebuches s. Niederländisches Staatliches Institut für Kriegsdokumentation (Hrsg.) 1993; von Paape et al. 1988. Zum Tagebuch der Anne Frank s. auch Bitterli et al. 1995; Evangelischer Presseverband für Westfalen (Hrsg.) 1989; Gold 1998 a/b; Lindwer 1993; van Maarsen 1996; Schnabel 1958.

[126] Siehe Cutler 1996.

[127] Zu Flucht, Evakuierung, Vertreibung und Umsiedlung infolge des Zweiten Weltkrieges in Europa s. Abraham 1998; R. O. Becker 1994; Grotzky 1995; Nawratil 1981; Pleticha 1984 b; Thorwald 1979 [1949]; Ziemer 1973.

[128] Siehe Baldwin 1947.

[129] Zu den Todesmärschen s. Jäckel/Longerich/Schoeps (Hrsg.) 1998, Bd. III, Art. „Todesmärsche", S. 1412–1416; Goldhagen 1998, S. 385–436.

[130] Siehe Bekker 1999 b.

[131] Siehe Benz 1992, S. 35.

[132] Siehe Jäckel/Longerich/Schoeps (Hrsg.) 1998, Bd. I, Art. „Auschwitz", S. 108–120.

[133] Siehe Churchill 1985 [1954, 1948], S. 1017 ff.

[134] Siehe Ders. 1953.

[135] Wortlaut des Telegramms bei Bullock 2000, S. 777.

[136] Siehe Bernadotte 1945 a/b; Shirer 2000, S. 1021.

[137] Siehe Genoud (Hrsg.) 1951; Trevor-Roper (Hrsg.) 1954 und 1961. Über die Geschehnisse in der Reichskanzlei in den letzten Kriegstagen berichtet Boldt 1947.

[138] Zit. nach Goebels 1977, S. 553 ff.

[139] Zweifel an Hitlers Tod wurden von Zeit zu Zeit immer wieder geäußert. Nach dem derzeitigen Forschungsstand liegt der Schluss nahe, dass mit an Sicherheit grenzender Wahrscheinlichkeit Hitler und Eva Braun sich am 30. April 1945 selbst töteten. S. Besymenski 1968 b; Bullock 2000, S. 780–791; Fest 2002, S. 101–145; Groehler 1995; Joachimsthaler 1998, S. 7–40, S. 201–287 und S. 410–441; Musmanno 1950; Chr. Schroeder 1985; Trevor-Roper 1995.

[140] Siehe auch Leonhard 1973. Zu den involvierten Gruppen und den Vorbereitungen auf eine Übernahme von Aufgaben im Rahmen des von der SMAD vorgegebenen Aufbauplans s. Weber 1987, S. 6–9 und 1988, S. 14–18; zum Entscheidungsspielraum des KPD-Kaders s. Erler 1999, S. 333–358; Keiderling 1993 und 1999, S. 389–408; Wettig 1996, S. 106 ff.

[141] Siehe Ders. 1951 und 1974.

[142] Adenauer 1996, S. 17–24.

[143] Siehe Keitel 1998.

[144] Siehe Frisch 1981.

[145] Siehe Jungk 1956.

[146] Siehe Newhouse 1990, S. 67.

[147] Jungk 1956, S. 181.

[148] Zit. nach ebd. S. 184 und 185.

[149] Truman 1955, S. 260.

[150] Siehe Benz 1994 a.

Auswahlbibliografie

Abel, Th. 1986: Why Hitler Came into Power. Cambridge, Massachusetts.

Abraham, W. 1998: Flucht aus Ostpreußen. Erinnerungen an eine Kindheit. Willebadessen.

Adam, U. D. 1972: Judenpolitik im Dritten Reich. Düsseldorf.

Adenauer, K. 1996: Erinnerungen (Bd. 1: 1945–1949). Augsburg.

Adorno, Th. W., M. Horkheimer 1988 [1969, USA: 1944]: Elemente des Antisemitismus. Grenzen der Aufklärung. In: Dies.: Dialektik der Aufklärung. Philosophische Fragmente, S. 177–217. Frankfurt a. M.

Aigner, D. 1975: Winston Churchill. Ruhm und Legende. Göttingen.

Ainsztein, R. 1993 a: Jüdischer Widerstand im deutschbesetzten Osteuropa während des Zweiten Weltkrieges. Oldenburg.

Ainsztein, R. 1993 b: Revolte gegen die Vernichtung. Der Aufstand im Warschauer Ghetto. Aus dem Englischen von J. Paulsen. Berlin.

Akten der Reichskanzlei. Die Regierung Hitler. Teil I: 1933–1934. Hrsg. von K.-H. Minuth. 2 Bde. Boppard am Rhein 1983.

Alexander, Ch. W./A. Keeshan 1945: Justice at Nuremberg. Chicago.

Allard, Sv. 1974: Stalin und Hitler. Die sowjetrussische Außenpolitik 1930–1941. Bern/München.

Allen, W. S. 1966: „Das haben wir nicht gewollt!“ Die nationalsozialistische Machtergreifung in einer Kleinstadt 1930–1935. Gütersloh.

Aly, G. 1998: Endlösung. Völkerverschiebung und der Mord an den europäischen Juden. Frankfurt a. M.

Antoni, M. 1985: Das Potsdamer Abkommen – Trauma oder Chance? Geltung, Inhalt und staatsrechtliche Bedeutung. Berlin.

Apelt, W. 1964: Geschichte der Weimarer Verfassung. München.

Arendt, H. 1986 [1955]: Elemente und Ursprünge totaler Herrschaft. Antisemitismus, Imperialismus, Totalitarismus. Frankfurt a. M.

Arendt, H. 1964: Eichmann in Jerusalem. München.

Arnold, S. R. 1998: Stalingrad im sowjetischen Gedächtnis. Kriegserinnerung und Geschichtsbild im totalitären Staat. Hrsg. von K. Eimermacher und K. Waschick. Bochum.

Aronson, Shl. 1971: Reinhard Heydrich und die Frühgeschichte von Gestapo und SD. Stuttgart.

Astor, G. 1985: The „Last“ Nazi. The Life and Times of Dr. Joseph Mengele. New York.

Backes, U. et al. 1986: Reichstagsbrand – Aufklärung einer historischen Legende. München.

Baldwin, H. W. 1947: Die Schlacht in den Ardennen. In: Die Amerikanische Rundschau H. 15.

Barkai, A. 1986: „Schicksalsjahr 1938“. Kontinuität und Verschärfung der wirtschaftlichen Ausplünderung der deutschen Juden. In: U. Büttner (Hrsg.): Internationale

Forschung über den Nationalsozialismus. Bd. 2. Festschrift für W. Jochmann zum 65. Geburtstag, S. 45–68. Hamburg.
Barth, K. 1933: Theologische Existenz heute. München.
Barth, K. 1985: Der Römerbrief. Erste Fassung [1919]. In: Karl Barth Gesamtausgabe. Abt. II: Akademische Werke. Hrsg. von H. Schmidt. Bd. 16 in der Reihenfolge des Erscheinens. Zürich.
Barth, K. 1989: Der Römerbrief. Zweite Fassung. (15. Aufl.) Zürich.
Bauer, Y. 1985: A History of the Holocaust. New York/London.
Baumfalk, G. 1997: Überfall oder Präventivschlag? Der deutsche Angriff auf die Sowjetunion am 22. Juni 1941. Frankfurt a. M.
Baumgart, C. 1996: Stresemann und England. Köln.
Bavendamm, D. 1998: Amerikanische Politik und Strategie 1937–1945. (Durchgesehene und erweiterte Aufl.) München.
Bayle, Fr. 1950: Croix gammée ou caducée. Freiburg.
Becker, J. und R. (Hrsg.) 1992: Machtergreifung 1933. Dokumente vom Machtantritt Hitlers am 30. Januar 1933 bis zur Besiegelung des Einparteienstaates 14. Juli 1933. (2. Aufl.) München.
Becker, R. O. 1994: Die Flucht – Niederschlesien 1945. (7. Aufl.) Landshut
Beckmann, J. (Hrsg.) 1976: Richtlinien der Glaubensbewegung „Deutsche Christen", 26. Mai 1932. Gütersloh.
Bedürftig, Fr. 1998: Taschenlexikon Drittes Reich. (3. Aufl.) München.
Beevor, A. 1999: Stalingrad. München.
Bekker, C. 1998 a: Verdammte See. Ein Kriegstagebuch der deutschen Marine. (2. Aufl.) Berlin.
Bekker, C. 1998 b: Angriffshöhe 4000. Ein Kriegstagebuch der deutschen Luftwaffe 1939–1945. (Genehmigte Lizenzausgabe) Augsburg.
Bekker, C. 1999 a: Die Kriegsmarine. Das Schicksal der deutschen Kriegsmarine 1939 bis 1945. Klagenfurt.
Bekker, C. 1999 b: Flucht übers Meer. Ostsee. Deutsches Schicksal 1945. (Genehmigte Lizenzausgabe) Augsburg.
Ben-Sasson, H. H. (Hrsg.) 1994: Geschichte des jüdischen Volkes. Von den Anfängen bis zur Gegenwart. München.
Benz, W. 1988: Der Rußlandfeldzug des Dritten Reiches: Ursache, Ziele, Wirkungen. Zur Bewältigung eines Völkermordes unter Berücksichtigung des Geschichtsunterrichts. (2. durchgesehene Aufl.) Frankfurt a. M.
Benz, W. (Hrsg.) 1991: Dimensionen des Völkermords. Die Zahl der jüdischen Opfer des Nationalsozialismus. München.
Benz, W. 1994 a: Potsdam 1945. Besatzungsherrschaft und Neuaufbau im Vier-Zonen-Deutschland. München.
Benz, W. 1994 b: Kirchen – Selbstbehauptung und Opposition. In: Informationen zur politischen Bildung H. 243, S. 16–21. Bonn.
Benz, W. 1999: Der Holocaust. (4. Aufl.) München.
Benz, W./W. Bergmann (Hrsg.) 1997: Vorurteil und Völkermord. Entwicklungslinien des Antisemitismus. Freiburg im Breisgau.

Benz, W./H. Graml/H. Weiß (Hrsg.) 1998: Enzyklopädie des Nationalsozialismus. (2. Aufl.) München.

Benz, W./W. H. Pehle (Hrsg.) 1999: Lexikon des deutschen Widerstandes. Frankfurt a. M.

Berding, H. 1996: Antisemitismus in der modernen Gesellschaft: Kontinuität und Diskontinuität. In: Deutschland. Hrsg. von M. Hettling und P. Nolte, S. 192–207. München.

Berg, M. 1992: Gustav Stresemann. Eine politische Karriere zwischen Reich und Republik. Göttingen.

Bernadotte, Graf F. 1945 a: The Curtain Falls. New York.

Bernadotte, Graf F. 1945 b: Das Ende. Zürich.

Bessel, R. 1980: The rise of the NSDAP and the Myth of Nazi Propaganda. In: Wiener Library Bulletin 33, S. 20–29.

Bessel, R. 1987: Unemployment and Demobilisation in Germany after First World War. In: R. J. Evans/D. Geary (Hrsg.): The German Unemployed, S. 23–43. London/Sydney.

Besymenski, L. A. 1968 a: Sonderakte Barbarossa. Dokumente, Darstellung, Deutung. Stuttgart.

Besymenski, L. A. 1968 b: Der Tod des Adolf Hitlers. Hamburg.

Birke, A. M./H. Booms/O. Merker (Hrsg. unter Mitarbeit des Deutschen Historischen Instituts, London und des Niedersächsischen Hauptstaatsarchivs, Hannover) 1993: Akten der Britischen Militärregierung. München.

Bitterli, U. et al. 1995: Anne Frank und wir. Zürich.

Blair, C. 1998: Der U-Boot-Krieg. Die Jäger 1939–1942. München.

Blair, C. 1999: Der U-Boot-Krieg. Die Gejagten 1942–1945. München.

Bloch, E. 1984: Der Faschismus als Erscheinungsform der Ungleichzeitigkeit. In: E. Nolte (Hrsg.): Theorien über den Faschismus, S. 182–204. (6. Aufl.) Königstein i. Ts.

Blomeyer, P. 1999: Der Notstand in den letzten Jahren von Weimar. Die Bedeutung von Recht, Lehre und Praxis der Notstandsgewalt für den Untergang der Weimarer Republik und die Machtübernahme durch die Nationalsozialisten. Eine Studie zum Verhältnis von Macht und Recht. Berlin.

Bock, G. 1986: Zwangssterilisation im Nationalsozialismus. Studien zur Rassenpolitik und Frauenpolitik. Opladen.

*Bode, V./G. Kaise*r 1998: Raketenspuren. Peenemünde 1946–1996. (Lizenzausgabe) Augsburg.

Boldt, G. 1947: Die letzten Tage der Reichskanzlei. Hamburg.

Bracher, K. D. 1978: Die Auflösung der Weimarer Republik. Düsseldorf.

Bracher, K. D. 1980: Die deutsche Diktatur. Entstehung, Struktur, Folgen des Nationalsozialismus. (6. Aufl.) Köln.

Bracher, K. D. 1993: Nationalsozialismus, Faschismus, Totalitarismus – Die deutsche Diktatur im Macht- und Ideologiefeld des 20. Jahrhunderts. In: K. D. Bracher/M. Funke/H.-A. Jacobsen (Hrsg.): Deutschland 1933–1945. Neue Studien zur nationalsozialistischen Herrschaft, S. 566–580. Bonn.

Bracher, K. D./G. Schulz/W. Sauer 1974: Die nationalsozialistische Machtergreifung. 3 Bde. Frankfurt a. M./Berlin/Wien.

Braubach, M. 1956: Der Einmarsch deutscher Truppen in die entmilitarisierte Zone am Rhein im März 1936. Opladen.

Braun, O. 1979: Von Weimar zu Hitler. Hildesheim.

Braunbuch über Reichstagsbrand und Hitler-Terror 1973. Mit einem Vorwort von Lord Marley; Nachdruck mit einem Nachwort von A. Abusch. Frankfurt a.M.

Bredow, W. von 1989: Über das Recht auf Widerstand und seine Konsequenzen. Rede zum 20. Juli 1944. Marburg.

Breitmann, R. 1996: Der Architekt der „Endlösung". Himmler und die Vernichtung der europäischen Juden. Paderborn.

Brockschmidt, J. 1997: Zur Deportation der „Ostjuden". Der Erlebnisbericht von Susi Schmerler. In: Sachor – Zeitschrift für Antisemitismusforschung, jüdische Geschichte und Gegenwart. Bd. 7: Deutsche – Juden – Polen: Aspekte einer wechselvollen Beziehung, S. 60–62. Essen.

Broszat, M. 1960: Der Nationalsozialismus. Weltanschauung, Programm und Wirklichkeit. Stuttgart.

Broszat, M. 1965: Nationalsozialistische Konzentrationslager 1933–1945. In: Anatomie des SS-Staates. Bd. 2, S. 1–196. Olten/Freiburg.

Broszat, M. 1969: Der Staat Hitlers. Grundlegung und Entwicklung seiner inneren Verfassung. München.

Broszat, M. 1994: Die Machtergreifung. Der Aufstieg der NSDAP und die Zerstörung der Weimarer Republik. München.

Broszat, M./N. Frei (Hrsg.) 1999: Das Dritte Reich im Überblick. Chronik, Ereignisse, Zusammenhänge. München.

Brüning, H. 1972: Memoiren 1918–1934. 2 Bde. München.

Buchheim, L. G. 1997: Der U-Boot-Krieg. Mit einem Essay von M. Salewski. (5. Aufl.) München.

Buchheim, L. G. 1998: Zu Tode gesiegt. Der Untergang der U-Boote. (2. Aufl.) München.

Buchsteiner, I. (Hrsg.) 1995: Der 20. Juli. Erinnerung und Mahnung. Kolloquium aus Anlaß des 50. Jahrestages des Attentats auf Hitler am 20. Juli 1944. Rostock.

Buedeler, W. 1982: Geschichte der Raumfahrt. Würzburg.

Bullock, A. 1999: Hitler und Stalin. (Neu bearbeitete Aufl.) München.

Bullock, A. 2000: Hitler. Biographie 1889–1945. Augsburg.

Burleigh, M. 2001: The Third Reich. A New History. London.

Carell, P. 1998: Unternehmen Barbarossa. Der Marsch nach Russland. (Sonderausgabe) Berlin.

Carr, W. 1980: Adolf Hitler. Persönlichkeit und politisches Handeln. Aus dem Englischen von L. und E. Mickel. Stuttgart.

Charmley, J. 1995: Churchill. Das Ende einer Legende. Aus dem Englischen von K. D. Schmidt. Berlin.

Churchill, W. S. Sir 1948: Memoiren – Der Zweite Weltkrieg. Bd. 1: Der Sturm zieht auf; Teil 1: Von Krieg zu Krieg. München.

Churchill, W. S. Sir 1948: Memoiren – Der Zweite Weltkrieg. Bd. 1: Der Sturm zieht auf; Teil 2: Drôle de Guerre. München.

Churchill, W. S. Sir 1949: Memoiren – Der Zweite Weltkrieg. Bd. 2: Englands größte Stunde; Teil 1: Der Zusammenbruch Frankreichs. München.

Churchill, W. S. Sir 1949: Memoiren – Der Zweite Weltkrieg. Bd. 2: Englands größte Stunde; Teil 2: Allein. München.

Churchill, W. S. Sir 1953: Memoiren – Der Zweite Weltkrieg. Bd. 3: Die große Allianz; Teil 1: Hitlers Angriff auf Rußland. München.

Churchill, W. S. Sir 1953: Memoiren – Der Zweite Weltkrieg. Bd. 3: Die große Allianz; Teil 2: Amerika im Krieg. München.

Churchill, W. S. Sir 1953: Memoiren – Der Zweite Weltkrieg. Bd. 4: Schicksalswende; Teil 1: Die Sturmflut aus Japan. München.

Churchill, W. S. Sir 1953: Memoiren – Der Zweite Weltkrieg. Bd. 4: Schicksalswende; Teil 2: Die Befreiung Afrikas. München.

Churchill, W. S. Sir 1953: Memoiren – Der Zweite Weltkrieg. Bd. 5: Der Ring schließt sich; Teil 1: Italien kapituliert. München.

Churchill, W. S. Sir 1953: Memoiren – Der Zweite Weltkrieg. Bd. 5: Der Ring schließt sich; Teil 2: Von Teheran bis Rom. München.

Churchill, W. S. Sir 1953: Memoiren – Der Zweite Weltkrieg. Bd. 6: Triumph und Tragödie; Teil 1: Dem Sieg entgegen. München.

Churchill, W. S. Sir 1954: Memoiren – Der Zweite Weltkrieg. Bd. 6: Triumph und Tragödie; Teil 2: Der Eiserne Vorhang. München.

Churchill, W. S. Sir 1985 [1954, 1948]: Der Zweite Weltkrieg. Mit einem Epilog über die Nachkriegsjahre. Rheda-Wiedenbrück.

Conway, J. S. 1969: Die nationalsozialistische Kirchenpolitik 1933–1945. Ihre Ziele, Widersprüche und Fehlschläge. Aus dem Englischen von C. Nicolaisen. München.

Cutler, Th. J. 1996: Entscheidung im Pazifik. Die größte Seeschlacht der Geschichte 23–26. 10. 1944. Aus dem Amerikanischen von K. D. Schmidt. Berlin.

Czech, D. 1989: Kalendarium der Ereignisse im KZ Auschwitz-Birkenau 1939–1945. Reinbek bei Hamburg.

Dahlerus, B. 1948: Der letzte Versuch. London – Berlin Sommer 1939. München.

Dawidowicz, L. S. 1979: Der Krieg gegen die Juden 1933–1945. München

Dederke, K. 1973: Reich und Republik. Deutschland 1917–1933. Stuttgart.

Denzler, G./V. Fabricius (Hrsg.) 1984: Die Kirchen im Dritten Reich. Christen und Nazis Hand in Hand? Bd. 1: Darstellung, Bd. 2: Dokumente. Frankfurt a. M.

Denzler, G./V. Fabricius (Hrsg.) 1993: Christen und Nationalsozialisten. Frankfurt a. M.

Deschner, G. 1992: Reinhard Heydrich. Statthalter der totalen Macht. (3. Aufl.) Esslingen am Neckar.

Dettelbacher, W. 1984: Die Jugendbewegung. In: H. Pleticha (Hrsg.): Deutsche Geschichte in 12 Bänden. Bd. 11: Republik und Diktatur 1918–1945, S. 117–127. Gütersloh.

Deuerlein, E. 1969: Hitler. Eine politische Biographie. München.

Dobroszycki, L. (Hrsg.) 1984: The Cronicle of the Lodz Ghetto 1941–1944. Translated by R. Lourie, J. Neugroschel and others. New Haven, London.

Dönhoff, Gräfin Marion 1996: „Um der Ehre willen". Erinnerungen an die Freunde vom 20. Juli. (4. Aufl.) München.

Domarus, M. 1968: Der Reichstag und die Macht. Würzburg.

Domarus, M. (Hrsg.) 1973: Hitler. Reden und Proklamationen 1933–1945. 2 Bde. Wiesbaden.

Dornberger, W. 1952: V2. Der Schuß ins Weltall. Esslingen.

Dorpalen, A. 1964: Hindenburg in der Geschichte der Weimarer Republik 1923–1938. Aus dem Englischen von W. und M. Pferdekamp. Köln/Berlin.

Dreier, R./W. Sellert (Hrsg.) 1989: Recht und Justiz im „Dritten Reich". Frankfurt a.M.

Dressen, W. 1997: Die Vernichtungslager. In: H. Lichtenstein/O. R. Romberg (Hrsg.): Täter – Opfer – Folgen. Der Holocaust in Geschichte und Gegenwart, S. 38–48. (2. erweiterte Aufl.) Bonn.

Drobisch, K./G. Wieland 1993: System der NS-Konzentrationslager 1933–1939: Berlin.

Dröscher, H.-J. 1998: „Reichskristallnacht". Die Novemberpogrome 1938. Augsburg.

Edmonds, R. 1999: Die Großen Drei. Churchill, Roosevelt, Stalin in Frieden und Krieg. Mit einem Vorwort von A. Bullock. München.

Emmerson, J. T. 1977: The Rhineland Crisis 7 March 1936. A Study in Multilateral Diplomacy. London.

Epifanow, A. E./H. Mayer 1996: Die Tragödie der deutschen Kriegsgefangenen in Stalingrad von 1942 bis 1956 nach russischen Archivunterlagen. Osnabrück.

Erler, P. 1999: „Moskau-Kader" der KPD. Bestandsaufnahme zu einem Forschungsthema. In: H. Timmermann (Hrsg.): Die DDR – Politik und Ideologie als Instrument, S. 333–358. Berlin.

Ertl, K. H. 1997: Das Unternehmen „Barbarossa" und seine Interpretationen. Rosenheim.

Eschen, K./Faupe. R. 1997: Gesetzliches Unrecht in der Zeit des Nationalsozialismus. Vor 60 Jahren: Erlaß der Nürnberger Gesetze. Baden-Baden.

Essner-Conte, C. 2002: Die Nürnberger Gesetze oder die Verwaltung des Rassenwahns (1933–1945). Wien.

Evangelischer Presseverband für Westfalen (Hrsg.) 1989: Botschaft eines Kindes. Mit einem Vorwort von W. Everding. Bielefeld.

Faby, Ph. 1962: Der Hitler-Stalin-Pakt 1939–1941. Darmstadt.

Fallois, I. von 1994: Kalkül und Illusion. Der Machtkampf zwischen Reichswehr und SA während der Röhm-Krise 1934. Berlin.

Faust, A. 1987: Die Kristallnacht im Rheinland. Dokumente zum Judenpogrom im November 1938. Düsseldorf.

Feder, G. 1932: Das Programm der NSDAP und seine weltanschaulichen Grundgedanken. München.

Feiling, K. 1946: The Life of Neville Chamberlain. London.

Feldkamp, M. F. 1998: Der Parlamentarische Rat 1948–1949. Göttingen.

Feldman, G. D. 1992: Der 30. Januar 1933 und die politische Kultur von Weimar. In: H. A. Winkler (Hrsg.): Die deutsche Staatskrise 1930–1933, S. 263–276. München.

Fest, J. C. 1996: Das Gesicht des Dritten Reiches. Profile einer totalitären Herrschaft. München.

Fest, J. C. 1997: Hitler. Eine Biographie. (7. Aufl.) Frankfurt a.M./Berlin.

Fest, J. C. 1999: Albert Speer. Eine Biographie. Berlin.

Fest, J. C. 2002: Der Untergang. Hitler und das Ende des Dritten Reiches. (2. Aufl.) Berlin.

Fischer, C. 1989: Ernst Julius Röhm – Stabschef der SA und unentbehrlicher Außenseiter. In: R. Smelser/R. Zitelmann (Hrsg.): Die braune Elite. 22 biographische Skizzen, S. 212–222. Darmstadt.

Fischer, W. 1961: Die Wirtschaftspolitik des NS. Hannover.
Fleischer, W. 1998: Unternehmen „Barbarossa" 1941. Wolfersheim.
Fleischhauer, I. 1991: Diplomatischer Widerstand gegen „Unternehmen Barbarossa". Die Friedensbemühungen der Deutschen Botschaft Moskau 1939–1941. Berlin.
Forester, C. S. 1990: Die letzte Fahrt der „Bismarck". Berlin.
Förster, St./G. Hirschfeld (Hrsg.) 1999: Genozid in der modernen Geschichte. Jahrbuch für historische Friedensforschung. Münster.
Fox, J. P. 1982: Der Fall Katyn und die Propaganda des NS-Regimes. In: Vierteljahrshefte für Zeitgeschichte 30, S.462–499.
Frank, A. 1999: Tagebuch. (Ergänzt durch die bisher unveröffentlichten Textpassagen.) München.
Frank, A. 2001: Tagebuch. (Fassung von Otto H. Frank und Mirjam Pressler.) Aus dem Niederländischen von Mirjam Pressler. (Limitierte Sonderausgabe.) Frankfurt a.M.
Franz, G. (Hrsg.) 1964: Staatsverfassungen. Eine Sammlung wichtiger Verfassungen der Vergangenheit und Gegenwart in Urtext und Übersetzung. (2. erweiterte und ergänzte Aufl.) München.
Frei, N. 1983: „Machtergreifung". Anmerkungen zu einem historischen Begriff. In: Vierteljahrshefte für Zeitgeschichte 31, S.136–145.
Frei, N. (Hrsg.) 1991: Medizin und Gesundheitspolitik in der NS-Zeit. München.
Freimark, P./W. Kopitzsch 1978: Der 9./10. November 1938 in Deutschland. Dokumentation zur „Kristallnacht". Hamburg.
Friedlander, H. 1997: Der Weg zum NS-Genozid – Von der Euthanasie zur Endlösung. Berlin.
Friedländer, S. 1998: Das Dritte Reich und die Juden. Bd. I: Die Jahre der Verfolgung 1933–1939. Aus dem Englischen von M. Pfeiffer. München.
Friedman, F. 1946: This Was Oswiecim. London.
Frisch, O. R. 1981: Woran ich mich erinnere. Physik und Physiker meiner Zeit. Aus dem Englischen von L. Trueb. Stuttgart.
Fromm, E. 1974: Die Anatomie der menschlichen Destruktivität. Stuttgart.
Fromme, F. K. 1962: Von der Weimarer Verfassung zum Bonner Grundgesetz. Tübingen.
Funke, M. 1993: Spurensicherung. Kriegsende 1945: Davor und Danach. In: K. D. Bracher/M. Funke/H.-A. Jacobsen (Hrsg.): Deutschland 1933–1945. Neue Studien zur nationalsozialistischen Herrschaft, S.532–541. (2. ergänzte Aufl.) Bonn.
Gabelmann, Th. 1996: Thälmann ist niemals gefallen? Eine Legende stirbt. Berlin.
Gay, P. 1986: In Deutschland zu Hause … Die Juden der Weimarer Zeit. In: A. Paucker (Hrsg.): Die Juden im nationalsozialistischen Deutschland 1933–1943, S.31–43. Tübingen.
Geerk, Fr. 1983: Der Reichstagsbrand. Karlsruhe.
Genoud, Fr. (Hrsg.) 1951: The Testament of Adolf Hitler. The Hitler-Bormann documents. Febr.–Apr. 1945. Aus dem Französischen von R. H. Stevens. Mit einer Einleitung von H. R. Trevor-Roper. London.
Genschel, H. 1966: Die Verdrängung der Juden aus der Wirtschaft im Dritten Reich. Göttingen.
Gies, M. 1999 (in Zusammenarbeit mit A. L. Gold): Meine Zeit mit Anne Frank. Aus dem Amerikanischen von L. Julius. München.

Gilbert, M. 1983: Die Vertreibung und Vernichtung der Juden. Ein Atlas. Reinbek bei Hamburg.

Gilbert, M. 1986: 'The Holocaust. A History of the Jews of Europe during the Second World War. New York.

Goebbels, J. 1977: Tagebücher 1945. Die letzten Aufzeichnungen. Mit einer Einführung von R. Hochhuth. Hamburg.

Goebbels, J. 1999: Joseph Goebbels Tagebücher. 1935–1939. Hrsg. von R. G. Reuth. Bd. 3. (Erweiterte Sonderausgabe) München.

Gold, A. L. 1998 a: Erinnerungen an Anne Frank. Aus dem Englischen von M. Pressler. Mit einem Nachwort von L. Rosh. Ravensbrück.

Gold, A. L. 1998 b: Hannah Goslar Remembers. A Childhood Friend of Anne Frank. London.

Goldhagen, D. J. 1998: Hitlers willige Vollstrecker. Ganz gewöhnliche Deutsche und der Holocaust. Berlin.

Gossweiler, K. 1983: Die Röhm-Affäre. Hintergründe, Auswirkungen, Zusammenhänge. Köln.

Gotto, K./K. Repgen (Hrsg.) 1990: Die Katholiken und das Dritte Reich. (3. ergänzte und erweiterte Aufl.) Mainz.

Graetz, H. 1854–1876: Geschichte der Juden. 12 Bde. Leipzig.

Graml, H. (Hrsg.) 1994: Widerstand im Dritten Reich. Probleme, Ereignisse, Gestalten. Frankfurt a. M.

Graml, H. 1958: Der 9. November 1938. „Reichskristallnacht". Bonn.

Graml, H. 1996: Zwischen Stalingrad und Währungsreform – Formative Jahre für eine neue Gesellschaft in Deutschland. In: H. Oberreuter/J. Weber (Hrsg.): Freundliche Feinde? Die Alliierten und die Demokratiegründung in Deutschland, S. 51–65. München/Landsberg am Lech.

Grebing, H. 1964: Der Nationalsozialismus. München.

Gritschneder, O. 1993: „Der Führer hat sie zum Tode verurteilt …". Hitlers „Röhm-Putsch-Morde" vor Gericht. München.

Groehler, O. 1995: Die Neue Reichskanzlei – Das Ende. Berlin.

Grotzky, J. 1995: „Bevölkerungstransfer" und „ethnische Säuberung" als Mittel der Politik im 20. Jahrhundert. In: Bayerische Landeszentrale für politische Bildungsarbeit (Hrsg.): 1945–1995. 50 Jahre nach Flucht und Vertreibung. Hypotheken und Chancen, S. 87–101. München.

Gruchmann, L. 1983: Blutschutzgesetz und Justiz. Zur Entstehung und Auswirkung des Nürnberger Gesetzes vom 15. September 1935. In: Vierteljahrshefte für Zeitgeschichte 31, S. 418–442.

Gumnior, H./R. Ringguth 1974: Max Horkheimer. Reinbek bei Hamburg.

Guthe, H. 1914: Geschichte des Volkes Israel. Tübingen.

Haape, H. 1998: Endstation Moskau 1941–1942. Tagebuch eines Frontarztes. Stuttgart.

Hachtmann, R. 1989: Industriearbeit im „Dritten Reich". Untersuchungen zu den Lohn- und Arbeitsbedingungen in Deutschland 1933–1945. Göttingen.

Haffner, S. 1974: Winston Churchill. Reinbek bei Hamburg.

Halder, Fr. 1949: Hitler als Feldherr. München.

Harrison, T. 1997: Alter Kämpfer im Widerstand. Graf Helldorf, die NS-Bewegung und die Opposition gegen Hitler. In: Vierteljahrshefte für Zeitgeschichte 45, S. 385–423.

Hausner, G. 1979: Die Vernichtung der Juden. Das größte Verbrechen der Geschichte. München.

Hehl, U. von 1993: Die Kirchen in der NS-Diktatur. Zwischen Anpassung, Selbstbehauptung und Widerstand. In: K. D. Bracher/M. Funke/H.-A. Jacobsen (Hrsg.) Deutschland 1933–1945. Neue Studien zur nationalsozialistischen Herrschaft, S. 153–181. Bonn.

Hehl, U. von 1996: Nationalsozialistische Herrschaft. Enzyklopädie deutscher Geschichte. Bd. 39. München.

Hehl, U. von 1998: Nationalsozialistische Vernichtungspolitik 1939–1945. Neue Forschungen und Kontroversen. Frankfurt a. M.

Heiber, H. 1957: Der Fall Grünspan. In: Vierteljahrshefte für Zeitgeschichte 5, S. 134–172.

Heiber, H. 1991: Universität unterm Hakenkreuz. Teil I: Der Professor im Dritten Reich. Bilder aus der akademischen Provinz. München.

Heiber, H. 1992: Universität unterm Hakenkreuz. Teil II, Bd. 1: Die Kapitulation der Hohen Schulen. Das Jahr 1933 und seine Themen. München.

Heiber, H. 1994: Universität unterm Hakenkreuz. Teil II, Bd. 2: Die Kapitulation der Hohen Schulen. Das Jahr 1933 und seine Themen. München.

Heid, L. 1994: Die Ausweisung von „Ostjuden" aus dem Ruhrgebiet. In: A. Herzig et al. (Hrsg.): Verdrängung und Vernichtung der Juden in Westfalen, S. 29–43. Münster.

Hellfeld, M. von/A. Klönne 1987: Die betrogene Generation. Jugend im Faschismus – Quellen und Dokumente. (2. Aufl.) Bonn.

Hellmold, W. 1999: Die V1. Eine Dokumentation. (Genehmigte Lizenzausgabe) Augsburg.

Hentschel, V. 1985: So kam Hitler. Schicksalsjahre 1932–33. Düsseldorf.

Herbert, U. (Hrsg.) 1998: Nationalsozialistische Vernichtungspolitik 1939–1945. Neue Forschungen und Kontroversen. Frankfurt a. M.

Herbst, L. 1996: Das nationalsozialistische Deutschland 1933–1945. Die Entfesselung der Gewalt: Rassismus und Krieg. Frankfurt a. M.

Herzl, T. 1988: Der Judenstaat. Versuch einer modernen Lösung der Judenfrage. Zürich.

Herwarth, H. von 1985: Zwischen Hitler und Stalin. Erlebte Zeitgeschichte 1931–1945. Berlin.

Hilberg, R. 1999 [1982, USA: 1961]: Die Vernichtung der europäischen Juden. Die Gesamtgeschichte des Holocaust. 3 Bde. (9. Aufl.) Frankfurt a. M.

Hillgruber, A. 1982: Endlich genug über Nationalsozialismus und Zweiten Weltkrieg? Forschungsstand und Literatur. Düsseldorf.

Hillgruber, A. 1985: Der zweite Weltkrieg 1939–1945. Kriegsziele und Strategie der großen Mächte. (4. Aufl.) Stuttgart.

Hillgruber, A. 1993: Hitlers Strategie. Politik und Kriegführung 1940–1941. (3. Aufl.) Bonn.

Hirsch, F. 1978: Stresemann. Ein Lebensbild. Göttingen.

Hitler, A. 1936: Mein Kampf. (204.–208. Aufl.) München.

Hitler, A. 1980a: Sämtliche Aufzeichnungen 1905–1924. Hrsg. von E. Jäckel und A. Kuhn. Stuttgart.

Hitler, A. 1980b: Monologe im Führerhauptquartier 1941–1944. Aufzeichnungen von H. Heims. Hrsg. von W. Jochmann. Hamburg.

Hitler, A. 1992/98: Reden, Schriften, Anordnungen. Februar 1925 bis Januar 1933. Hrsg. vom Institut für Zeitgeschichte. 5 Bde. München/London/New York/Paris.

Hofer, W. 1957: Der Nationalsozialismus. Dokumente 1933–1945. Frankfurt a.M.

Hofer, W. et al. (Hrsg.) 1992: Der Reichstagsbrand. Eine wissenschaftliche Dokumentation. Bearbeitet von A. Bahar; mit einem Nachwort von D. Mayer. Freiburg.

Höffkes, K. von (Hrsg.) 1988: Deutsch-sowjetische Geheimverbindungen. Unveröffentlichte diplomatische Depeschen zwischen Berlin und Moskau im Vorfeld des Zweiten Weltkriegs. Tübingen.

Hoffmann, J./W. Ripper 1982: Deutschland im Spannungsfeld der Siegermächte (1945–1949). Frankfurt a.M.

Hoffmann, P. 1992: Claus Schenk Graf von Stauffenberg und seine Brüder. Das Geheime Deutschland. (2. Aufl.) Stuttgart.

Hoffmann, P. 1994: Widerstand gegen Hitler und das Attentat vom 20. Juli 1944. Konstanz.

Hoffmann, P. 1998: Stauffenberg und der 20. Juli 1944. München.

Höhne, H. 1984: Mordsache Röhm. Hitlers Durchbruch zur Alleinherrschaft 1933–1934. Reinbek bei Hamburg.

Hölsken, H. D. 1984: Die V-Waffen. Entstehung – Propaganda – Kriegseinsatz. Stuttgart.

Hoppe, B. 1998: Von der parlamentarischen Demokratie zum Präsidialstaat. Verfassungsentwicklung am Beispiel der Kabinettsbildung in der Weimarer Republik. Berlin.

Horn, W. 1980: Der Marsch zur Machtergreifung. Die NSDAP bis 1933. Königstein i.Ts./Düsseldorf.

Höß, R. 1978: Kommandant in Auschwitz. Autobiographische Aufzeichnungen. Hrsg. von M. Broszat. (Neuaufl.) München.

Hoßbach, Fr. 1965: Zwischen Wehrmacht und Hitler. Göttingen.

Hubatsch, W. (Hrsg.) 1999: Hitlers Weisungen für die Kriegsführung 1933–1945. Dokumente des Oberkommandos der Wehrmacht. Erlangen.

Hürten, H. (Hrsg.) 1969: Deutsche Briefe 1934–1938. Bd. 1: 1934–1935; Bd. 2: 1936–1938 und Register. Paderborn.

Hürten, H. 1992: Deutsche Katholiken 1918–1945. Paderborn.

Hughes, E. 1986: Churchill. Ein Mann in seinem Widerspruch. Aus dem Englischen von R. Andersch. Kiel.

Institut für Zeitgeschichte (Hrsg.) 1994–1997: Widerstand als „Hochverrat" 1933–1945. Die Verfahren gegen deutsche Reichsangehörige vor dem Reichsgericht, dem Volksgerichtshof und dem Reichskriegsgericht. (Mikrofiche Edition) München.

Internationaler Militärgerichtshof Nürnberg (Hrsg.) 1947–49: Der Prozeß gegen die Hauptkriegsverbrecher vor dem Internationalen Militärgerichtshof. Nürnberg 14. November 1945–1. Oktober 1946. Blaue Serie, 42 Bde.: Bde. I–XXII: Sitzungsprotokolle, Bde. XXIII/XXIV: Register, Bde. XXV–XLII: Dokumente. Nürnberg.

Italiaander, R. (Hrsg.) 1982: Wir erlebten das Ende der Weimarer Republik. Zeitgenossen berichten. Düsseldorf.

Jacobsen, H.-A. 1993: Historisches Erbe und deutsche Außenpolitik 1945–1991. In: K. D. Bracher/M. Funke/H.-A. Jacobsen (Hrsg.): Deutschland 1933–1945. Neue Studien zur nationalsozialistischen Herrschaft, S. 532–541. Bonn.

Jäckel, E. 1980: Wie kam Hitler an die Macht? In: K. D. Erdmann/H. Schulze (Hrsg.): Weimar. Selbstpreisgabe einer Demokratie, S. 305–321. Düsseldorf.

Jäckel, E./P. Longerich/J. H. Schoeps 1998: Enzyklopädie des Holocaust. Die Verfolgung und Ermordung der europäischen Juden. Deutsche Ausgabe, 4 Bde. (2. Aufl.) München.

Jagodzinski, Zd. 1976: The Katyn Bibliography. London.

James, H. 1990: Economic Reasons for the Collapse of the Weimar Republic. In: I. Kershaw (Hrsg.): Weimar. Why Did German Democracy Fail?, S. 30–57. London.

Jamin, M. 1981: Zur Rolle der SA im nationalsozialistischen Herrschaftssystem. In: G. Hirschfeld/L. Kettenacker (Hrsg.): Der Führerstaat: Mythos und Realität. Studien zur Struktur und Politik des Dritten Reiches, S. 329–360. Stuttgart.

Joachimsthaler, A. 1998: Hitlers Ende. Legenden und Dokumente. (Lizenzausgabe) Augsburg.

Jochmann, W. 1960: Im Kampf um die Macht. Hitlers Rede vor dem Hamburger Nationalclub. Frankfurt a. M.

Jochmann, W. 1971: Die Ausbreitung des Antisemitismus. In: W. E. Mosse (Hrsg.): Deutsches Judentum in Krieg und Revolution 1916–1923, S. 409–510. Tübingen.

Jochmann, W. 1988: Gesellschaftskrise und Judenfeindschaft in Deutschland 1870–1945. Hamburg.

Jüngel, E. 1986: Zur Theologie Karl Barths. Beiträge aus Anlaß seines 100. Geburtstags Zeitschrift für Theologie und Kirche, Beiheft 6. Tübingen.

Jungk, R. 1956: Heller als tausend Sonnen. Das Schicksal der Atomforscher. Stuttgart, München.

Kaienburg, H. 1977: Das Konzentrationslager Neuengamme 1938–1945. Hrsg. von der KZ-Gedenkstätte Neuengamme. Bonn.

Kalthoff, J./M. Werner 1998: Die Händler des Zyklon B. Tesch & Stabenow – eine Geschichte zwischen Hamburg und Auschwitz. Hamburg.

Kater, M. 1971: Zur Soziographie der frühen NSDAP. In: Vierteljahrshefte für Zeitgeschichte 19, S. 124–159.

Kater, M. 1985: Generationskonflikt und Entwicklungsfaktor in der NS-Bewegung vor 1933. In: Geschichte und Gesellschaft 11, S. 217–243.

Kater, M. 1989: Doctors under Hitler. Chapel Hill, London.

Katz, J. 1989: Vom Vorurteil bis zur Vernichtung. Der Antisemitismus 1700–1933. München.

Kaufmann, G. 1997: Jugendbewegung im 20. Jahrhundert. Ein Kapitel ihrer Geschichte im Rückblick: Hitlerjugend. Berlin.

Kaul, Fr. K. 1965: Der Fall Herschel Grynszpan. Berlin/Ost.

Kehnscherper, G. 1979: Die dialektische Theologie Karl Barths im Lichte der sozialethischen Aufgaben der christlichen Kirche. (2. Aufl.) Aalen.

Keiderling, G. 1993: „Gruppe Ulbricht" in Berlin April bis Juni 1945. Von den Vorbereitungen im Sommer 1944 bis zur Wiedergründung der KPD im Juni 1945. Eine Dokumentation. Mit einem Geleitwort von W. Leonhard. Berlin.

Keiderling, G. 1999: Von der „Gruppe Ulbricht“ zur „Staatspartei“. Der Landesverband Groß-Berlin der KPD/SED von 1945 bis 1948. In: H. Timmermann (Hrsg.): Die DDR – Politik und Ideologie als Instrument, S. 389–408. Berlin.

Keitel, W. 1998: Mein Leben – Pflichterfüllung bis zum Untergang. Hitler Generalfeldmarschall und Chef des Oberkommandos der Wehrmacht in Selbstzeugnissen. Hrsg. von W. Maser. Berlin.

Kemp, P. 1998: Die deutschen und österreichischen U-Boot-Verluste in beiden Weltkriegen. Vollständige Dokumentation. Aus dem Englischen von A. P. Zeller mit einem Geleitwort von L. G. Buchheim. Gräfelfing vor München.

Kempner, R. M. W. 1984: SS im Kreuzverhör. Die Elite, die Europa in Scherben schlug. Düsseldorf.

Kern, E. 1948: Der große Rausch. Der Rußlandfeldzug 1941/42. Zürich.

Kershaw, I. 1981: The Persecution of the Jews and the German Popular Opinion in the Third Reich. In: Leo Baeck Institute Yearbook 26, S. 261–289.

Kershaw, I. 1992: Hitlers Macht. Das Profil der NS-Herrschaft. Aus dem Englischen von J. P. Krause. München.

Kershaw, I. 1994: Der NS-Staat. Geschichtsinterpretationen und Kontroversen im Überblick. Reinbek bei Hamburg.

Kershaw, I. 1998: Hitler 1889–1936. Aus dem Englischen von J. P. Krause und J. W. Rademacher. (2. Aufl.) Stuttgart

Kershaw, I. 1999: Hitler 1936–1945. Stuttgart.

Kesselring, A. 1953: Soldat bis zum letzten Tag. Bonn.

Kirst, H. H. 1998: Aufstand der Soldaten. Das Attentat auf Hitler am 20. Juli 1944. Klagenfurt.

Kissenkoetter, U. 1978: Gregor Strasser und die NSDAP. Stuttgart.

Kissenkoetter, U. 1989: Gregor Strasser – NS-Parteiorganisator oder Weimarer Politiker? In: R. Smelser/R. Zitelmann (Hrsg.): Die braune Elite. 22 biographische Skizzen, S. 273–285. Darmstadt.

Klee, E. 1983: „Euthanasie“ im NS-Staat. Frankfurt a. M.

Klee, E. 1995: Was sie taten – Was sie wurden. Ärzte, Juristen und andere Beteiligte am Kranken- oder Judenmord. Frankfurt a. M.

Klemperer, V. 1996: Leben sammeln, nicht fragen wozu und warum. Tagebücher 1918–1933. Hrsg. und mit einem Nachwort von W. Nowojski. Berlin.

Klemperer, V. 1999: Ich will Zeugnis ablegen bis zum letzten. Tagebücher 1933–1945. Hrsg. von W. Nowojski unter Mitarbeit von H. Klemperer. Berlin.

Klönne, A. 1993: Jugend im Dritten Reich. In: K. D. Bracher/M. Funke/H.-A. Jacobsen (Hrsg.): Deutschland 1933–1945. Neue Studien zur nationalsozialistischen Herrschaft, S. 218–239. Bonn.

Klönne, A. 1995: Jugend im Dritten Reich. Die Hitler-Jugend und ihre Gegner. München.

Knopp, G. 1998 a: Hitlers Krieger. München.

Knopp, G. 1998 b: Hitlers Helfer. Die Täter. München.

Knopp, G. 1998 c: Hitlers Helfer. Vollstrecker der Macht. München.

Knopp, G. 1998 d: Der verdammte Krieg. Unternehmen Barbarossa. München.

Koch, H. W. 1975: Geschichte der Hitlerjugend. Starnberg.

Koch, H. W. 1987: Volksgerichtshof. Politische Justiz im Dritten Reich. München.
Kochan, L. 1957: Pogrom November 10, 1938. London.
Kogon, E. 1974: Der SS-Staat. München.
Kogon, E./H. Langbein/A. Rückerl et al. (Hrsg.) 1983: Nationalsozialistische Massentötungen durch Giftgas. Frankfurt a. M.
Koehl, R. 1980: Feudal Aspects of National Socialism. In: American Political Science Review 54, S. 921–933.
Kolb, E. 1996: Bergen-Belsen. Vom „Aufenthaltslager" zum Konzentrationslager 1943–1945. (5., überarbeitete und stark erweiterte Aufl.) Tübingen.
Kolb, E./W. Pyta 1992: Die Staatsnotstandsplanung unter den Regierungen Papen und Schleicher. In: H. A. Winkler (Hrsg.): Die deutsche Staatskrise 1930–1933, S. 155–181. München.
Komitee zur Rehabilitierung van der Lubbes (Hrsg.) 1983: Rotbuch. Van der Lubbe und der Reichstagsbrand. Aus dem Niederländischen von J. van Soer. Hamburg.
Korsch, D. 1996: Dialektische Theologie nach Karl Barth. Tübingen.
Krockow, Chr. Graf von 1999: Churchill. Eine Autobiographie des 20. Jahrhunderts. Hamburg.
Krüger, P. 1993: Die Außenpolitik der Republik von Weimar. (2. Aufl.) Darmstadt.
Kurowski, Fr. 1994: Giganten auf See. Geschichte der Großkampfschiffe des Zweiten Weltkriegs. Berlin.
Lamm, H. 1984: Die Juden im „Dritten Reich". In: H. Pleticha: Deutsche Geschichte in 12 Bänden. Bd. 11: Republik und Diktatur, S. 302–324. Gütersloh.
Landau, E. (Hrsg.) 1961: Der Kastner-Bericht über Eichmanns Menschenhandel in Ungarn. München.
Lang, J. 1982: Das Eichmann-Protokoll. Tonbandaufzeichnungen der israelischen Verhöre. Berlin.
Lauber, H. 1981: Judenpogrom. „Reichskristallnacht" November 1938 in Großdeutschland. Daten, Fakten, Dokumente, Quellentexte, Thesen und Bewertungen. Gerlingen.
Lauf, E. 1994: Der Volksgerichtshof und sein Beobachter. Bedingungen und Funktionen der Gerichtsberichterstattung im Nationalsozialismus. Wiesbaden.
Layton, R. V. 1970: The Völkischer Beobachter 1920–1933. The Nazi-Party Newspaper in the Weimar Era. In: Central European History 4, S. 353–382.
Leonhard, W. 1973: Die Revolution entläßt ihre Kinder. Köln.
Less, A. L. 1987: Schuldig. Das Urteil gegen Adolf Eichmann. Frankfurt a. M.
Lewy, G. 1965: Die katholische Kirche und das Dritte Reich. Aus dem Amerikanischen von H. Schulz. München.
Lifton, R. J. 1988: Ärzte im Dritten Reich. Stuttgart.
Lindt, A. 1981: Das Zeitalter des Totalitarismus. Politische Heilslehren und ökumenischer Aufbruch. Stuttgart.
Lindwer, W. 1993: Anne Frank. Die letzten sieben Monate. Augenzeugen berichten. Frankfurt a. M.
Longerich, P. 1989: Die braunen Bataillone. Geschichte der SA. München.
Longerich, P. 1998: Politik der Vernichtung. Eine Gesamtdarstellung der nationalsozialistischen Judenverfolgung. München.

Ludwig, J. [o.J.]: Boykott – Enteignung – Mord. Die „Entjudung" der deutschen Wirtschaft. München.

Luntowski, G. 2000: Hitler und die Herren an der Ruhr. Wirtschaftsmacht und Staatsmacht im Dritten Reich. Frankfurt a.M./Berlin/Bern/Bruxelles/New York/Oxford/Wien.

Lustiger, A. 1994: Zum Kampf auf Leben und Tod! Vom Widerstand der Juden 1933–1945. Köln.

Maarsen, J. van 1996: My Friend Anne Frank. New York.

Manstein, E. von 1998: Verlorene Siege. (15. Aufl.) Bonn.

Marrus, M. R. (Hrsg.) 1989: The Nazi Holocaust. Historical Articles on the Destruction of European Jews. 9 Bde. Westport, London.

Marxen, K. 1994: Das Volk und sein Gerichtshof. Eine Studie zum nationalsozialistischen Volksgerichtshof. München.

Maser, W. 1965: Die Frühgeschichte der NSDAP. Hitlers Weg bis 1924. Frankfurt a.M./Bonn.

Maser, W. 1988: Nürnberg-Tribunal der Sieger. Düsseldorf.

Maser, W. 1997: Der Wortbruch. Hitler, Stalin und der Zweite Weltkrieg. München.

Massing, P. W. 1959: Die Vorgeschichte des politischen Antisemitismus. Frankfurt a.M.

Masson, Ph. 2000: Die Deutsche Armee. Geschichte der Wehrmacht 1935–1945. Aus dem Französischen von A.-J. Graf von Kageneck. (4. Aufl.) München.

Mathzerath, H./H. A. Turner 1977: Die Selbstfinanzierung der NSDAP 1930–1933. In: Geschichte und Gesellschaft 3, S. 59–92.

Matthias, E. 1969: Die Sozialdemokratische Partei Deutschlands. In: E. Matthias und R. Morsey (Hrsg.): Das Ende der Parteien 1933, S. 101–278. Königstein i. Ts./Düsseldorf.

Maurer, Tr. 1988: Die Ausweisung der polnischen Juden und der Vorwand für die „Kristallnacht". In: W. H. Pehle (Hrsg.): Der Judenpogrom 1938. Von der „Kristallnacht" zum Völkermord, S. 52–73. Frankfurt a.M.

Meed, Vl. 1999: Deckname Vladka. Eine Widerstandskämpferin im Warschauer Ghetto. Aus dem Amerikanischen von S. Krämer. Hamburg.

Meier, K. 1992: Kreuz und Hakenkreuz. Die evangelische Kirche im Dritten Reich. München.

Meißner, H. O. 1983: Die Machtergreifung. 30. Januar 1933. München/Berlin.

Meyer, A. 2000: Die deutsche Besatzung in Frankreich 1940–1944. Widerstandsbekämpfung und Judenverfolgung. Darmstadt.

Michalka, W. 1978: Wege der Hitler-Forschung. In: Quaderni di storia 8, S. 157–190.

Michalka, W. 1980: Wege der Hitler-Forschung. In: Quaderni di storia 10, S. 125–151.

Michalka, W. (Hrsg.) 1985: Das Dritte Reich. Dokumente zur Innen- und Außenpolitik. Bd. 2: Weltmachtanspruch und nationaler Zusammenbruch 1939–1945. München.

Michalka, W. (Hrsg.) 1997: Der Erste Weltkrieg. Der Zweite Weltkrieg. Grundzüge, Analysen, Forschungsbilanz. Weyarn.

Michalka, W./M. L. Marshall (Hrsg.) 1982: Gustav Stresemann. Darmstadt.

Militärgeschichtliches Forschungsamt (Hrsg.) 1979–1999: Das Deutsche Reich und der Zweite Weltkrieg. 7 Bde. Stuttgart.

Mitscherlich, A./F. Mielke 1960: Medizin ohne Menschlichkeit. Frankfurt a.M.

Möller, H. 1983: Die nationalsozialistische Machtergreifung. Konterrevolution oder Revolution. In: Vierteljahrshefte für Zeitgeschichte 31, S.25–51.
Moltke, H. J. Graf von 1951: Letzte Briefe aus dem Gefängnis Tegel. Berlin.
Moltmann, G. 1957: Die frühe amerikanische Deutschlandplanung im Zweiten Weltkrieg. In: Vierteljahrshefte für Zeitgeschichte 5, S.241–264.
Mommsen, H. 1964: Der Reichstagsbrand und seine politischen Folgen. In: Vierteljahrshefte für Zeitgeschichte 12, S.351–413.
Mommsen, H. 1966: Beamtentum im Dritten Reich. Stuttgart.
Mommsen, H. 1983a: Der Mythos des nationalen Aufbruchs und die Haltung der deutschen Intellektuellen und funktionalen Eliten. In: 1933 in Gesellschaft und Wissenschaft. Hrsg. von der Pressestelle der Universität Hamburg, S.127–141. Hamburg.
Mommsen, H. 1983b: Die Realisierung des Utopischen: Die „Endlösung der Judenfrage im Dritten Reich". In: Geschichte und Gesellschaft 9, S.381–420.
Mommsen, H. 1986: Van der Lubbes Weg in den Reichstag – der Ablauf der Ereignisse. In: U. Backes et al.: Reichstagsbrand. Aufklärung einer historischen Legende, S.33–57.
Mommsen, H. 1989: Die verspielte Freiheit. Der Weg der Republik von Weimar in den Untergang 1918–1933. Berlin.
Mommsen, H. 1991: Der Nationalsozialismus und die deutsche Gesellschaft. Ausgewählte Aufsätze. Reinbek bei Hamburg.
Montesquieu, Ch. 1951 [1748]: Vom Geist der Gesetze. Hrsg. von E. Forsthoff. 2 Bde. Tübingen.
Montgomery, B. L. 1949: Von El Alamein zum Sangro – Von der Normandie zur Ostsee. Hamburg.
Morsey, R. 1960: Hitler als Braunschweigischer Regierungsrat. In: Vierteljahrshefte für Zeitgeschichte 8, S.419–448.
Morsey, R. 1992: Das „Ermächtigungsgesetz" vom 24. März 1933. Düsseldorf.
Mosse, G. L. 1979: Ein Volk – ein Reich – ein Führer. Die völkischen Ursprünge des Nationalsozialismus. Aus dem Amerikanischen von R. Becker. Königstein i.Ts.
Mosse, W. E. (Hrsg.) 1965: Entscheidungsjahr 1932. Zur Judenfrage in der Endphase der Weimarer Republik. Tübingen.
Müllenheim-Rechberg, B. Freihr. von 1999: Schlachtschiff Bismarck. Augsburg.
Müller, H. 1965: Katholische Kirche und Nationalsozialismus. München.
Müller, K. J. 1993: Der Tag von Potsdam und das Verhältnis der preußisch-deutschen Militär-Elite zum Nationalsozialismus. In: B. Kröner (Hrsg.): Potsdam – Stadt, Armee, Residenz, S.435–449. Frankfurt a.M./Berlin.
Müller, M. 1998: Das Mädchen Anne Frank. Die Biographie. Mit einem Nachwort von Miep Gies. München.
Musmanno, M. A. 1950: In zehn Tagen kommt der Tod. Augenzeugen berichten über das Ende Hitlers. München.
Nawratil, H. 1981: Vertreibungsverbrechen an Deutschen. München.
Neebe, R. 1981: Großindustrie, Staat und NSDAP 1930–1933. Göttingen.
Neufeld, M. J. 1999: Die Rakete und das Reich. Wernher von Braun, Peenemünde und der Beginn des Raketenzeitalters. Aus dem Amerikanischen von J. Wagner. (2. überarbeitete Aufl.) Berlin.
Neumann, F. 1984 [1942/1944]: Behemoth. Struktur und Praxis des Nationalsozialismus

1933–1944. Hrsg. und mit einem Nachwort von G. Schäfer. Aus dem Amerikanischen nach der Fassung von 1963 übersetzt von H. Wagner und G. Schäfer. Frankfurt a. M.
Newhouse, J. 1990: Krieg und Frieden im Atomzeitalter. Von Los Alamos bis SALT. Aus dem Amerikanischen von U. Mihr und H. Dierlamm. München.
Nicholls, A. 1971: The Bavarian Background to National Socialism. In: A. Nicholls/ E. Matthias (Hrsg.): German Democracy and the Triumph of Hitler, S. 99–128. London.
Nicolaisen, C. (Bearb.) 1971: Dokumente zur Kirchenpolitik des Dritten Reiches. Bd. 1: Das Jahr 1933. München.
Niederländisches Staatliches Institut für Kriegsdokumentation (Hrsg.) 1993: Die Tagebücher der Anne Frank. Aus dem Niederländischen von M. Pressler. Frankfurt a. M.
Niedhart, G. 1986: Imperialismus, Krise, Zusammenbruch (1880–1945). In: Ploetz: Epochen der modernen Geschichte. Schwerpunktthemen, Entwicklungen, Zusammenhänge. Hrsg. von G. Niemetz und U. Uffelmann, S. 93–143. Freiburg/Würzburg.
Niemöller, G. 1984: Die erste Bekenntnissynode der Deutschen Evangelischen Kirche zu Barmen. Bd. 1: Geschichte, Kritik und Bedeutung der Synode und ihrer theologischen Erklärung. (2. Aufl.) Göttingen.
Niemöller, M. 1979: Briefe aus der Gefangenschaft. Konzentrationslager Sachsenhausen (Oranienburg). Hrsg. von W. Niemöller. Bielefeld.
Niemöller, W. (Hrsg.) 1949: Lebensbilder aus der Bekennenden Kirche. Bielefeld.
Niemöller, W. 1958: Die zweite Bekenntnissynode der Deutschen Evangelischen Kirche zu Dahlem. Göttingen.
Niemöller, W. 1961: Aus dem Leben eines Bekenntnispfarrers. Bielefeld.
Noakes, J. 1984: Nazism and Eugenics: the Background to the Nazi Sterilisation Law of 14. July 1933. In: R. J. Bullen/H. Pogge von Strandmann/A. B. Polonsky (Hrsg.): Ideas into Politics. S. 75–94. London/Sydney.
Nolte, E. 1995. Vergangenheit, die nicht vergehen will. Eine Rede, die geschrieben, aber nicht gehalten werden konnte. In: Historikerstreit. Die Dokumentation der Kontroverse um die Einzigartigkeit der nationalsozialistischen Judenvernichtung, S. 39–47. (9. Aufl.) München.
Norden, G. van 1963: Kirche in der Krise. Düsseldorf.
Norden, G. van 1979: Der deutsche Protestantismus im Jahre der nationalsozialistischen Machtergreifung. Gütersloh.
Norden, G. van 1994: Widerstand der Kirchen in der NS-Zeit. In: W. Benz (Hrsg.): Lexikon des deutschen Widerstandes, S. 68–82. Frankfurt a. M.
Norden, G. von 1997: Opposition by Churches and Christians. In: W. Benz/W. H. Pehle (Eds.): Encyclopedia of German Resistance to the Nazi Movement. Translated by L. W. Garmer, p. 45–67. New York.
Nyizli, M. 1960: Auschwitz. A Doctor's Eyewitness Account. New York.
Oertel, Th. 1980: Horst Wessel. Untersuchung einer Legende. Köln.
Orlow, D. 1971: The History of the Nazi Party 1919–1933. Newton Abbot.
Orlow, D. 1973: The History of the Nazi Party 1934–1945. Newton Abbot.
Ortag, P. 2000: Jüdische Kultur und Geschichte. Ein Überblick. (4. aktualisierte Aufl.) Potsdam.
Paape, H. et al. 1988: Die Tagebücher der Anne Frank. Einführung von H. Paape/G. van

der Stroom/D. Barnouw. Mit einer Zusammenfassung des Berichts des Gerichtslaboratorium des Justizministeriums. Aus dem Niederländischen von M. Pressler. Frankfurt a.M.

Padfield, P. 1999: Der U-Boot-Krieg 1939–1945. Augsburg.

Papke, G. 1997: Rolle, Bedeutung und Wirkungsmöglichkeiten der Blockparteien – Die LDPD. In: Materialien der Enquete-Kommission „Aufarbeitung von Geschichte und Folgen der SED-Diktatur in Deutschland" 12. Wahlperiode des Deutschen Bundestages. Hrsg. vom Deutschen Bundestag. Bd. II, 4, S. 2399–2463. Baden-Baden.

Papen, Fr. von 1953: Der Wahrheit eine Gasse. München.

Passelecq, G./B. Suchecky 1997: Die unterschlagene Enzyklika. Der Vatikan und die Judenverfolgung. Aus dem Französischen von M. Sedlaczek. Wien.

Pätzold, K. 1975: Faschismus, Rassenwahn, Judenverfolgung. Eine Studie zur politischen Strategie und Taktik des faschistischen deutschen Imperialismus 1933–1935. Berlin (Ost).

Pätzold, K. 1982: Der historische Platz des antijüdischen Pogroms von 1938. Zu einer Kontroverse. In: Jahrbuch für Geschichte. Bd. 26, S. 193–216. Berlin (Ost).

Pätzold, K. (Hrsg.) 1983: Verfolgung, Vertreibung, Vernichtung. Dokumente des faschistischen Antisemitismus 1933 bis 1942. Leipzig.

Patzwall, K. D. 1988: Die Hitlerjugend im Spiegel ihrer Dokumente 1932–1945. (2. Aufl.) Norderstedt.

Paucker, A. (Hrsg.) 1986: Die Juden im nationalsozialistischen Deutschland 1933–1943. Tübingen.

Paulus, F. 1960: Ich stehe hier auf Befehl. München.

Pearl Harbor Attack – Hearings before the Joint Committee on the Investigation of the Pearl Harbor Attack. 39 Bde. Washington 1946.

Pechel, R. 1947: Deutscher Widerstand. Erlenbach/Zürich.

Pehle, W. H. (Hrsg.) 1988: Der Judenpogrom 1938. Von der „Reichskristallnacht" zum Völkermord. Frankfurt a.M.

Petersen, J. 1973: Hitler – Mussolini: Die Entstehung der Achse Berlin – Rom 1933–1936. Tübingen.

Petzina, D. 1977: Die deutsche Wirtschaft in der Zwischenkriegszeit. Wiesbaden.

Peukert, D. J. K. 1987: Die Weimarer Republik. Krisenjahre der klassischen Moderne. Frankfurt a.M.

Phelps, R. H. 1968: Hitlers grundlegende Rede über den Antisemitismus. In: Vierteljahrshefte für Zeitgeschichte 16, S. 390–420.

Piper, E. 1991: Estimating the Number of Deportees to and Victims of the Auschwitz-Birkenau Camp. In: Yad Vashem Studies 21, S. 49–103. Jerusalem.

Pischke, G. 1998: Wunderwaffen. In: W. Benz (Hrsg.), Legenden, Lügen, Vorurteile. Ein Wörterbuch zur Zeitgeschichte , S. 225–227. (9. Aufl.) München.

Pleticha, H. (Hrsg.) 1984a: Deutsche Geschichte in 12 Bänden. Bd. 11: Republik und Diktatur 1918–1945. Gütersloh.

Pleticha, H. (Hrsg.) 1984b: Deutsche Geschichte in 12 Bänden. Bd. 12: Geteiltes Deutschland nach 1945. Gütersloh.

Pleticha, H. 1984b: Kriegsgefangene und Flüchtlinge. In: Ders. (Hrsg.): Deutsche Geschichte in 12 Bänden. Bd. 12: Geteiltes Deutschland nach 1945, S. 65–83. Gütersloh.

Plehwe, Fr. K. 1983: Reichskanzler Kurt von Schleicher. Weimars letzte Chance gegen Hitler. Esslingen.

PLOETZ 1984: Große illustrierte Weltgeschichte in 8 Bänden. Bd. 5: Das Zeitalter der Weltkriege. Freiburg/Würzburg.

PLOETZ 1985: Große illustrierte Weltgeschichte in 8 Bänden. Bd. 7: Die großen Blöcke. Freiburg/Würzburg.

PLOETZ 1991: Deutsche Geschichte. Epochen und Daten. Hrsg. von W. Conze und V. Hentschel. Mit einer Einführung von Carlo Schmid. (5. erweiterte und aktualisierte Aufl.) Freiburg/Würzburg.

Poliakow, L. 1988: Geschichte des Antisemitismus. Aus dem Französischen von R. Pfisterer. Frankfurt a.M.

Poliakow, L./J. Wulf 1955: Das Dritte Reich und die Juden. Berlin.

Posner, G. L./J. Ware 1986: Mengele. The Complete Story. New York.

Post, W. 1996: Unternehmen Barbarossa. Deutsche und sowjetische Angriffspläne 1939/41. (2. Aufl.) Hamburg.

Pressac, J.-C. 1989: Auschwitz. Technique and Operation of the Gas Chambers. New York.

Preston, A. 1998: Die Geschichte der U-Boote. Aus dem Englischen von E. Jürgen. Erlangen

Proctor, R. 1988: Racial Hygiene. Cambridge.

Pulzer, P. 1966: Die Entstehung des politischen Antisemitismus in Deutschland und Österreich. Gütersloh.

Rahn, W./G. Schreiber (Hrsg.) 1988: Kriegstagebuch der Seekriegsleitung 1939–1945. Hrsg. im Auftrag des Militärgeschichtlichen Forschungsamtes in Zusammenarbeit mit dem Bundesarchiv-Militärarchiv und der Marine-Offizier-Vereinigung. 78 Bde. Hamburg.

Rauh, M. 1991: Geschichte des Zweiten Weltkrieges. 1. Teil: Die Voraussetzungen. Berlin.

Rauh, M. 1995: Geschichte des Zweiten Weltkrieges. 2. Teil: Der europäische Krieg 1939–1941. Berlin.

Rauh, M. 1998: Geschichte des Zweiten Weltkrieges. 3. Teil: Der Weltkrieg 1941–1945. Berlin.

Redlich, Sh. (Hrsg.) 1995: War, Holocaust and Stalinism. A Documented History of Jewish Anti-Fascist Committee in the USSR. Luxemburg.

Reed, D. 1934: The Burning of the Reichstag. New York.

Reitlinger, G. 1956: Die Endlösung. Berlin.

Ritter, G. 1956: Carl Goerdeler und die deutsche Widerstandsbewegung. Stuttgart.

Robertson, E. M. 1962: Zur Wiederbesetzung des Rheinlandes. In: Vierteljahrshefte für Zeitgeschichte 10, S. 172–205.

Röder, W. 1992: Die Emigration aus dem nationalsozialistischen Deutschland. In: K. J. Bade (Hrsg.): Deutsche im Ausland – Fremde in Deutschland. Migration in Geschichte und Gegenwart, S. 345–367. München.

Roedig, Chr. 1984: Der Zweite Weltkrieg. In: H. Pleticha (Hrsg.): Deutsche Geschichte in 12 Bänden. Bd. 11: Republik und Diktatur 1918–1945, S. 344–373. Gütersloh.

Rogasky, B. 1999: Der Holocaust. Ein Buch für junge Leser. Aus dem Amerikanischen und mit einem Nachwort von A. Posener. Berlin.

Roizen, R. 1986: Herschel Grynszpan. The Fate of a Forgotten Assassin. In: Holocaust and Genocide Studies 1/1986, S. 217–228.
Roon, G. von 1979: Widerstand im Dritten Reich. Ein Überblick. München.
Roon, G. von (Hrsg.) 1986: Helmuth James Graf von Moltke. Dokumente. Berlin.
Rosenberg, A. 1930 a: Das Parteiprogramm. Wesen, Grundsätze und Ziele der NSDAP. München.
Rosenberg, A. 1930 b: Blut und Ehre. Reden und Aufsätze von 1910–1933. München.
Rosenkranz, H. 1968: „Reichskristallnacht" 9. November 1938 in Österreich. Wien/ Frankfurt a. M./Zürich.
Rosh, L./E. Jäckel 1991: „Der Tod ist ein Meister aus Deutschland". Deportation und Ermordung der Juden. Kollaboration und Verweigerung in Europa. Hamburg.
Ruck, M. 1995: Bibliographie zum Nationalsozialismus. Köln.
Rüdiger, J. 1997: Die Hitlerjugend und ihr Selbstverständnis. Beltheim.
Ruge, W. 1983: Das Ende von Weimar. Monopolkapital und Hitler. Berlin (Ost).
Rummel, R. J. 1997: 'DEMOZID' – der befohlene Tod. Massenmorde im 20. Jahrhundert. Mit einem Vorwort von Y. Bauer, Yad Vashem. Münster.
Runzheimer, J. 1962: Der Überfall auf den Sender Gleiwitz. In: Vierteljahrshefte für Zeitgeschichte, S. 409–410.
Rürup, R. (Hrsg.) 1987: Topographie des Terrors. Gestapo, SS und Sicherheitshauptamt auf dem „Prinz-Albrecht-Gelände". Eine Dokumentation. (11. verbesserte Aufl.) Berlin.
Ruttke, F. 1935: „Das Gesetz zur Verhütung erbkranken Nachwuchses". In. H. Frank (Hrsg.): Nationalsozialistisches Handbuch für Recht und Gesetzgebung, S. 805–822. (2. Aufl.) München.
Sapp, Fr. 1998: Gefangen in Stalingrad 1943–1946. Augsburg.
Sauder, G. 1983: Die Bücherverbrennung. München/Wien.
Sauer, W. 1967/68: National Socialism: Totalitarianism or Fascism? In: American Historical Review 73, S. 404–424.
Schacht, H. 1948: Abrechnung mit Hitler. Hamburg.
Schacht, H. 1953: 76 Jahre meines Lebens. Bad Wörishofen.
Schirach, B. von 1967: Ich glaubte an Hitler. Hamburg.
Schleunes, K. A. 1970: The Twisted Road to Auschwitz. Nazi Policy toward German Jews 1933–1939. Urbana/Chicago/London.
Schmädeke, J./P. Steinbach (Hrsg.) 1986: Der Widerstand gegen den Nationalsozialismus. Die deutsche Gesellschaft und der Widerstand gegen Hitler, S. 383–404. München.
Schmidt, A. (Hrsg.) 1986: Max Horkheimer heute: Werk und Wirkung. Frankfurt a. M.
Schmidt-Hackenberg, D. 1996: 20. Juli 1944 – Das „gescheiterte" Attentat. Untersuchung eines geplanten Fehlschlags. Berlin.
Schnabel, E. 1958: Anne Frank. Spur eines Kindes. Frankfurt a. M./Hamburg.
Schneider, H. 1953: Das Ermächtigungsgesetz vom 24. März 1933. Bericht über das Zustandekommen und die Anwendung des Gesetzes. In: Vierteljahrsheft für Zeitgeschichte 1, S. 197–221.
Scholder, K. (Hrsg.) 1982: Protokolle aus dem geistigen Deutschland 1922–1944. (2. Aufl.) Berlin.
Scholder, K. 1988: Die Kirchen zwischen Republik und Gewaltherrschaft. Gesammelte Aufsätze: Hrsg. von K. O. von Aretin und G. Besier. Berlin.

Scholder, K. 1998: Die Kirchen und das Dritte Reich. 2 Bde. München.
Scholl, I. 1982: „Die Weiße Rose". (Erw. Neuausg.) Frankfurt a. M.
Schön, H. 1949: Die letzte Fahrt der „Wilhelm Gustloff". In: Heim und Welt, Nr. 7,8 und 9 vom 20. Febr. bis 6. März.
Schoenberner, G. (Hrsg.) 1962: Wir haben es gesehen. Augenzeugenberichte über Terror und Judenverfolgung im Dritten Reich. Hamburg.
Schoeps, J. H./J. Schlör (Hrsg.) 1996: Antisemitismus. Vorurteile und Mythen. (2. Aufl.) München.
Schreiber, G. 1988: Hitler. Interpretationen 1923–1983. Ergebnisse, Methoden, Probleme der Forschung. (2. erweiterte Aufl.) Darmstadt.
Schroeder, Chr. 1985: Er war mein Chef. Aus dem Nachlaß der Sekretärin von Adolf Hitler. München, Wien.
Schubert-Weller, Chr. 1993: Vom „Jungsturm Adolf Hitler" zur Staatsjugend des Dritten Reiches. Weinheim.
Schulz, G. 1975: Aufstieg des Nationalsozialismus. Krise und Revolution in Deutschland. Frankfurt a. M./Berlin/Wien.
Schumacher, M. von (Bearb.) 1994: M.d.R. – Die Reichstagsabgeordneten der Weimarer Republik in der Zeit des Nationalsozialismus. Politische Verfolgung, Emigration und Ausbürgerung 1933–1945. Hrsg. von der Kommission für Geschichte des Parlamentarismus und der politischen Parteien. (4. erheblich verbesserte Aufl.) Bonn.
Schuschnigg, K. von 1948: Ein Requiem in Rot-Weiß-Rot. Zürich.
Schwarz, G. 1990: Die nationalsozialistischen Lager. Frankfurt a. M./New York.
Schwerin, D. Graf von 1991: Die Jungen des 20. Juli 1944. Brücklmeier – Kessel – Schulenburg – Schwerin – Wussow. Husum.
Schwerin, D. Graf von 1994: „Dann sind's die besten Köpfe, die man henkt". Die junge Generation im deutschen Widerstand. München.
Schwerin von Krosigk, L. 1951: Es geschah in Deutschland. Tübingen/Stuttgart.
Schwerin von Krosigk, L. 1974: Staatsbankrott. Göttingen.
Sereny, G. 1997: Albert Speer. Das Ringen mit der Wahrheit und das deutsche Trauma. Aus dem Englischen von H. Dierlamm, Kl. Fritz und N. Juraschitz. München.
Shirer, W. L. 2000: Aufstieg und Fall des Dritten Reiches. Mit einem Vorwort von Golo Mann. Aus dem Amerikanischen von W. und M. Pferdekamp. Frechen.
Shuk, A. 2002: Das nationalsozialistische Weltbild in der Bildungsarbeit von Hitlerjugend und Bund Deutscher Mädel. Eine Lehr- und Schulbuchanalyse. Frankfurt a. M./Berlin/Bern/Bruxelles/New York/Oxford/Wien.
Siebert, F. 1973: Aristide Briand. Ein Staatsmann zwischen Frankreich und Europa. Erlenbach-Zürich.
Sigmund, A. M. 1998: Die Frauen der Nazis. Wien.
Skuhra, A. 1973: Max Horkheimer – Eine Einführung in sein Denken. Stuttgart.
Smith, D. M. 1983: Mussolini. Eine Biographie. Aus dem Englischen von M. Grendacher unter Mitwirkung von Th. Kolberger. München/Wien.
Sofsky, W. 1993: Die Ordnung des Terrors. Die Konzentrationslager. Frankfurt a. M.
Sontheimer, K. 1983: Antidemokratisches Denken in der Weimarer Republik. Die politischen Ideen des deutschen Nationalismus zwischen 1918 und 1933. München.
Speer, A. 1975: Spandauer Tagebücher. Frankfurt a. M./Berlin/Wien.

Stachura, P. D. 1978: „Der Fall Strasser". Strasser, Hitler and National Socialism. In: Ders. (Hrsg.): The Shaping of the Nazi State, S. 88–130. London.
Stachura, P. D. 1983: Gregor Strasser and the Rise of Nazism. London.
Stalin, J. 1946: Über den Großen Vaterländischen Krieg der Sowjetunion. Moskau.
Stein, L. 1942: I was in Hell with Niemoeller. New York.
Steinbach, P./J. Tuchel (Hrsg.) 1994: Widerstand gegen den Nationalsozialismus. Bonn.
Sternbach, D. 1985: Stauffenberg. Die Tragödie des 20. Juli 1944. Neufahrn.
Sternburg, W. von 1990: Gustav Stresemann. Meisenheim.
Strasser, O. 1948: Hitler und ich. Konstanz.
Strauss, H. A./N. Kampe (Hrsg.) 1985: Antisemitismus. Von der Judenfeindschaft zum Holocaust. Frankfurt a. M./New York.
Streit, Chr. 1978: Keine Kameraden. Die Wehrmacht und die sowjetischen Kriegsgefangenen 1941–1945. Stuttgart.
Strenge, I. 2002: Machtübernahme 1933. Alles auf legalem Weg? Berlin.
Stresemann, W. 1992: Mein Vater Gustav Stresemann. Berlin.
Striefler, Chr. 1993: Kampf um die Macht. Kommunisten und Nationalsozialisten am Ende der Weimarer Republik. Berlin.
Stüwe, B. 1999: Peenemünde-West. Die Erprobungsstelle für geheime Fernlenkwaffen und deren Entwicklungsgeschichte. Augsburg.
Suhr, E. 1988: Carl von Ossietzky. Eine Biographie. Köln.
Swarsensky, H. 1988: Transport nach Polen (1938). In: Bulletin des Leo Baeck Instituts 81, S. 27–30.
Thadden, A. von 1993: Reichstagsbrand. Rosenheim.
Thalmann, R./E. Feinermann 1987: Die Kristallnacht. Frankfurt a. M.
Thamer, H.-U. 1984: Der deutsche Widerstand. In: H. Pleticha (Hrsg.): Deutsche Geschichte in 12 Bänden. Bd. 11: Republik und Diktatur 1918–1945, S. 325–343. Gütersloh.
Thamer, H.-U. 1985: Verführung und Gewalt. Deutschland 1933–1945. Berlin.
Thamer, H.-U. 1993: Das Dritte Reich. Interpretationen, Kontroversen und Probleme des aktuellen Forschungsstandes. In: K. D. Bracher/M. Funke/H.-A. Jacobsen (Hrsg.): Deutschland 1933–1945. Neue Studien zur nationalsozialistischen Herrschaft, S. 507–531. (2. ergänzte Aufl.) Bonn.
Thamer, H.-U. 1996: Beginn der nationalsozialistischen Herrschaft. In: Informationen zur politischen Bildung. Nationalsozialismus I: Von den Anfängen bis zur Festigung der Macht. H. 251, S. 29–56. Bonn.
Thorwald, J. 1979 [1949]: Die große Flucht. Es begann an der Weichsel. Das Ende an der Elbe. Klagenfurt.
Thyssen, Fr. 1941: I paid Hitler. New York.
Tobias, Fr. 1962: Der Reichstagsbrand. Legende und Wirklichkeit. Rastatt.
Tofahrn, K. W. (Hrsg.) 2001: Vergessen kann man es nie ... Erinnerungen an Nazi-Deutschland. Frankfurt a. M./Berlin/Bern/Bruxelles/New York/Oxford/Wien.
Tormin, W. 1977: Die Weimarer Republik. Hannover.
Torunsky, V. 1986: Entente oder Revisionisten? Mussolini und Stresemann 1922–1929. Köln.
Treue, W./G. Frede 1952: Wirtschaft und Politik 1933–1945. Braunschweig.

Trevor-Roper, H. R. (Hrsg.) 1954: The Bormann Letters. The private correspondance between Martin Bormann and his wife from January 1943 to April 1945. London.

Trevor-Roper, H. R. 1961: Hitlers Testament. Die letzten Gespräche mit Martin Bormann (Februar 1945). In: Monat 14, Heft 157.

Trevor-Roper, H. R. 1995: Hitlers letzte Tage. Aus dem Englischen von J. Kalmer. Berlin.

Truman, H. S. 1955: Memoiren. Bd. 1: Das Jahr der Entscheidungen. Stuttgart.

Trumpp, Th. 1983: Zur Finanzierung der NSDAP durch die deutsche Großindustrie. Versuch einer Bilanz. In: K. D. Bracher et al. (Hrsg.): Nationalsozialistische Diktatur 1933–1945. Eine Bilanz, S. 132–154. Düsseldorf.

Tuchel, J. 1991: Konzentrationslager. Organisationsgeschichte und Funktion der „Inspektion Konzentrationslager" 1934–1938. Boppard am Rhein.

Turner, H. A. 1972: Verhalfen die deutschen Monopolkapitalisten Hitler zur Macht. In: H. A. Turner (Hrsg.): Faschismus und Kapitalismus in Deutschland. Studien zum Verhältnis zwischen Nationalsozialismus und Wirtschaft, S. 89–108. Aus dem Amerikanischen von G. Neitzert. Göttingen.

Turner, H. A. 1985: Die Großunternehmer und der Aufstieg Hitlers. Aus dem Amerikanischen von H. Möller und M. Münkler. Berlin.

Überschär, G. R./W. Wette (Hrsg.) 1991: Der deutsche Überfall auf die Sowjetunion. Unternehmen Barbarossa 1941. Frankfurt a. M.

U.S. House of Representatives 1952: Select Committee on the Katyn Forest Massacre. Hearings and Final Report. Washington.

Vasold, M. 1999: August 1939. Die letzten elf Tage bis zum Ausbruch des Zweiten Weltkriegs. München.

Vieler, E. H. 1999: The Ideological Roots of German National Socialism. New York/Berlin/Brüssel/Frankfurt a. M.

Vogelsang, Th. 1965: Reichswehr, Staat und NSDAP. Stuttgart.

Volkov, Sh. 1990: Das geschriebene und gesprochene Wort. Über Kontinuität und Diskontinuität im deutschen Antisemitismus. In: Dies.: Jüdisches Leben und Antisemitismus im 19. und 20. Jahrhundert, S. 54–75. München.

Volkov, Sh. 1996: Nationalismus, Antisemitismus und die deutsche Geschichtsschreibung. In: Nation und Gesellschaft in Deutschland. Hrsg. von M. Hettling und P. Nolte, S. 208–219. München.

Volz, H. 1939: Daten der Geschichte der NSDAP. Berlin.

Wagner, W. 1999: Der Volksgerichtshof im nationalsozialistischen Staat. (2. Aufl.) München/Wien.

Walberer, U. (Hrsg.) 1983: 10. Mai 1933. Bücherverbrennung in Deutschland. Frankfurt a. M.

Watt, D. C. 1966: German Plans for Reoccupation of the Rhineland. A Note. In: Journal of Contemporary History 1, S. 193–199.

Weber, H. 1987: Geschichte der SED. In: I. Spittmann (Hrsg.): Die SED in Geschichte und Gegenwart, S. 6–42. Köln.

Weber, H. 1988: Kleine Geschichte der DDR. (2. Aufl.) Köln.

Wegner, B. (Hrsg.) 1991: Zwei Wege nach Moskau. Vom Hitler-Stalin-Pakt zum Unternehmen Barbarossa. München.

Weinzierl, E. 1969: Zu wenig Gerechte. Österreicher und Judenverfolgung 1938–1945. Innsbruck.

Weiss, H. (Hrsg.) 1999: Biographisches Lexikon zum Dritten Reich. Frankfurt a. M.

Weiss, Y. 1994: „Ostjuden" in Deutschland als Freiwild. Die nationalsozialistische Außenpolitik zwischen Ideologie und Wirklichkeit. In: Tel Aviver Jahrbuch für deutsche Geschichte XXIII, S. 215–232.

Werth, A. 1964: Rußland im Krieg 1941–1945. Aus dem Englischen übertragen von D. Kiehl. Gütersloh.

Wettig, G. 1996: Kontrastprogramm „antifaschistisch-demokratische Ordnung": Sowjetische Ziele und Konzepte. In: H. Oberreuther/J. Weber (Hrsg.): Freundliche Feinde? Die Alliierten und die Demokratiegründung in Deutschland, S. 101–123. München/Landsberg am Lech.

Wickert, J. 1972: Albert Einstein. Gütersloh.

Wieder, J./H. von Einsiedel 1999: Stalingrad und die Verantwortung der Soldaten. Augsburg.

Wiesel, E. 1996: Die Nacht. Freiburg im Breisgau.

Wiesner, M. 1983: Verbrannte Bücher – Verfemte Dichter. Deutsche Literatur 1933–1945. Frankfurt a. M.

Wilke, M. (Hrsg.) 1998: Anatomie der Parteizentrale. Die KPD/SED auf dem Weg zur Macht. Berlin.

Winkler, H. A. (Hrsg.) 1992: Die deutsche Staatskrise 1930–1933. München.

Wistrich, R. 1985: Wer war wer im Dritten Reich: Anhänger, Mitläufer, Gegner aus Politik, Wirtschaft, Militär, Kunst und Wissenschaft. Frankfurt a. M.

Wollstein, G. 1972: Vom Weimarer Revisionismus zu Hitler. Bad Godesberg.

Wortmann, M. 1989: Baldur von Schirach – Studentenführer, Hitlerjugendführer, Gauleiter in Wien. In: R. Smelser und R. Zitelmann (Hrsg.): Die braune Elite. 22 biographische Skizzen, S. 246–257. Darmstadt.

Wurmbrand, M./C. Roth 1999: Das Volk der Juden. Eine Universalgeschichte. Frechen.

Yahil, L. 1990: The Holocaust. The Fate of European Jewry 1932–1945. New York/Oxford.

Zahl, P. P. 1996. Das Attentat auf Hitler. Grafenau.

Zayas, A. M. de 1998: Die Wehrmacht-Untersuchungsstelle. Dokumentation alliierter Kriegsverbrechen im Zweiten Weltkrieg. Unter Mitarbeit von W. Rabus. (6., erweiterte Aufl.) München.

Zeller, E. 1954: Geist der Freiheit. Der zwanzigste Juli. (2. durchgesehene und vermehrte Aufl.) München.

Ziemer, G. 1973: Deutscher Exodus. Vertreibung und Eingliederung von 15 Millionen Ostdeutschen. Stuttgart.

Zimmermann, M. 1992: Feindschaft gegen Fremde und moderner Rassismus: Robert Ritters „Rassenhygienische Forschungsstelle". In: K. J. Bade (Hrsg.): Deutsche im Ausland – Fremde in Deutschland. Migration in Geschichte und Gegenwart, S. 333–344. München.

Zimmermann, M. 1996: Rassenutopie und Genozid. Die nationalsozialistische „Lösung" der Zigeunerfrage. Hamburg.

Zitelmann, R. 1991: Nationalsozialismus und Moderne. Eine Zwischenbilanz. In: W. Süß (Hrsg.): Übergänge. Zeitgeschichte zwischen Utopie und Modernisierung, S. 1–20. Darmstadt.

Zitelmann, R. 1993: Hitler-Bild im Wandel. In: K. D. Bracher/M. Funke/H.-A. Jacobsen (Hrsg.): Deutschland 1933–1945. Neue Studien zur nationalsozialistischen Herrschaft, S. 491–506. (2. ergänzte Aufl.) Bonn.

Zollitsch, W. 1992: Arbeiter zwischen Weltwirtschaftskrise und Nationalsozialismus. Ein Beitrag zur Sozialgeschichte der Jahre 1928 bis 1936. Göttingen.

Kurzbiografien

Adenauer, Konrad, 1876–1967, Politiker, 1906 Eintritt in die Zentrumspartei, 1917–33 und 1945 Oberbürgermeister von Köln, Mitbegründer der CDU, 1950–66 deren Vorsitzender, 1949–63 erster Bundeskanzler der Bundesrepublik Deutschland, 1951–55 in Doppelfunktion auch Außenminister.

Ahmad Mahir Pascha, 1888–1945, ägypt. Politiker, 1944–45 Ministerpräsident, kam bei einem auf ihn verübtes Attentat ums Leben.

Amann, Max, 1891–1957, NS-Verleger, ab 1933 Reichspresseleiter der NSDAP und Präsident der Reichspressekammer.

Antonescu, Ion, 1882–1946, rumän. Politiker und Marschall, 1933–34 Generalstabschef, 1937–38 Verteidigungsminister, 1940 Ministerpräsident mit unbeschränkten Vollmachten, 1941–44 führte er als Verbündeter Deutschlands Krieg gegen die Sowjetunion; nach seinem Sturz als Kriegsverbrecher zum Tode verurteilt und hingerichtet.

Attlee, Clement Richard, Earl, 1883–1967, brit. Politiker, ab 1907 Mitglied der Labour Party, 1933–55 deren Vorsitzender, 1940–45 Lordsiegelbewahrer im Kabinett Churchill, 1945–51 Premierminister.

Badoglio, Pietro, 1871–1956, italien. Marschall, 1919–21, 1925–29, 1933–39 Generalstabschef des Heeres, 1928–33 Gouverneur von Libyen, befehligte den italien. Feldzug gegen Äthiopien; nach dem Sturz Mussolinis (1943) Ministerpräsident, unterzeichnete die Waffenstillstandsvereinbarungen mit den Alliierten, wurde wegen seiner Unterstützung des faschistischen Regimes aus dem Senat ausgeschlossen, 1947 jedoch rehabilitiert.

Baeck, Leo, 1873–1956, Rabbiner und Philosoph, 1933–43 Präsident der Reichsvertretung der dt. Juden, 1943 nach Theresienstadt deportiert; lebte nach der Befreiung in London.

Barlach, Ernst, 1870–1938, Bildhauer, Dichter und Grafiker, seine Werke wurden von den Nazis als „entartete Kunst" verfemt, zum Teil beschlagnahmt und zerstört, 1937 erhielt er Ausstellungsverbot.

Barth, Karl, 1886–1968, schweizer. Theologe, 1930 Professor für ev. Theologie in Bonn, 1935 als Gegner der Nazis seines Amtes enthoben; Mitbegründer der „Dialektischen Theologie".

Beck, Ludwig, 1880–1944, Generaloberst (1938), 1933 Chef des Truppenamtes, 1935–38 Chef des Generalstabes des Heeres; nach seinem Rücktritt 1938 verfasste er mehrere Denkschriften gegen Hitlers Aggressionspolitik und organisierte zusammen mit der Goerdeler-Gruppe den Widerstand – im Falle eines gelungenen Umsturzes war er als neues Staatsoberhaupt vorgesehen; nach dem gescheiterten Attentat auf Hitler vom 20. Juli 1944 wurde er – nach zwei Selbstmordversuchen – erschossen.

Ben-Zwi, Izhak, 1884–1963, israel. Politiker, geb. in Poltawa (Ukraine), 1907 Emigration nach Palästina, 1921 Mitbegründer der sozialistischen Mapai; 1931–44 Vorsitzender, 1944–49 Präsident des Jüdischen Nationalrats, 1952–63 Staatspräsident.

Benesch, Eduard, 1884–1948, tschechoslowak. Politiker, kämpfte für eine unabhängige Republik Tschechoslowakei, nach deren Ausrufung 1918–35 Außenminister, 1935

Staatspräsident, nach Abschluss des Münchner Abkommens zurückgetreten, 1940–45 Präsident der tschechoslowak. Exilregierung, 1945 Staatspräsident, kurz vor seinem Tode von den Kommunisten zum Rücktritt gezwungen.

Bernadotte, Folke, Graf von Wisborg, 1895–1948, 1946 Präsident des Schwed. Roten Kreuzes; verhandelte in den letzten Kriegsmonaten mit Himmler u.a. über die kampflose Räumung von Dänemark und Norwegen.

Blomberg, Werner von, 1878–1946, Generalfeldmarschall (1936), 1927–29 Chef des Truppenamtes, 1933–38 Reichswehr- bzw. Reichskriegsminister, wurde von Hitler wegen einer „nicht standesgemäßen Heirat" von seinen Ämtern entbunden.

Bodelschwingh, Friedrich von, 1877–1946, ev. Theologe, Leiter der Heil- und Pflegeanstalt von Bethel, wandte sich vehement gegen das Euthanasieprogramm und verhinderte dessen Durchführung in Bethel.

Bonhoeffer, Dietrich, 1906–45, ev. Theologe, 1931 Studentenpfarrer in Berlin, 1935 Leiter des Predigerseminars der Bekennenden Kirche, 1936 Entzug der Lehrbefugnis, 1943 verhaftet und 1945 im KZ Flossenbürg von den Nazis als Widerstandskämpfer ermordet.

Bór-Komorowski, Tadeusz, 1895–1966, poln. General, befehligte 1943/44 die „Armia Krajowa", nach der Niederschlagung des Warschauer Aufstands geriet er in dt. Gefangenschaft; 1947–49 Mitglied der poln. Exilregierung.

Bormann, Martin, 1900–wahrscheinlich 1945, Politiker (NSDAP), 1933 Stabsleiter von Rudolf Hess und NS-Reichsleiter, 1941–45 Leiter der Parteikanzlei, 1943–45 „Sekretär des Führers"; wurde 1946 vor dem Nürnberger Militärtribunal in Abwesenheit zum Tode verurteilt.

Bouhler, Philipp, 1899–1945, SS-Obergruppenführer, 1925–34 Reichsgeschäftsführer der NSDAP, 1934 Chef der Kanzlei des Führers; mitverantwortlich für die Durchführung des „Euthanasieprogramms".

Bracht, Franz, 1877–1933, Politiker, 1924–32 Oberbürgermeister von Essen, 1932 preuß. Innenminister.

Brauchitsch, Walther von, 1881–1948, Generalfeldmarschall (1940), 1938–1941 Oberbefehlshaber des Heeres; plante strategisch die Feldzüge der Wehrmacht gegen Polen, Frankreich, Griechenland und Jugoslawien, bat wegen seiner Differenzen mit Hitler um seine Entlassung.

Braun, Eva, 1912–45, Hitlers Geliebte, beging mit Hitler zusammen Selbstmord; zwei Tage zuvor Heirat.

Braun, Otto, 1872–1955, Politiker (SPD), 1920–32/33 preuß. Ministerpräsident („Preußenschlag"), emigrierte im März 1933 in die Schweiz.

Brecht, Bertolt, 1898–1956, Schriftsteller und Regisseur, emigrierte 1933, 1948/49 Rückkehr (Berlin-Ost).

Briand, Aristide, 1862–1932, frz. Politiker, 1925–32 Außenminister, erhielt für seine Bemühungen um die dt.-frz. Verständigung zusammen mit Gustav Stresemann 1926 den Friedensnobelpreis.

Brüning, Heinrich, 1885–1970, Politiker (Zentrum), 1924 MdR, 1930–31 Außenminister, 1930–32 Reichskanzler.

Buber, Martin, 1878–1965, jüd. Religionsphilosoph, lehrte ab 1923 an der Universität in Frankfurt a.M., 1933 Verzicht auf sein Lehramt, 1938–51 Professor für Sozialphilosophie an der Hebräischen Universität in Jerusalem.

Bürckel, Josef, 1895–1944, 1936 Reichskommissar für das Saarland, 1938 Reichskommissar „für die Wiedervereinigung Österreichs mit dem Reich“, 1939–40 Gauleiter und Reichsstatthalter von Wien, ab 1940 Chef der Zivilverwaltung in Lothringen, wo er die Deportationen von Juden in das frz. Lager Gurs veranlasste.

Canaris, Wilhelm Franz, 1887–1945, Admiral (1940), 1935–44 Chef des Amtes „Ausland/Abwehr“ im OKW, im Zusammenhang mit dem Attentat auf Hitler vom 20. Juli 1944 verhaftet und 1945 von den Nazis im KZ Flossenbürg als Widerstandskämpfer hingerichtet.

Canetti, Elias, 1905–94, Schriftsteller, 1938 emigrierte von Wien nach London, erhielt 1981 den Nobelpreis für Literatur.

Chamberlain, Arthur Neville, 1869–1940, brit. Politiker (Konservative Partei), 1937–40 Premierminister, verfolgte gegenüber Deutschland die Politik des Appeasement (Höhepunkt: Münchner Abkommen 1938); trat im Mai 1940 als Premierminister zurück.

Christian X., 1870–1947, dän. König (1912–47), verhinderte den Kampf mit den deutschen Besatzungstruppen.

Churchill, Sir Winston Leonard Spencer, 1874–1965, brit. Politiker, 1904/05 wurde er als Mitglied der Konservativen Partei in das britische Unterhaus gewählt, wechselte als Anhänger des Freihandels in die Liberal Party; nach deren Sieg 1908 bekleidete er bis 1922 u. a. verschiedene Ministerämter; 1924 kehrte er zu den Konservativen zurück (v. a. wegen seiner Gegnerschaft zum Kommunismus/Sozialismus), 1940–45 und 1951–55 Premierminister; 1953 erhielt er für seine Darstellung des Zweiten Weltkrieges den Nobelpreis für Literatur.

Ciano, Galeazzo, Conte di Cortellazzo, 1903–44, italien. Politiker, Schwiegersohn Mussolinis, 1935 Propaganda-, 1936–43 Außenminister, kritisierte 1943 Mussolinis Politik der Anbindung Italiens an Deutschland, 1944 von einem Sondergericht zum Tode verurteilt und hingerichtet.

Curtius, Julius, 1877–1948, Politiker (DVP), 1926–29 Reichswirtschafts-, 1929–31 Reichsaußenminister.

Czerniakow, Adam, 1880–1942, Vorstandsmitglied der jüd. Gemeinde Warschaus, 1927–34 Mitglied des Warschauer Stadtrats, 1939–42 Vorsitzender des Judenrates im Warschauer Getto, beging im Juli 1942 Selbstmord.

Dahlem, Franz, 1892–1981, Politiker, trat 1920 der KPD bei, 1928–33 MdR, emigrierte nach der Machtübernahme nach Frankreich und wurde dort im KZ Vernet interniert, 1942 Überführung ins KZ Mauthausen, 1945–53 Mitglied des Zentralkomitees und Politbüros der KPD/SED, als Gegenspieler Ulbrichts wurde er 1953 all seiner Funktionen enthoben, 1956 rehabilitiert; 1950–53 und 1963–77 Mitglied der DDR-Volkskammer.

Daladier, Edouard, 1884–1970, frz. Politiker, 1933/34 und 1938–40 Ministerpräsident, 1932–34 Kriegs- und 1936–40 Verteidigungsminister; 1936 maßgeblich an der Bildung der Volksfront beteiligt; vertrat eine Politik des Kompromisses gegenüber Deutschland (Höhepunkt: Münchner Abkommen 1938), unterzeichnete 1939 die Kriegserklärung an das Deutsche Reich; von der Vichy-Regierung inhaftiert, 1943–45 in Deutschland interniert, 1957/58 Präsident der Radikalsozialisten.

Daluege, Kurt, 1897–1946, SS-Oberstgruppenführer (1942), 1928 Eintritt in die SS, 1933

MdR, 1934 Stellvertreter des Reichsführer-SS, SS-Obergruppenführer, 1936 Chef der Ordnungspolizei, 1942 stellv. Reichsprotektor von Böhmen und Mähren, in dieser Funktion war er u. a. verantwortlich für die Vernichtung von Lidice; die von ihm befehligten Polizeitruppen in den Einsatzgruppen nahmen aktiv an der „Endlösung“ teil. 1946 wurde er an die Tschechoslowakei ausgeliefert, dort zum Tode verurteilt und im Oktober in Prag hingerichtet.

Darré, Richard Walter, 1895–1953, Politiker (NSDAP), 1931 Leiter des SS-Rasse- und Siedlungshauptamtes, 1933 Reichsminister für Ernährung und Landwirtschaft, 1934 Reichsbauernführer, 1942 aller Ämter enthoben, 1949 im Wilhelmstraßenprozess zu sieben Jahren Gefängnis verurteilt, 1950 vorzeitig aus der Haft entlassen.

Dietrich, Otto, 1897–1952, 1931 Reichspressechef der NSDAP, 1933 Vorsitzender des Reichsverbandes der deutschen Presse, 1934 Vizepräsident der Reichspressekammer, 1941 SS-Obergruppenführer; 1949 im Wilhelmstraßenprozess zu sieben Jahren Haft verurteilt, 1950 vorzeitig entlassen.

Dohnányi, Hans von, 1902–45, Reichsgerichtsrat, schloss sich der Widerstandsbewegung um Goerdeler und Canaris an, wurde 1943 verhaftet und im April 1945 im KZ Sachsenhausen hingerichtet.

Dönitz, Karl, 1891–1980, Großadmiral (1943), 1939–1943 Befehlshaber der dt. U-Boote, 1943–1945 Oberbefehlshaber der dt. Kriegsmarine. Von Hitler testamentarisch dazu bestimmt, bildete er nach dessen Tode als Staatsoberhaupt die geschäftsführende Regierung, vom IMT zu 10 Jahren Haft verurteilt, 1956 entlassen.

Duisberg, Carl, 1861–1935, Chemiker und Industrieller, wirkte an der Gründung der I.G. Farben (1925) mit.

Eden, Sir Robert Anthony, Earl of Avon, 1897–1977, brit. Politiker (Konservative Partei), 1934 Lordsiegelbewahrer, 1935–38 Außenminister, trat wegen der von Chamberlain verfolgten Appeasementpolitik zurück, 1940 Eintritt in das Kabinett Churchill, zunächst als Kriegsminister, 1940–45 und 1951–55 Außenminister, 1956/57 Premierminister, Rücktritt wegen der brit.-frz. Intervention in Ägypten (Suezkrise).

Eichmann, Adolf, 1906–62, SS-Obersturmbannführer, 1932 Eintritt in die österr. NSDAP, 1934 arbeitete er im Referat II/112 des SD („Judenfragen“), 1938 Chef der „Zentralstelle für jüdische Auswanderung“ in Wien und 1939 des entsprechenden Amtes in Prag; im Dez. 1939 wurde ihm die Leitung des „Judenreferats“ im RSHA übertragen, als Organisator war er für die Deportation von Millionen von Juden in die Vernichtungslager verantwortlich; nach dem Kriegsende tauchte er unter: 1960 griff ihn der israel. Geheimdienst in Argentinien auf, in Israel angeklagt und zum Tode verurteilt, wurde er am 1. Juni 1962 hingerichtet.

Eicke, Theodor, 1892–1943, ab Juni 1933 Kommandant des KZ Dachau, erschoss den SA-Führer Ernst Röhm, 1934 Inspekteur der Konzentrationslager und Chef der SS-Wachmannschaften, 1939 Kommandant der SS-Totenkopf-Division, 1942 SS-Obergruppenführer und General der Waffen-SS; fiel im Februar 1943 an der Ostfront.

Einstein, Albert, 1879–1955, Physiker, entwickelte die Spezielle und Allgemeine Relativitätstheorie; für die Entdeckung des photoelektrischen Effekts erhielt er im Jahre 1921 den Nobelpreis für Physik; 1933 Emigration in die USA.

Eisenhower, Dwight David, 1890–1969, Oberbefehlshaber der westalliierten Streitkräfte in Europa (1942), 1945 Militärgouverneur im besetzten Deutschland, 1950–52 Oberbefehlshaber der NATO, 1953–61 Präsident der USA (Republikaner).

Elser, Georg, 1903–45, Schreiner, 1928 Eintritt in den „Roten Frontkämpferbund", nach dessen Verbot 1929 hatte er indes keine Verbindung mehr zu ehemaligen Mitgliedern oder anderen Widerstandsgruppen. Attentatsversuch auf Hitler am 8. November 1939 im Münchener Bürgerbräukeller, Inhaftierung als Sonderhäftling zunächst in Sachsenhausen, 1944/45 in das KZ Dachau verlegt und dort im April 1945 auf Anweisung Himmlers ermordet.

Eltz-Rübenach, Paul Freiherr von, 1875–1943, Politiker und Verkehrsfachmann, seit dem 1.6.1932 Verkehrs- und Postminister wurde er in gleicher Position in das erste Kabinett Hitler berufen; 1937 trat er aus Opposition gegen die von Hitler betriebene Politik zurück.

Ernst, Karl, 1904–34, 1931 SA-Führer in Berlin, 1932 MdR (NSDAP), 1933 Führer der SA-Gruppe Berlin-Brandenburg; wurde im Zuge des sog. Röhm-Putsches von der SS in Bremen festgenommen, nach Berlin überstellt und dort am 30. Juni ermordet.

Fermi, Enrico, 1901–54, italien. Physiker, 1927–38 Professor in Rom; ging 1938 in die USA, wo er eine Methode zur Berechnung der Energiezustände von Atomen entwickelte, 1942 gelang bei von ihm geleiteten Experimenten die erste kontrollierte und sich selbst erhaltende Kernkettenreaktion; hatte wesentlichen Anteil an der Entwicklung der amerikan. Atombombe; 1938 erhielt er den Nobelpreis für Physik.

Fischer, Hans, 1881–45, Chemiker, 1930 Nobelpreis für Chemie.

Franco y Bahamonde, Francisco, 1892–1975, span. General und Diktator, 1935 Chef des Generalstabes, 1936 Militärputsch in Span.-Marokko, der zum Spanischen Bürgerkrieg (1936–39) führte, ab 1936 Staats- und Regierungschef (Titel „Caudillo") einer provisorisch organisierten Staatsverwaltung; 1973 Rücktritt als Ministerpräsident.

Frank, Anne (Annelies Marie), 1929–45, 1934 floh sie mit ihren Eltern nach Amsterdam, dort schrieb sie in ihrem Versteck in einem Amsterdamer Hinterhaus das nach ihr benannte Tagebuch (12. Juni 1942 bis 1. August 1944); 1944 verhaftet und nach Auschwitz deportiert, starb mit ihrer Schwester Margot im KZ Bergen-Belsen.

Frank, Hans, 1900–46, Politiker (NSDAP), 1930–45 MdR; 1933–34 bayer. Justizminister und „Reichskommissar für die Gleichschaltung der Justiz in den Ländern und für Erneuerung der Rechtsordnung", 1934–44 Präsident der Akademie für Deutsches Recht, 1934–45 Reichsminister ohne Geschäftsbereich, 1939–45 Gouverneur im Generalgouvernement, in Nürnberg als Kriegsverbrecher zum Tode verurteilt und hingerichtet.

Frank, Margot, 1926–45, Schwester von Anne Frank.

Frank, Otto, 1889–1980, Vater von Anne Frank.

Freisler, Roland, 1893–1945, Politiker (NSDAP) und Jurist, 1934 Staatssekretär im Reichsjustizministerium, 1942 Präsident des Volksgerichtshofes („Blutrichter"), kam bei einem Luftangriff der Alliierten auf Berlin ums Leben.

Freud, Sigmund, 1856–1939, österr. Psychologe und Arzt, Begründer der Psychoanalyse, emigrierte 1938 nach London.

Frick, Wilhelm, 1877–1946, Politiker (NSDAP), 1924–45 MdR, 1930/31 Minister für Inneres und Volksbildung in Thüringen, 1933–43 Reichsinnenminister, 1943 „Reichsprotektor" von Böhmen und Mähren; vom IMT als Kriegsverbrecher zum Tode verurteilt und hingerichtet.

Friedeburg, Hans-Georg von, 1895–1945, Generaladmiral, unterschrieb als Oberbefehlshaber der Marine die Kapitulationsurkunde, verübte Selbstmord in Flensburg.

Frisch, Otto Robert, 1904–79, brit. Physiker, an der Entwicklung der Atombombe beteiligt.

Fritsch, Werner Freiherr von, 1880–1939, Generaloberst, 1934–35 Chef der Heeresleitung, 1935–38 Oberbefehlshaber des Heeres, im Polenfeldzug gefallen.

Funk, Walther, 1890–1960, Politiker (NSDAP), 1932–33 MdR, 1933–38 Pressechef der Reichsregierung, 1938–45 Reichswirtschaftsminister, 1939–45 Reichsbankpräsident; vom IMT als Kriegsverbrecher zu lebenslanger Haft verurteilt, 1957 aus Krankheitsgründen vorzeitig entlassen.

Galen, Clemens August Graf von, 1878–1946, Bischof von Münster, vehementer Gegner des Nationalsozialismus; 1946 Ernennung zum Kardinal.

Gaulle, Charles de, 1890–1970, frz. General und Politiker (RPF), nach dem militärischen Zusammenbruch Frankreichs 1940 gründete er das Komitee „Freies Frankreich“, 1943 Chef des Komitees („Führer der freien Franzosen“), 1944 Chef der provisorischen Regierung, 1947 Gründung von „Rassemblement du Peuple Français“ (RPF), 1958 Präsident der Fünften Republik, 1962 schloss er den Waffenstillstand mit Algerien und entließ es in die Unabhängigkeit; er forcierte den Aufbau einer frz. Atomstreitmacht („Force de frappe“); 1969 Rücktritt nach einer Volksabstimmungsniederlage.

Giraud, Henri-Honoré, 1890–1949, frz. General, 1943/44 Chef der gaullistischen Truppen, 1943 zusammen mit de Gaulle Chef des Komitees „Freies Frankreich“.

Goebbels, Joseph, 1897–1945, Politiker (NSDAP), 1926 Gauleiter von Berlin-Brandenburg, seit 1928 MdR, 1929 Reichspropagandaleiter der NSDAP, 1933–45 „Reichsminister für Volksaufklärung und Propaganda“ und Präsident der Reichskulturkammer, 1944 „Reichsbevollmächtigter für den totalen Kriegseinsatz“, beging mit seiner Familie nach Hitlers Suizid ebenfalls Selbstmord.

Goerdeler, Carl Friedrich, 1884–1945, Politiker (DNVP), 1930–37 Oberbürgermeister von Leipzig, 1931/32 und 1934/35 Reichskommissar für die Preisüberwachung. 1937–39 unternahm er zahlreiche Auslandsreisen, über die er Göring berichtete in der Hoffnung, Hitler zur Zurückhaltung hinsichtlich seiner Expansionspolitik zu bewegen. In der Folgezeit avancierte er zum führenden Vertreter des nationalkonservativen Widerstands – er zielte auf eine Verhaftung Hitlers, ein Attentat lehnte er aus „moralischen Gründen“ ab; mit Denkschriften versuchte er 1943 eine Verständigung mit den Westmächten zu erreichen; in einer Nach-Hitler-Regierung war er für das Amt des Reichskanzlers vorgesehen, in Zusammenhang mit dem Attentat vom 20. Juli 1944 wurde er verhaftet, vom Volksgerichtshof zum Tode verurteilt und am 2. Februar 1945 auf Drängen des Reichsjustizministers in Plötzensee hingerichtet.

Göring, Hermann, 1893–1946, Politiker (NSDAP), floh nach der Teilnahme am Hitler-Putsch 1923 nach Italien, dann Schweden; 1928 MdR, 1932 Reichstagspräsident, hatte maßgeblichen Einfluss auf die Bildung der Regierung Hitler, 1933 preuß. Innenminister und Ministerpräsident; er veranlasste die Errichtung der Gestapo und den Bau erster KZ, 1934 von Hitler in einem Geheimerlass als dessen Nachfolger im Todesfalle bestimmt, 1935–45 Oberbefehlshaber der Luftwaffe, 1936 „Beauftragter für den Vierjahresplan“, 1940 Ernennung zum Reichsmarschall, 1941 beauftragte er Heydrich mit der „Endlösung der Judenfrage“, 1945 von Hitler aus der Partei und allen

Ämtern ausgestoßen; vom IMT als Kriegsverbrecher zum Tode verurteilt, beging vor seiner Hinrichtung Selbstmord.

Graf, Willi, 1918–43, im studentischen Widerstand – Mitglied der „Weißen Rose" – gegen das NS-Regime tätig, 1943 zusammen mit Schmorell und Huber zum Tode verurteilt und hingerichtet.

Groener, Wilhelm, 1867–1939, General und Politiker, 1918–19 Generalquartiermeister, 1920–23 Reichsverkehrsminister, 1928–32 Reichswehrminister, 1931/32 Reichsinnenminister.

Grynszpan, Herschel, 1921–ungeklärt, 1926–35 Mitglied der jüd. Zionistengruppe „Misrachi", 1935/36 besuchte er in Frankfurt am Main eine jüd. Lehranstalt. 1936 scheiterten seine Bemühungen, ein Visum für die Ausreise nach Palästina zu erhalten, er ging zu Verwandten nach Brüssel und reiste dann illegal nach Paris, 1937 beantragte er eine dauerhafte Aufenthaltsgenehmigung, die 1938 vom frz. Innenministerium abgelehnt wurde – trotz Aufenthaltsverbot blieb er bei seinem Onkel in Paris. Aus Protest gegen die Deportation von rd. 17000 Juden nach Polen, unter denen sich auch seine Eltern befanden, erschoss er am 7. November den deutschen Botschaftssekretär Ernst vom Rath. 1940 lieferte ihn die Vichy-Regierung an Deutschland aus: Inhaftierung in Sachsenhausen und Berlin-Moabit; 1942 wurde der gegen ihn geplante Schauprozess auf Anweisung Hitlers aufgeschoben, sein weiteres Schicksal blieb bis heute ungeklärt.

Grzesinski, Albert, 1879–1947, Politiker (SPD), 1926–30 preuß. Innenminister, seit 1933 einer der führenden Politiker der sozialdemokratischen Emigration.

Guderian, Heinz, 1888–1954, Generaloberst (1940), 1940/41 Befehlshaber der Panzergruppe 2, zog seine Truppen vor Moskau entgegen den Weisungen Hitlers zurück (daraufhin Entlassung), 1943 Generalinspekteur der Panzertruppen, 1944/45 beauftragter Generalstabschef des Heeres.

Gürtner, Franz, 1881–1941, Politiker (DNVP), 1932 Reichsjustizminister.

Gustloff, Wilhelm, 1905–36, 1932 Landesgruppenleiter der schweiz. NSDAP-Auslandsorganisation; fiel einem Attentat eines jüd. Studenten in Davos zum Opfer.

Håkon VII., 1872–1957, König von Norwegen 1905–57.

Haeften, Werner Karl von, 1908–44, Jurist und Oberleutnant, 1939 Einsatz an der Ostfront, 1943 Adjutant von Schenk Graf von Stauffenberg, beteiligte sich an den Planungen des Attentates auf Hitler; am 20. Juli 1944 begleitete er von Stauffenberg zum Führerhauptquartier „Wolfsschanze", er wurde nach dem gescheiterten Attentat zusammen mit seinen Mitverschwörern im Hof des Bendlerblocks in Berlin erschossen.

Hahn, Otto, 1879–1968, Chemiker, 1938 entdeckte er zusammen mit Friedrich Straßmann den Zerfall des Uranatoms (Grundlage für die Nutzung der Kernenergie), 1944 Nobelpreis für Chemie.

Halder, Franz, 1884–1972, Generaloberst (1940), 1938–42 Chef des Generalstabes des Heeres (Konflikte mit Hitler über strategische Fragen des Russlandfeldzuges führten zu seiner Demission); 1944/45 im KZ inhaftiert.

Hammerstein-Equort, Kurt Freiherr von, 1878–1943, Generaloberst, 1929–30 Chef des Truppenamtes (Generalstabschef), 1930–34 Chef der Heeresleitung (Rücktritt wegen seiner Abneigung gegen das NS-Regime und dessen Aufrüstungspolitik); zu Beginn des Zweiten Weltkrieges Oberbefehlshaber der Armeeabteilung A im Westen, Ende September in den Ruhestand versetzt.

Harris, Sir Arthur Travers, 1892–1984, brit. Luftmarschall, Chef des Bomberkommandos.

Hausner, Gideon, 1915–90, israel. Generalstaatsanwalt im Eichmann-Prozess.

Henlein, Konrad, 1898–1945, Politiker, 1933 Führer der Sudetendeutschen Heimatfront, 1935 Führer der Sudetendeutschen Partei, 1938 Reichskommissar für die sudetendeutschen Gebiete, 1939 Reichsstatthalter; beging 1945 in alliierter Haft Selbstmord.

Heß, Rudolf, 1894–1987, Politiker (NSDAP), SS-Obergruppenführer, 1924 wegen Teilnahme am Hitler-Putsch zur Festungshaft verurteilt, saß zusammen mit Hitler in der Festung Landsberg ein, 1925 Adjutant und Privatsekretär bei Hitler, Reichsleiter der NSDAP, 1933 Minister ohne Geschäftsbereich, 1933–1941 „Stellvertreter des Führers in der Partei". Die verlorene Luftschlacht um England und der bevorstehende Angriff auf die Sowjetunion veranlassten ihn, am 10. Mai 1941 geheim nach Großbritannien zu fliegen. Mutmaßlich wollte er Friedensgespräche zwischen dem Deutschen Reich und Großbritannien anregen – er wurde indes verhaftet und als gewöhnlicher Kriegsgefangener behandelt. Hitler erklärte ihn zum Psychopathen; 1941 scheiterte ein Selbstmordversuch. Vom IMT wurde er als Kriegsverbrecher zu lebenslanger Haft verurteilt, er beging im Spandauer Militärgefängnis Selbstmord.

Heydrich, Reinhard, 1904–42, SS-Obergruppenführer, 1932 von Himmler mit dem Aufbau des SD beauftragt, 1934 Chef des Geheimen Staatspolizeiamtes, 1936 Chef der SiPo, 1939 Chef des RSHA; 1939 ordnete Heydrich die Gettoisierung der Juden in allen jüd. Gemeinden in Polen an. Nach dem Überfall auf die Sowjetunion befahl er den Einsatzgruppen, kommunistischen Funktionäre und Juden im wehrfähigen Alter zu exekutieren – mit dieser Weisung gingen die Einsatzgruppen zum systematischen Massenmord an der jüd. Bevölkerung in den besetzten sowjet. Gebieten über. Am 31. Juli 1941 wurde er von Göring mit der Durchführung der „Endlösung der europäischen Judenfrage" beauftragt. 1941 stellv. „Reichsprotektor" von Böhmen und Mähren, erlag einem auf ihn verübten Attentat.

Hierl, Konstantin, 1875–1955, Politiker (NSDAP), 1930 MdR, ab 1931 Aufbau eines Arbeitsdienstes der NSDAP; als „Reichskommissar für den freiwilligen Arbeitsdienst" führte er die sechsmonatige Arbeitsdienstpflicht gesetzlich ein; ab 1. Oktober 1935 Reichsarbeitsführer; 1949 im Berufungsverfahren zu fünf Jahren Haft verurteilt.

Himmler, Heinrich, 1900–45, Politiker (NSDAP), 1923 Teilnahme am Hitler-Putsch, 1926–30 stellv. Propagandaleiter der NSDAP, 1929 Ernennung zum Reichsführer-SS; 1933 Polizeipräsident von München, Organisation der politischen Polizei in den Ländern, 1934 an der „Liquidierung" der SA-Führung beteiligt; verantwortlich für die Organisation und Bewachung der KZ; 1936–45 Chef der Deutschen Polizei, 1943–45 Reichsinnenminister, 1939–45 „Reichskommissar für die Festigung des deutschen Volkstums"; 1944–45 Oberbefehlshaber des Heimatheeres (Ersatzheeres) und Chef der Heeresrüstung, im Frühjahr 1945 organisierte er den „Volkssturm"; da er ohne Wissen Hitlers mit den Alliierten Kapitulationsverhandlungen aufnahm, schloss Hitler ihn am 29. April aus der Partei aus und enthob ihn aller Ämter; nach seiner Gefangennahme und Identifizierung durch die Briten beginn er Selbstmord.

Hindenburg, Oskar von, 1883–1960, Generalmajor, Sohn Paul von Hindenburgs.

Hindenburg, Paul von Beneckendorff und H., 1847–1934, Generalfeldmarschall (1914), 1903 General des IV. Armeekorps, 1914 Oberbefehlshaber Ost (u. a. „Sieger von Tannenberg“), 1916 übernahm er als Generalstabschef des Feldheeres mit Ludendorff die 3. OHL, legte nach der Unterzeichnung des Versailler Vertrages sein Kommando nieder; 1925–34 Reichspräsident, berief trotz erheblicher Bedenken Hitler 1933 zum Reichskanzler.

Hirohito, 1901–89, ab 1926 Kaiser von Japan.

Hitler, Adolf, 1889–1945, Politiker, 1913 Übersiedlung von Wien nach München, Kriegsfreiwilliger; 1919 Eintritt in die Deutsche Arbeiterpartei, die sich ein Jahr später in NSDAP umbenannte; 1921 übernahm Hitler deren Vorsitz (mit diktatorischen Vollmachten). 1923 gründete er zusammen mit Ludendorff den „Deutschen Kampfbund“. Nach dem Hitler-Putsch am 8. November wurden NSDAP, SA und „Völkischer Beobachter“ verboten. Im 1924 folgenden Prozess wegen Hochverrates wurde Hitler zu einer fünfjährigen Festungshaft verurteilt, aus der er jedoch im Dezember vorzeitig entlassen wurde; in der Haft verfasste er den ersten Band von „Mein Kampf“. 1925 übernahm er erneut die Führung der neu gegründeten NSDAP. Bei den Reichstagswahlen 1930 gelang der NSDAP der politische Durchbruch auf Reichsebene (18,3%); 1931 empfing ihn Hindenburg erstmals zu einem Gespräch, bei den Reichspräsidentenwahlen 1932 erhielt er knapp 37% (2. Wahlgang); aus den Reichstagswahlen im Juli 1932 ging die NSDAP als stärkste Kraft hervor; 1933 wurde Hitler zum Reichskanzler einer national-konservativen Regierung ernannt. Im „Röhm-Putsch“ 1934 entledigte er sich zahlreicher innerparteilicher Gegner. Nach dem Tode Hindenburg vereinigte er unter Annahme des Titels „Führer und Reichskanzler“ die Ämter des Reichspräsidenten und Reichskanzlers in seiner Person, die Wehrmacht wurde auf seine Person vereidigt. Im Zuge seiner aggressiven Außenpolitik (1936 Einmarsch dt. Truppen in das entmilitarisierte Rheinland, 1937 Achse Berlin-Rom, Forderung nach „Kriegseinsatzbereitschaft“ zur Führung eines Angriffskrieges innerhalb der nächsten zwei Jahre) übernahm Hitler im Rahmen des neu geschaffenen OKW selbst die Führung der Wehrmacht. Nach dem „Anschluss Österreichs an das Deutsche Reich” und dem Abschluss des Münchener Abkommens erließ er einen Geheimbefehl zur Zerschlagung der „Resttschechei“. 1939 kündigte er für den Fall eines Krieges die „Vernichtung der Juden“ in Europa an, forderte „Lebensraum im Osten“ und erläuterte seinen Generalen die Angriffspläne. Mit dem „Hitler-Stalin-Pakt“ wurden zunächst die Interessensphären in Osteuropa abgegrenzt. Mit dem Angriff auf Polen begann der Zweite Weltkrieg und damit der nationalsozialistische Vernichtungskrieg in Europa (u. a. Kommissarbefehl, OKW-Weisung zur Aufstellung von „Einsatzgruppen“). Im Dezember 1941 übernahm Hitler auch den Oberbefehl über das Heer. Auf der letzten Reichstagssitzung 1942 machte er sich zum „Obersten Gerichtsherrn“ und beseitigte so die Reste einer eigenständigen Jurisdiktion. Zur „Verteidigung der Reichsgrenzen“ befahlt er 1944 die Einziehung „wehrfähiger“ Kinder und alter Männer im „Volkssturm“; in seiner letzten Rundfunkansprache am 30. Januar 1945 beschwor Hitler den „Endsieg“. Zwei Tage nach der Heirat mit Eva Braun begingen beide am 30. April im Führerbunker Selbstmord.

Hoover, Herbert Clark, 1874–1964, amerikan. Politiker (Republikaner), organisierte nach dem Ersten Weltkrieg das Hilfswerk (Quäkerspeisen) der USA für das Not leidende Europa, 1929–32 Präsident der USA (u. a. Hoover-Moratorium).

Horkheimer, Max, 1895–1973, Sozialphilosoph, Professor in Frankfurt am Main und

New York, Direktor des Instituts für Sozialforschung in Frankfurt am Main, emigrierte 1933 in die USA, Mitbegründer der „Kritischen Theorie".

Horthy von Nagybánya, Miklós, 1868–1957, ungar. Politiker, 1920–44 Reichsverweser, 1938 beteiligte sich an der Zerschlagung der Tschechoslowakei und der Aufteilung Rumäniens, 1941 Eintritt aufseiten Deutschlands in den Krieg. Nach seiner Internierung in Bayern ging er 1948 ins Exil (Schweiz, dann Portugal).

Höß, Rudolf, 1900–47, 1922 Eintritt in die NSDAP, 1933 in die SS, 1934 Blockführer im KZ Dachau, 1938 Adjutant im KZ Sachsenhausen, 1940 Ernennung zum SS-Obersturmbannführer und Lagerkommandanten in Auschwitz-Birkenau, 1943 Chef der Abteilung D 1 im WVHA, 1944 Rückkehr als Kommandant nach Auschwitz; nach seiner Festnahme 1946 wurde er den poln. Behörden überstellt, dort vom Obersten Gerichtshof zum Tode verurteilt und in Auschwitz hingerichtet.

Hoßbach, Friedrich, 1894–1980, Offizier, Wehrmachtsadjutant bei Hitler, verfasste das nach ihm benannte Protokoll über die Besprechung vom 5. November 1937.

Huber, Kurt, 1893–1943, Professor, entschiedener Gegner des Nationalsozialismus, 1942/43 beteiligte sich an den Flugblattaktionen der „Weißen Rose", 1943 vom Volksgerichtshof zum Tode verurteilt und hingerichtet.

Hugenberg, Alfred, 1865–1951, Politiker (DNVP), 1908–19 Präsident des Direktoriums bei Krupp, 1916 Erwerb des Scherl-Verlages, 1927 Erwerb der UFA, seit 1920 MdR, 1928 Vorsitzender der DNVP, im ersten Kabinett Hitlers Minister für Wirtschaft, Ernährung und Landwirtschaft, trat bereits im Juni 1933 zurück, 1946 von den Alliierten verhaftet, 1949 als „Entlasteter" freigelassen.

Hull, Cordell, 1871–1955, amerikan. Politiker (Demokraten), 1931–33 Senator, 1933–44 Außenminister, setzte sich als Berater von US-Präsident Roosevelt für eine enge Zusammenarbeit mit der Sowjetunion ein; 1945 erhielt er den Friedensnobelpreis.

Husaini, Mohammed Said Amin al-H., 1895–1974, arab. Politiker, 1920–26 Mufti, 1926–37 Großmufti von Jerusalem; bekämpfte unerbittlich jede jüd. Ansiedlung in Palästina und lehnte jede Verständigung mit den jüd. Einwanderern ab; suchte vor allem mit den Nationalsozialisten eine enge Zusammenarbeit.

Jodl, Alfred, 1890–1946, Generaloberst (1944), 1939–45 Chef des Wehrmachtführungsstabes, unterschrieb die Gesamtkapitulation; vom IMT als Kriegsverbrecher zum Tode verurteilt und hingerichtet.

Kaas, Ludwig, 1881–1952, kath. Theologe und Politiker (Zentrum), 1920–33 MdR, Vorsitzender des Zentrums, wirkte maßgeblich bei der Ausarbeitung und dem Abschluss des Reichskonkordats mit.

Kahr, Gustav Ritter von, 1862–1934, 1917–24 Regierungspräsident von Oberbayern, schlug 1923 den „Hitler-Putsch" nieder, 1934 erschossen ihn die Nazis im Zuge des „Röhm-Putsches".

Kaltenbrunner, Ernst, 1903–46, SS-Obergruppenführer, 1930 Eintritt in die NSDAP, 1931 in die SS, 1937 Chef der österr. (illegalen) SS, 1943 in Nachfolge Heydrichs Chef der SiPo und des SD, in dieser Funktion maßgeblich verantwortlich für die Deportation Hunderttausender Juden in die Vernichtungslager; leitete die Ermittlungen gegen die Verschwörer vom 20. Juli 1944 („Kaltenbrunner-Berichte") ; vom IMT als Kriegsverbrecher zum Tode verurteilt und hingerichtet.

Kästner, Erich, 1899–1974, Schriftsteller.

Kayser, Albert, 1898–1944, Politiker (KPD), wurde wegen „Hochverrats" vom Volksgerichtshof zum Tode verurteilt.

Keitel, Wilhelm, 1882–1946, Generalfeldmarschall (1940), 1938–45 Chef des OKW, unterschrieb die Kapitulationsurkunde; vom IMT als Kriegsverbrecher zum Tode verurteilt und hingerichtet.

Kennedy, Joseph Patrick, 1888–1969, amerikan. Politiker (Demokraten), 1937–40 Botschafter der USA in London, Vater von John F. Kennedy.

Kerrl, Hanns, 1887–1941, Politiker (NSDAP), 1932 Präsident des preuß. Landtages, 1933/34 preuß. Justizminister, 1935 Reichskirchenminister.

Kesselring, Albert, 1885–1960, Generalfeldmarschall (1940), 1936/37 Chef des Generalstabes der Luftwaffe, 1939 Chef der Luftflotte 1, 1940 Chef der Luftflotte 2; 1941 Oberbefehlshaber Süd, 1943 Südwest, 1945 West; 1947 von einem brit. Militärgericht wegen Geiselerschießungen zunächst zum Tode verurteilt, Umwandlung in lebenslängliche Haft, 1952 wegen Krankheit begnadigt.

Klee, Paul, 1879–1940, schweiz. Maler und Graphiker, seine Werke galten unter den Nazis als „entartete Kunst".

Kluge, Hans Günther von, 1882–1944, Generalfeldmarschall (1940), 1944 in Nachfolge von Rommel Oberbefehlshaber der Heeresgruppe B und Oberkommandierender West, beging Selbstmord.

Kokoschka, Oskar, 1886–1980, österr. Schriftsteller, Graphiker und Maler, seine Werke galten unter den Nazis als „entartete Kunst".

Kollwitz, Käthe, 1867–1945, Bildhauerin und Graphikerin, 1933 zwangen die Nazis sie zum Austritt aus der Preuß. Akademie der Künste.

Krauch, Carl, 1897–1968, Mitglied des Vorstandes der I.G. Farben AG und der von Göring geführten Vierjahresplanbehörde, 1937 Eintritt in die NSDAP, 1940 Vorsitzender des Aufsichtsrates der I.G. Farben, 1941 setzte er bei Himmler den Bau einer Buna-Fabrik sowie einer Anlage zur Herstellung synthetischen Treibstoffs durch KZ-Häftlinge in Auschwitz durch; 1947/48 wurde er im I.G.-Farben-Prozess zu sechs Jahren Haft verurteilt, jedoch 1950 aus der Haft entlassen.

Krebs, Hans, 1898–1945, General der Infanterie (1945), letzter beauftragter Generalstabschef des Heeres, beging wahrscheinlich am 1. Mai 1945 Selbstmord .

Krupp von Bohlen und Halbach, Gustav, 1870–1950, Großindustrieller, 1931–34 Vorsitzender des Reichsverbandes der Deutschen Industrie, 1937 Wehrwirtschaftsführer.

Leopold III., 1901–1983, König von Belgien 1934–51; kapitulierte vor der deutschen Wehrmacht, verzichtete zugunsten seines Sohnes Baudouin auf den Thron.

Leuschner, Wilhelm, 1890–44, Politiker (SPD) und Gewerkschaftsführer, 1928–33 hess. Innenminister, im Widerstand gegen Hitler tätig, im Zusammenhang mit dem Attentat vom 20. Juli 1944 verhaftet und im September 1944 hingerichtet.

Ley, Robert, 1890–1945, Politiker (NSDAP), 1925 Gauleiter im Rheinland, 1930 MdR, 1933 Leiter der DAF, 1934 Reichsorganisationsleiter der NSDAP, beging während seiner Haft in Nürnberg Selbstmord.

List, Wilhelm 1880–1971, Generalfeldmarschall (1940), 1942 Oberbefehlshaber der Heeresgruppe A, von Hitler entlassen, 1948 im Nürnberger Prozess gegen die Südostgenerale zu lebenslanger Haft verurteilt, 1952 entlassen.

Löbe, Paul, 1875–1967, Politiker (SPD), 1919 Vizepräsident der Weimarer Nationalversammlung, 1920–32 (außer 2. Wahlperiode 1924) Präsident des Reichstages, 1933 und 1944 inhaftiert, 1949 Alterspräsident des Bundestages, 1954–61 Präsident des Kuratoriums „Unteilbares Deutschland".

Lubbe, Marinus van der, 1909–34, niederländ. Kommunist, wurde im Reichstagsbrandprozess der Brandstiftung beschuldigt, zum Tode verurteilt und hingerichtet.

Luther, Hans, 1879–1962, Politiker (parteilos) und Jurist, 1918–22 Oberbürgermeister von Essen, 1923–1925 Reichsfinanzminister, 1925–26 Reichskanzler, 1930–33 Reichsbankpräsident, 1933–37 Botschafter in den USA.

MacArthur, Douglas, 1880–1964, amerikan. General, Oberbefehlshaber der US-Truppen im Fernen Osten, unterschrieb 1945 die Kapitulationsurkunde Japans, 1951 Oberbefehlshaber im Koreakrieg.

Mann, Erika, 1905–69, Schauspielerin, Journalistin, Schriftstellerin; Tochter von Thomas Mann; emigrierte 1933 in die Schweiz.

Mann, Heinrich, 1871–1950, Schriftsteller, 1930–33 Präsident der Sektion „Dichtkunst" der Preuß. Akademie der Künste, emigrierte 1933 (ČSR, Frankreich, 1940 USA).

Mann, Thomas, 1875–1955, Schriftsteller, 1929 Literaturnobelpreis für seinen Roman „Buddenbrooks. Verfall einer Familie" (1901); kehrte 1933 von einer Vortragsreise nicht mehr nach Deutschland zurück, ging 1939 als Gastprofessor in die USA und erhielt 1944 die amerikan. Staatsbürgerschaft.

Manstein, Erich von, 1887–1973, Generalfeldmarschall (1942), Militärstratege, 1942 Oberbefehlshaber der Heeresgruppe Don (Süd), 1944 wurde ihm wegen seiner Kritik an Hitlers Kriegführung das Kommando entzogen; 1949 verurteilte ihn ein brit. Militärgericht zu 18 Jahren Gefängnis, 1953 vorzeitig aus der Haft entlassen.

Mengele, Josef, 1911–vermutlich 1979, SS-Arzt, 1931 Eintritt in den „Stahlhelm", 1934 Mitglied des Forschungsstabes des „Instituts für Erbbiologie und Rassenhygiene", 1937 NSDAP-, 1939 SS-Mitgliedschaft. 1943 Lagerarzt im KZ Auschwitz, wo er mit Unterstützung der späteren DFG seine „Forschungen" an Zwillingen und Zwergwüchsigen durchführte. Nach dem Krieg floh er aus brit. Haft und gelangte über Rom nach Argentinien, 1959 Staatsbürger von Paraguay; 1979 kam er vermutlich bei einem Badeunfall ums Leben.

Mertz von Quirnheim, Ritter Albrecht, 1905–44, Oberstleutnant (1942), 1939 Stabsoffizier in der Organisationsabteilung des Generalstabes, 1942 Stabschef des 24. Armeekorps an der Ostfront, zusammen mit Stauffenberg und Olbricht beteiligte er sich 1943 an den Planungen der „Operation Walküre", 1944 übernahm er in Nachfolge von Stauffenberg die Leitung des Stabs des Allgemeinen Heeresamtes; nach dem Scheitern des Attentats auf Hitler am 20. Juli 1944 wurde er in der Nacht zum 21. Juli erschossen.

Michael I., geb. 1921, König von Rumänien 1927–30 und 1940–47.

Miklas, Wilhelm, 1872–1956, österr. Politiker (Christlichsoziale Partei), 1923–28 Präsident des Nationalrates, 1928–38 Bundespräsident; entschiedener Gegner des Nationalsozialismus und des Anschlusses Österreichs an das Deutsche Reich.

Model, Walter, 1891–1945, Generalfeldmarschall (1944), beging nach der Kapitulation seiner Truppen Selbstmord.

Molotow, Wjatscheslaw Michalowitsch, 1890–1986, sowjet. Politiker, 1926–57 Mitglied des Politbüros bzw. des Präsidiums der KPdSU, 1930–41 Vorsitzender des Rates der

Volkskommissare, 1939–46 Volkskommissar des Äußeren, 1946–49 und 1953–56 Außenminister, schloss 1939 den dt.-sowjet. Vertrag, hatte maßgeblichen Einfluss auf die Konferenzen in Teheran, Jalta und Potsdam; als Gegner des Entstalinisierungsprozesses musste er 1957 alle Partei- und Staatsämter niederlegen.

Moltke, Helmuth James Graf von, 1907–45, Sachverständiger für Kriegs- und Völkerrecht im OKW 1939–44, Mitbegründer der Widerstandsbewegung „Kreisauer Kreis"; er wurde bereits im Januar 1944 verhaftet und im KZ Ravensbrück inhaftiert; nach dem Juli-Attentat nach Tegel verlegt, wurde er im Januar 1945 vom Volksgerichtshof zum Tode verurteilt und in Plötzensee hingerichtet.

Montgomery, Sir Bernard Law, 1887–1976, brit. Feldmarschall (1944), führte 1942/43 die 8. Armee zum Sieg bei El-Alamein, 1944/45 Oberbefehlshaber der brit. Truppen in Nordwesteuropa, 1945/46 Mitglied im Alliierten Kontrollrat.

Müller, Hermann, 1876–1931, Politiker (SPD), unterzeichnete 1919 als Außenminister den Versailler Vertrag, 1920 und 1928–30 Reichskanzler.

Müller, Josef, 1898–1979, Politiker, vor 1933 in der BVP tätig, im Widerstand gegen Hitler aktiv, 1944 Gestapo-Haft, Mitbegründer der CSU, 1946–49 deren Vorsitzender, 1947–52 bayer. Justizminister und bis 1950 stellv. Ministerpräsident.

Müller, Ludwig, 1883–1945, ev. Theologe, 1933 Bevollmächtigter Hitlers für Fragen der ev. Kirche und Wahl zum Reichsbischof; forcierte den kirchlichen Gleichschaltungsprozess.

Mussolini, Benito, 1883–1945, italien. Politiker, gründete 1919/21 die faschistische Partei, 1922 „Marsch auf Rom", Ministerpräsident, zielstrebiger Aufbau der Einparteiendiktatur, „Haupt der Regierung", Kommandant der Miliz, Präsident des „Gran Consiglio del Fascismo"; seit Beginn der 1930er-Jahre imperialistische Außenpolitik (1935 Einmarsch in Äthiopien); Intervention im Span. Bürgerkrieg, 1936 Achse Berlin-Rom; seine Politik geriet immer stärker in Abhängigkeit von Deutschland. – 1940 Eintritt aufseiten Deutschlands in den Zweiten Weltkrieg, 1943 ließ ihn König Viktor Emanuel III. nach Massenstreiks und dem Einmarsch der Alliierten verhaften; von dt. Fallschirmjägern befreit („Republik von Salò"); 1945 von italien. Partisanen auf der Flucht in die Schweiz erschossen.

Neurath, Konstantin Freiherr von, 1873–1956, Diplomat, 1922–30 Botschafter in Rom, 1030–32 in London, 1932–38 unter von Papen, Schleicher und Hitler Reichsaußenminister, 1937 Eintritt in die NSDAP, 1939–43 (1941 beurlaubt) „Reichsprotektor" von Böhmen und Mähren; vom IMT zu 15 Jahren Haft verurteilt, 1954 vorzeitig entlassen.

Niemöller, Martin, 1892–1984, ev. Theologe, 1931 Pastor von Berlin-Dahlem, Symbolfigur des kirchlichen Widerstands gegen die Nazis, rief 1933 den Pfarrernotbund ins Leben, führendes Mitglied der „Bekennenden Kirche", 1938–45 inhaftiert; nach dem Zweiten Weltkrieg in führenden Positionen der ev. Kirche und des Ökumenischen Rates tätig.

Olbricht, Friedrich, 1888–1944, General (1940), 1938 Kommandeur der 24. Infanteriedivison, Kontakte zum militärischen Widerstand um Ludwig Beck; 1940 Leitung des Allgemeinen Heeresamtes im OKH, 1943 holte er als Leiter des Wehrersatzamtes im OKW Stauffenberg und Mertz von Quirnheim als Mitarbeiter zu sich; 1944 wurde er nach dem Scheitern des Attentates auf Hitler verhaftet und gemeinsam mit Beck, von Haeften, Stauffenberg und von Quirnheim im Hofe des Bendlerblocks erschossen.

Oppenheimer, J. Robert, 1904–67, amerikan. Physiker, 1943–1945 Leiter des Atomenergieprojekts („Manhattan project“) in Los Alamos.

Ossietzky, Carl von, 1889–1938, Publizist, 1927–33 Chefredakteur der „Weltbühne“, 1933–36 Inhaftierung in KZ, erhielt 1936 den Friedensnobelpreis für 1935.

Oster, Hans, 1887–1945, Generalmajor (1942), übernahm 1935 unter Canaris die Leitung der Zentralabteilung im Amt Abwehr, 1938 beteiligte er sich an den Umsturzplänen während der Sudentenkrise; er ließ die dt. Angriffspläne gegen Belgien, Dänemark und die Niederlande dem niederländ. Militärattaché zukommen; als Stabschef des Amtes Ausland/Abwehr koordinierte er 1941 mit Wissen von Canaris diverse Widerstandsaktivitäten; 1944 Entlassung aus dem aktiven Dienst; einen Tag nach dem gescheiterten Attentat vom 20. Juli wurde er verhaftet; am 9. April 1945 wurde er zusammen mit Bonhoeffer und Canaris im KZ Flossenbürg erhängt.

Papen, Franz von, 1879–1969, Politiker (Zentrum), 1921–28, 1930–32 Mitglied des preuß. Landtages, 1932 bildete er als Reichskanzler ein Präsidialkabinett, regierte mit Notverordnungen und setzte die preuß. Regierung ab. Von Papen bereitete Hitler den Weg zur Macht und trat als Vizekanzler in das erste Kabinett Hitler ein; maßgeblich am Abschluss des Reichskonkordats mit der röm. Kurie beteiligt. 1936–38 Botschafter in Wien; vom IMT wurde er freigesprochen.

Patton, George Smith, 1885–1945, amerikan. General, befehligte u. a. die 3. US-Armee auf den frz. und dt. Kriegsschauplätzen; starb bei einem Autounfall.

Paulus, Friedrich, 1890–1957, Generalfeldmarschall (1943), 1942 Oberbefehlshaber der 6. Armee, kapitulierte mit dieser in Stalingrad, schloss sich in Kriegsgefangenschaft 1944 dem „Nationalkomitee Freies Deutschland“ an.

Pétain, Henri Philippe, 1856–1951, frz. Marschall und Politiker, wurde als Verteidiger von Verdun im Ersten Weltkrieg zum Nationalhelden; 1934 Kriegsminister; 1940 Ministerpräsident, schloss das Waffenstillstandsabkommen mit Deutschland und Italien; 1940–1944 „Chef des Staates“ der Vichy-Regierung; wurde 1945 als Kollaborateur zum Tode verurteilt, später von de Gaulle zur Verbüßung einer lebenslangen Haft begnadigt.

Pieck, Wilhelm, 1876–1960, Politiker, 1895 Eintritt in die SPD, 1919 KPD; 1928–33 MdR, 1933 Emigration nach Frankreich, von dort in die UdSSR, 1935 Vorsitzender der Exil-KPD; 1946–54 zusammen mit Otto Grotewohl Vorsitzender der SED, 1949–60 Präsident der DDR.

Pierlot, Hubert Graf (1946), 1883–1963, belg. Politiker (Kath. Partei), 1934–35 Innen-, 1936–38 Landwirtschaftsminister, 1939 Premier- und Außenminister, 1940–45 Premierminister der Exilregierung in London.

Pius XI. (Achille Ratti), 1857–1939, Papst 1922–39, schloss zahlreiche Konkordate ab, u. a. 1933 das Reichskonkordat mit Nazi-Deutschland, wandte sich mit der Enzyklika „Mit brennender Sorge“ (1937) gegen die vielfältigen Konkordatsverletzungen und kritisierte mit großer Schärfe die NS-Ideologie.

Plessner, Helmuth, 1892–1985, Philosoph und Soziologe, Professor in Köln, nach der Emigration 1933 in Groningen (NL) und ab 1951 in Göttingen.

Popitz, Johannes, 1884–1945, Politiker und Finanzwissenschaftler, 1925–29 Staatssekretär, 1933–34 preuß. Finanzminister; im Zweiten Weltkrieg Kontakte zur Widerstandsbewegung um Beck und Goerdeler, die ihn nach dem Sturz Hitlers als Kulturminister vorgesehen hatte; im Zusammenhang mit dem Attentat auf Hitler vom 20. Juli 1944 verhaftet und im Februar 1945 in Plötzensee hingerichtet.

Probst, Christoph, 1919–43, führendes Mitglied der „Weißen Rose", 1943 verhaftet und zusammen mit den Geschwistern Scholl vom Volksgerichtshof zum Tode verurteilt und am 22. Februar hingerichtet.

Quisling, Vidkun, 1887–1945, norweg. Politiker und Offizier, 1931–33 Kriegsminister, gründete 1933 die faschistische „Nasjonal Samlin", bildet nach dem Einmarsch der Nazis in Oslo eine deutschfreundliche Regierung, 1942–45 Ministerpräsident; wegen Hochverrats zum Tode verurteilt und hingerichtet.

Raeder, Erich, 1876–1960, Großadmiral (1939), 1928–35 Chef der Marineleitung, 1935–43 Oberbefehlshaber der Kriegsmarine; vom IMT zu lebenslanger Haft verurteilt, 1955 vorzeitig entlassen.

Rath, Ernst vom, 1909–38, Diplomat, 1932 Eintritt in die NSDAP, 1933 in die SA, 1936 Tätigkeit im Generalkonsulat in Kalkutta, 1938 Versetzung zur deutschen Botschaft (Gesandtschaftsrat 1. Klasse), erlag am 7. November einem auf ihn von Herschel Grynszpan verübten Attentat, das die Nazis als Vorwand für die Reichspogromnacht nutzten.

Remarque, Erich Maria, 1898–1970, Schriftsteller, 1933 verboten die Nazis seine Werke.

Renner, Karl, 1870–1950, österr. Politiker (SPÖ), 1918–20 Staatskanzler, 1930–33 Erster Präsident des Nationalrats; befürwortete 1938 den Anschluss Österreichs an das Deutsche Reich; 1945 bildete er als Staatskanzler eine provisorische Regierung, ab Dezember 1945 Bundespräsident.

Renteln, Theodor Adrian von, 1897–1946, Politiker (NSDAP), u. a. 1932 Leiter des „NS-Kampfbundes für den gewerblichen Mittelstand", 1933–35 Präsident des Deutschen Industrie- und Handelstages, 1941–44 Generalkommissar in Litauen; nach Kriegsende in der UdSSR hingerichtet.

Ribbentrop, Joachim von (seit 1925), 1893–1946, Diplomat und Politiker (NSDAP), 1932 außenpolitischer Berater Hitlers, 1935 u. a. Sonderbotschafter in London, in dieser Funktion Abschluss des dt.-brit. Flottenabkommens, 1936–38 Botschafter in London, 1938–45 Reichsaußenminister; in Nürnberg als Kriegsverbrecher vom IMT zum Tode verurteilt und hingerichtet.

Ringelnatz, Joachim, 1883–1934, Schriftsteller, stand auf dem Index „undeutscher Autoren".

Röchling, Hermann, 1872–1955, Großindustrieller, in einer Denkschrift von 1936 befürwortete er einen Krieg gegen die Sowjetunion, ab 1942 Leiter der „Reichsvereinigung Eisen"; 1948 von einem frz. Militärgericht zu 7 Jahren Haft verurteilt (Berufungsinstanz 1949: Erhöhung auf 10 Jahre), 1951 unter Auflagen freigelassen.

Röhm, Ernst, 1887–1934, Politiker (NSDAP), 1931 Stabschef der SA, 1933 Reichsminister ohne Geschäftsbereich, 1934 wurde er während des nach ihm benannten sog. Putsches am 1. Juli von SS-Angehörigen erschossen.

Rommel, Erwin, 1891–1944, Generalfeldmarschall (1942), 1941–42 Oberbefehlshaber des dt. Afrikakorps, 1943 der Heeresgruppe Afrika und 1943–44 der Heeresgruppe B, wurde wegen seiner Verbindungen zur Widerstandsbewegung zum Selbstmord gezwungen.

Roosevelt, Franklin Delano, 1892–1945, amerikan. Politiker, 1928 zum Gouverneur von New York gewählt, 1933–45 Präsident der USA, bekämpfte mit dem Reformprogramm des „New Deal" die wirtschaftliche Depression; setzte 1939 die Freigabe der Ausfuhr von Kriegsmaterial (Cash-and-carry-Act) durch, mit dem die USA ihre Neutralitätspolitik aufgaben; am 14. August 1941 verkündete er mit Churchill die „Atlantikcharta"; bei den Kriegskonferenzen von Casablanca („unconditional surrender"), Teheran und Jalta war Roosevelt auf eine Übereinkunft mit Stalin bedacht.

Rosenberg, Alfred, 1893–1946, Politiker und NS-Ideologe, Schriftleiter und Herausgeber des „Völkischen Beobachters", 1933 Leiter des Außenpolitischen Amtes der NSDAP, Ernennung zum Reichsleiter, 1934 „Beauftragter des Führers für die Überwachung der gesamten geistigen und weltanschaulichen Schulung und Erziehung der NSDAP", 1941–44 Reichsminister für die besetzten Ostgebiete; vom IMT als Kriegsverbrecher zum Tode verurteilt und hingerichtet.

Rundstedt, Karl Rudolf Gerd von, 1875–1953, Generalfeldmarschall (1940), 1939 Führer der dt. Militärverwaltung in Polen, 1941 Oberbefehlshaber der Heeresgruppe Süd, 1942–44 Oberbefehlshaber West, leitete 1944 die Ardennenoffensive.

Rust, Bernhard, 1883–1945, Politiker (NSDAP), 1933 Reichskommissar für Bildung, 1933–45 Reichsminister für Wissenschaft, Erziehung und Volksbildung.

Sachs, Nelly (Leonie), 1891–1970, Lyrikerin, jüd. Herkunft, gelangte kurz vor ihrer Deportation mithilfe von Selma Lagerlöf nach Schweden (1940), erhielt 1965 den Friedenspreis des Deutschen Buchhandels und 1966 zusammen mit S. J. Agnon den Nobelpreis für Literatur.

Sauckel, Fritz, 1894–1946, Politiker (NSDAP), 1932–33 Ministerpräsident und Innenminister in Thüringen, 1933–45 Reichsstatthalter von Thüringen, 1942–45 Generalbevollmächtigter für den Arbeitseinsatz, damit verantwortlich für die Verschleppungen und Massendeportationen ausländischer Arbeitskräfte nach Deutschland; vom IMT als Kriegsverbrecher zum Tode verurteilt und hingerichtet.

Schacht, Hjalmar, 1877–1970, Bankier und Politiker, 1923 Reichswährungskommissar, 1924–30, 1933–39 Reichsbankpräsident, förderte als Mitglied der „Harzburger Front" die Ernennung Hitlers zum Reichskanzler, 1934–37 Reichswirtschaftsminister, 1935–37 Generalbevollmächtigter für die Kriegswirtschaft, bis 1943 Reichsminister ohne Geschäftsbereich; wegen Kontakten zum konservativen Widerstand 1944 KZ-Inhaftierung; wurde vom IMT freigesprochen.

Scheidemann, Philipp, 1865–1939, Politiker (SPD), rief am 9. November 1918 die Republik aus; Mitglied des Rates der Volksbeauftragten und der Weimarer Nationalversammlung, 1919 Reichskanzler, trat wegen der Annahme des Versailler Vertrages zurück; 1920–25 Oberbürgermeister von Kassel, 1920–33 MdR; 1933 Emigration.

Schirach, Baldur von, 1907–74, Politiker (NSDAP), 1928 Führer des NSDStB, 1931 Ernennung zum Reichsjugendführer der NSDAP, ab 1933 Jugendführer des Deutschen Reiches, 1940–45 Gauleiter und Reichsstatthalter von Wien; in Nürnberg vom IMT zu 20 Jahren Haft verurteilt, die er im Spandauer Kriegsgefängnis verbüßte.

Schleicher, Kurt von, 1882–1934, Generalmajor und Politiker, 1929 Chef des Ministeramtes der Reichswehr, beteiligte sich maßgeblich an den Regierungswechseln zwischen 1930–33, 1932 Reichswehrminister, Gegner Hitlers, versuchte eine Spaltung der

NSDAP herbeizuführen, 1932/33 letzter Reichskanzler der Weimarer Republik, von der SS beim sog. Röhm-Putsch ermordet.

Schmitt, Kurt, 1886–1950, Politiker, 1933–34 Reichswirtschaftsminister.

Schmorell, Alexander, 1917–43, Mitglied der Widerstandsgruppe „Weiße Rose", 1943 verhaftet, zum Tode verurteilt und hingerichtet.

Scholl, Hans, 1918–43 führendes Mitglied der „Weißen Rose", 1942/43 Flugblattaktionen; 1943 vom Volksgerichtshof zum Tode verurteilt und hingerichtet.

Scholl, Sophie, 1921–43, führendes Mitglied der „Weißen Rose", 1942/43 Flugblattaktionen; 1943 vom Volksgerichtshof zum Tode verurteilt und hingerichtet.

Scholtz-Klink, Gertrud, 1902–1999, Politikerin (NSDAP), 1930 bad. Gauleiterin des Deutschen Frauenordens, 1934 u.a. Reichsführerin der NSF und des „Deutschen Frauenwerks", im November wird sie von Hitler zur Reichsfrauenführerin berufen; 1945 wurde sie von den Sowjets interniert – sie floh, wurde 1948 entdeckt, verhaftet und von einem frz. Gericht zu 18 Monaten Haft verurteilt, 1950 erneut nach ihrer Einstufung in die Gruppe der Hauptschuldigen zu 30 Monaten Gefängnis verurteilt; lebte ab 1953 in Tübingen.

Schörner, Ferdinand, 1892–1973, Generalfeldmarschall (1945), im Testament Hitlers zum Oberbefehlshaber des Heeres bestimmt.

Schröder, Kurt Baron von, 1889–1966, Bankier und finanzieller Förderer der Nationalsozialisten.

Schukow, Georgij Konstantinowitsch, 1896–1974, sowjet. Marschall (1943), Verteidigung von Stalingrad und Eroberung von Berlin, 1945–46 Oberbefehlshaber der sowjet. Truppen in Deutschland und Vertreter der Sowjetunion im Alliierten Kontrollrat, u.a. 1955–57 Verteidigungsminister, 1953–57 Vollmitglied im Zentralkomitee, 1957 Mitglied des Parteipräsidiums, im gleichen Jahr aller Ämter enthoben.

Schulenburg, Friedrich Werner Graf von der, 1875–1944, Diplomat, 1934–41 Botschafter in Moskau, Vorarbeiten zum dt.-sowjet. Nichtangriffspakt, seit Juli 1941 Leiter des Russland-Referats in der Politischen Abteilung; unter dem Eindruck der dt. Besatzungspolitik in der UdSSR näherte er sich dem Widerstand an (Goerdeler), er war im Falle eines erfolgreichen Attentats zeitweise als Außenminister vorgesehen; im Zusammenhang mit dem Attentat vom 20. Juli 1944 verhaftet und im November hingerichtet.

Schumacher, Kurt, 1895–1952, Politiker (SPD), 1924–31 Mitglied des Landtages von Württemberg, 1930–33 MdR; mit kurzer Unterbrechung war er in der Zeit des Nationalsozialismus in verschiedenen KZ inhaftiert. 1945 wirkte er maßgeblich an der Wiedergründung der SPD mit, ab 1946 deren Vorsitzender, ab 1949 Vorsitzender der Bundestagsfraktion, trat dort als Oppositionsführer hervor.

Schuschnigg, Kurt von, 1897–1977, österr. Politiker (Christlichsoziale Partei) und Anwalt, 1932–34 Justiz- und Unterrichtsminister, 1934–38 nach der Ermordung von Dollfuß Bundeskanzler (zeitweilig auch Außen- und Verteidigungsminister), versuchte die Unabhängigkeit Österreichs zu wahren, 1938–45 inhaftiert, 1948–67 Professur in den USA (St. Louis).

Schwerin von Krosigk, Johann Ludwig Graf von, 1887–1977, Jurist, 1932–45 Reichsfinanzminister, ab 2. Mai 1945 Chef der geschäftsführenden Regierung unter Dönitz, wurde im Wilhelmstraßenprozess 1949 zu zehn Jahren Haft verurteilt, 1951 vorzeitig entlassen.

Seldte, Franz, 1882–1947, Politiker, gründete 1918 den „Stahlhelm", 1933 Eintritt in die NSDAP, 1933–45 Reichsarbeitsminister.

Seyß-Inquart, Arthur, 1892–1946, österr. Politiker, 1938 Innenminister und Bundeskanzler, maßgeblich am Anschluss Österreichs an das Reich beteiligt, 1938–39 Reichsstatthalter, 1939/40 stellv. Generalgouverneur in Polen, 1940–45 Reichskommissar für die Niederlande; wurde vom IMT als Kriegsverbrecher zum Tode verurteilt und hingerichtet.

Shigemitsu, Mamoru, 1887–1957, japan. Politiker, 1936–38 Botschafter in Moskau, 1938–41 in London, 1943–45 Außenminister, unterzeichnete die japan. Kapitulation. 1947 als Kriegsverbrecher verurteilt, 1950 entlassen; 1954–56 stellv. Ministerpräsident und Außenminister.

Speer, Albert, 1905–81, Politiker (NSDAP) und Architekt, 1937 „Generalbauinspekteur für die Stadt Berlin", 1942–43 Reichsminister für Bewaffnung und Munition, 1943–45 Reichsminister für Rüstung und Kriegsproduktion, mit dem Einsatz von Zwangsarbeitern steigerte er die deutsche Kriegsproduktion erheblich; wurde vom IMT als Kriegsverbrecher zu 20 Jahren Haft verurteilt, 1966 entlassen.

Spemann, Hans, 1869–1941, Zoologe, erhielt 1935 den Nobelpreis für Physiologie oder Medizin.

Stalin, Jossif Wissarionowitsch, 1879–1953, sowjet. Politiker; nach dem Sieg der Bolschewiki u. a. 1917–23 Volkskommissar für Nationalitätenfragen, 1919 Mitglied von Polit- und Organisationsbüro, 1922 übernahm er das neu geschaffene Amt des Generalsekretärs der KPdSU, das er zu seinem persönlichen Machtzentrum ausbaute und von dem aus er skrupellos seine politischen Gegner ausschaltete; ab 1929 faktische Alleinherrschaft; 1935 er initiierte eine zweite große „Säuberung". 1941 wurde er Vorsitzender des Rates der Volkskommissare (seit 1945 des Ministerrats), nach dem dt. Angriff auf die UdSSR übernahm er die Führung des Staatskomitees für Verteidigung und kurz darauf die des Volkskommissariats für Verteidigung (ab 1945 Ministerium), 1943 Marschall, 1945 Generalissimus.

Stangl, Franz, 1908–71, SS-Hauptsturmführer (1943), 1940 Aufsichtsbeamter in der Euthanasie-Anstalt Hartheim, 1942 Aufbau und Leitung des Vernichtungslagers Sobibór, 1942–1943 Kommandant in Treblinka, 1943 Versetzung nach Triest, organisierte dort die Partisanenabwehr; nach Ende des Zweiten Weltkrieges floh er aus der Haft nach Syrien, 1951 Brasilien, 1967 Verhaftung und Auslieferung an die Bundesrepublik. 1970 wurde er in Düsseldorf für seine Mitverantwortung an der Ermordung von mindestens 900000 Juden und Tausender Sinti und Roma zu lebenslanger Haft verurteilt.

Stauffenberg, Claus Graf Schenk von, 1907–44 Oberst, 1939 Teilnahme am Polenfeldzug, 1940 Teilnahme am Westfeldzug, 1940–43 Stabsoffizier im Oberkommando des Heeres; seit 1942 war er einer der führenden Köpfe im militärischen Widerstand gegen Hitler; 1943 Einsatz in Nordafrika, Verwundung und Rückkehr nach Deutschland. Hier entwickelte er zusammen mit Olbricht, von Quirnheim und von Tresckow den „Walküre-Plan". Am 20. Juli 1944 im Führerhauptquartier „Wolfsschanze" (bei Rastenburg) das Bombenattentat auf Hitler und kehrte zusammen mit von Haeften am selben Tag nach Berlin zurück, wo sie von regimetreuen Offizieren im Bendlerblock verhaftet wurden. Generaloberst Fromm, Befehlshaber des Ersatzheeres, ließ Stauffenberg noch in der Nacht standrechtlich erschießen.

Strasser, Gregor, 1882–1934, Politiker (NSDAP), 1923 Teilnahme am Hitler-Putsch, 1924–33 MdR, 1928–32 Reichsorganisationsleiter der NSDAP, 1932 geriet er programmatisch in Gegensatz zu Hitler und legte seine Parteiämter nieder, im Zusammenhang mit dem sog. Röhm-Putsch verhaftet und ermordet.

Strasser, Otto, 1897–1974, Politiker und Publizist, 1919–20 Mitglied der SPD, 1925–30 der NSDAP, 1930 kam es zum Zerwürfnis mit Hitler, in dessen Folge er aus der NSDAP austrat und die „Kampfgemeinschaft revolutionärer Nationalsozialisten" („Schwarze Front") gründete; 1933 emigrierte er, setzte seine (erfolglose) Opposition gegen Hitler jedoch fort; 1955 Rückkehr in die Bundesrepublik.

Straßmann, Friedrich Wilhelm, 1902–80, Chemiker, war als Mitarbeiter Otto Hahns 1938 an der Entdeckung der Kernspaltung beteiligt.

Streicher, Julius, 1885–1946, Politiker, 1919 Mitbegründer der Nürnberger Ortsgruppe der antisemitischen Deutschsozialen Partei, 1922 trat er mit 2000 Mitgliedern in die NSDAP über; 1923 Teilnahme am Hitler-Putsch und Entlassung aus dem Schuldienst, gründete im gleichen Jahr (ab 1935 Eigentümer) das antisemitische Hetzblatt „Der Stürmer", das er bis 1945 herausgab; 1925–40 Gauleiter der NSDAP in Franken, 1933 MdR, organisierte den Judenboykott vom 1. April 1933; 1934 SA-Gruppenführer, 1935 Mitglied der Akademie für Deutsches Recht, 1940 wegen Korruptionsverdacht von all seinen Ämtern enthoben; vom IMT als Kriegsverbrecher zum Tode verurteilt und hingerichtet.

Stresemann, Gustav, 1878–1929, Politiker, 1918 Gründer der DVP (Vorsitzender bis 1929), 1923 Reichskanzler, 1923–29 Reichsaußenminister, beendete den Ruhrkampf und schloss u. a. den Locarno-Vertrag ab, erhielt 1926 zusammen mit Aristide Briand den Friedensnobelpreis.

Stroop, Jürgen (bis 1941: Josef), 1895–1952, SS-Gruppenführer, 1932 Eintritt in die NSDAP und SS, 1943 leitete mit brutaler Härte die Niederschlagung des Aufstandes der Juden im Warschauer Ghetto, verfasste täglich Berichte über den „Stand der Niederschlagung", 1943 Beförderung zum Höheren SS- und Polizeiführer in Griechenland; 1947 in Dachau von einem amerikan. Militärgericht zum Tode verurteilt und nach Polen ausgeliefert, wo er 1951 erneut zum Tode verurteilt und 1952 hingerichtet wurde.

Szálasi, Ferenc, 1897–1946, ungar. Politiker, gründete 1935 die „Partei des Willens der Nation", 1940 übernahm er die Führung der „Pfeilkreuzer", 1944 unter dt. Druck zum Ministerpräsidenten ernannt, übte er eine Schreckensherrschaft aus; 1946 von den USA an Ungarn ausgeliefert, zum Tode verurteilt und hingerichtet.

Terboven, Josef, 1898–1945, Politiker (NSDAP), 1928 Gauleiter von Essen, 1936 SA-Obergruppenführer, 1940 Reichskommissar von Norwegen.

Thälmann, Ernst, 1886–1944, Politiker, 1903 Eintritt in die SPD, 1918 USPD, 1920 KPD, 1925–33 Vorsitzender der KPD und MdR, 1925 und 1932 Kandidat der KPD für das Amt des Reichspräsidenten, 1933–44 Inhaftierung in KZ, ist im August 1944 in Buchenwald umgekommen.

Thierack, Otto Georg, 1889–1946, Politiker (NSDAP), 1933–1935 Staatsminister der Justiz in Sachsen, wurde mit der Organisation des Gleichschaltungsprozesses beauftragt, 1936–42 Präsident des Volksgerichtshofs, 1942–45 Reichsjustizminister; beging Selbstmord.

Thyssen, Fritz, 1873–1951, Großindustrieller, 1931 Wechsel von der DNVP zur NSDAP, 1933–39 MdR; nicht einverstanden mit der NS-Kirchen- und Judenpolitik floh er in die Schweiz, 1940 Ausbürgerung und Verhaftung im unbesetzten Frankreich, 1940–45 in verschiedenen KZ inhaftiert.

Tito, Josip, 1892–1980, jugoslaw. Politiker, 1920 Mitglied der KP, 1934 des Zentralkomitees und Politbüros, 1937 Generalsekretär; nach dem dt. Angriff auf die Sowjetunion organisierte und leitete er den Partisanenkampf gegen die dt. und italien. Besatzung, 1943 Marschall, 1945–53 Ministerpräsident, 1953 Staatspräsident (seit 1963 auf Lebenszeit); einer der Sprecher der blockfreien Staaten.

Todt, Fritz, 1891–1942, Politiker (NSDAP), 1933 „Generalinspekteur für das dt. Straßenwesen", Schaffung der „Organisation Todt" zum Bau des Westwalls, 1940 Reichsminister für Bewaffnung und Munition; kam bei einem Flugzeugabsturz ums Leben.

Tresckow, Henning von, 1901–44, Generalmajor (1944), 1936 knüpfte er in der Operationsabteilung des Generalstabs Kontakte zu Beck; 1940 Teilnahme am Westfeldzug, 1941 Einsatz an der Ostfront unter von Kluge, den er für den Widerstand gegen Hitler zu gewinnen versuchte. 1942 konzipierte er mehrere Attentatspläne; seit 1943 plante er mit Stauffenberg den Umsturz – seine Versetzung zur 2. Armee als deren Stabschef erschwerte indes die Kommunikation zwischen beiden. Nach dem gescheiterten Attentat vom 20. Juli 1944 beging er Selbstmord; seine Leiche wurde von der Gestapo exhumiert und verbrannt.

Truman, Harry S., 1884–1973, amerikan. Politiker (Demokraten), 1934–44 Senator für Missouri, 1944 Vizepräsident der USA, 1945–53 Präsident der USA; mit dem von ihm befohlenen Einsatz von Atombomben auf Hiroshima und Nagasaki beendeten die USA den Krieg gegen Japan; als Nachfolger Roosevelts nahm er an der Potsdamer Konferenz teil.

Tucholsky, Kurt, 1890–1935, Schriftsteller und Journalist, unter seiner Herausgeberschaft (1926/27) entwickelte sich „Die Weltbühne" zu einem Forum der linken Intellektuellen, lebte ab 1929 ständig in Schweden, 1933 von den Nazis ausgebürgert, nahm sich das 1935 das Leben.

Ulbricht, Walter, 1893–1973, Politiker, 1912 Eintritt in die SPD, 1919 Mitglied in der KPD, hatte in der Weimarer Republik verschiedene Leitungsfunktionen in der KPD inne, 1928–33 MdR, 1933 Emigration nach Paris und Prag, ab 1938 in Moskau, 1943 Mitbegründer des „Nationalkomitees Freies Deutschland"; 1945 Rückkehr nach Berlin, setzte die Zwangsvereinigung von SPD und KPD zur SED durch; 1949 Mitglied des Politbüros, 1950–53 Generalsekretär, 1953–71 Erster Sekretär der SED, nach Gründung der DDR stellv., 1955–60 Erster stellv. Ministerpräsident, 1960 Vorsitzender des Staatsrates, 1960–71 Vorsitzender des Nationalen Verteidigungsrates.

Viktor Emanuel III., 1869–1947, König von Italien 1900–46, Kaiser von Abessinien (Äthiopien) 1936–41, König von Albanien 1939–43; nach dem „Marsch auf Rom" berief er Mussolini 1922 zum Regierungschef und arbeitete mit dem faschistischen Regime zusammen, 1946 Abdankung zugunsten seines Sohnes Umberto.

Warburg, Otto Heinrich, 1883–1970, Biochemiker, 1931 Nobelpreis für Physiologie oder Medizin.

Weizsäcker, Ernst Freiherr von, 1882–1951, Diplomat, 1937 Leiter der Politischen Abteilung, 1938 Staatssekretär im Auswärtigen Amt, 1943–45 Botschafter beim Vatikan, im

Wilhelmstraßenprozess 1949 im April zu sieben Jahren Haft verurteilt, wurde das Urteil im Dezember auf fünf Jahre reduziert; 1950 vorzeitig aus der Haft entlassen.

Wessel, Horst, 1907–30, 1926 Eintritt in die NSADP und die SA, 1929 SA-Sturmführer, nach einem Attentat, an dessen Folgen er starb, stilisierten die Nazis ihn zum Helden; ein von ihm verfasstes Lied wurde 1930 als Parteihymne anerkannt und nach der Machtübernahme zur (inoffiziellen) zweiten Nationalhymne.

Willkie, Wendell L., 1892–1944, amerikan. Politiker, republikanischer Gegenkandidat Roosevelts bei den Präsidentschaftswahlen in 1940.

Wurm, Theophil, 1868–1953, ev. Theologe, 1933 Landesbischof der ev. Landeskirche in Württemberg; als einer der Wortführer der Bekennenden Kirche formulierte er in den 40er-Jahren die Proteste gegen die Eingriffe des NS-Regimes in kirchliche Angelegenheiten.

Yorck von Wartenburg, Peter Graf, 1904–44, Jurist und Verwaltungsfachmann; aus christlicher Gesinnung lehnte er den Nationalsozialismus ab und nahm 1938 Kontakt zu Widerstandskreisen auf, Mitbegründer des „Kreisauer Kreises"; ab 1942 im Wehrwirtschaftsamt des OKW tätig; unmittelbar nach dem gescheiterten Attentat vom 20. Juli 1944 verhaftet, am 8. August vom Volksgerichtshof zum Tode verurteilt und hingerichtet.

Zeitzler, Kurt, 1895–1963, Generaloberst (1944), 1942–44 Chef des Generalstabes.

Ziegler, Adolf, 1892–1959, Maler, 1936–1943 Präsident der Reichskammer für bildende Künste, verantwortlich für die Propagandaausstellung „Entartete Kunst" in München (1937).

Zuckmayer, Carl, 1896–1977, Schriftsteller, lebte von 1939–46 im Exil in den USA,

Zweig, Arnold, 1887–1968, Schriftsteller, 1933 Emigration nach Palästina, 1948 Rückkehr nach Berlin-Ost, 1950–53 Präsident der Deutschen Akademie der Künste.

Zweig, Stefan, 1881–1942, österr. Schriftsteller, 1934 Emigration nach Großbritannien, 1941 Brasilien – verübte dort gemeinsam mit seiner Frau Selbstmord.

Personenregister

Die fett gesetzten Seitenzahlen verweisen auf Info-Kästen. Hitler ist nicht aufgenommen.

Sachregister

Die fett gesetzten Seitenzahlen verweisen auf Info-Kästen. Für Großbritannien, die UdSSR und die USA gibt es kein eigenes Stichwort, siehe stattdessen die darauf bezogenen Einträge.